U0947995

物理测量的形式刻画和形式分析

曾永寿　著

$$\begin{cases} a_{\blacksquare hu} \,/\, a_{\blacktriangle hw} = k_{huw} \\ a_{\blacksquare hu} = \psi_{hu} \quad (\blacksquare) \\ a_{\blacktriangle hw} = \Omega_{hw} \quad (\blacktriangle) \end{cases}$$

中国财富出版社

图书在版编目（CIP）数据

物理测量的形式刻画和形式分析/曾永寿著. —北京：中国财富出版社，2015.10

ISBN 978-7-5047-5864-4

Ⅰ.①物… Ⅱ.①曾… Ⅲ.①方法论 Ⅳ.①B026

中国版本图书馆 CIP 数据核字（2015）第212150号

策划编辑 谷秀莉　**责任编辑** 齐惠民　谷秀莉
责任印制 方朋远　**责任校对** 饶莉莉　**责任发行** 敬　东

出版发行 中国财富出版社
社　　址 北京市丰台区南四环西路188号5区20楼　**邮政编码** 100070
电　　话 010-52227568（发行部）　010-52227588转307（总编室）
010-68589540（读者服务部）　010-52227588转305（质检部）
网　　址 http://www.cfpress.com.cn
经　　销 新华书店
印　　刷 北京京都六环印刷厂
书　　号 ISBN 978-7-5047-5864-4/B·0462
开　　本 710mm×1000mm　1/16　**版　　次** 2015年10月第1版
印　　张 12.75　**印　　次** 2015年10月第1次印刷
字　　数 222千字　**定　　价** 52.00元

前　言

本书所称物理测量，亦即物理实验。本书所称形式刻画和形式分析，作为一种科学方法，由数理逻辑学最先采用。当然，数理逻辑学的对象是思维操作，但是，形式刻画和形式分析方法并不是只对思维操作研究适用，而是对所有操作研究都有一定的参考价值，因为纯粹的物理实验也是一种操作（事实获取操作），因而也能（也必须）运用形式刻画和形式分析的方法进行研究。

本书的内容是拙著《实体分影与事实逻辑初探——以初等物理学力学基本量为论域》（中国财富出版社，2014 年；以下简称“《实体分影》”）中的一个部分。在《实体分影》出版期间，武汉大学桂起权教授（该书的序作者之一），因事路过柳州。在交谈中，他认为，现代人的生活节奏加快，没有时间阅读长文，《实体分影》文字容量太多，为此，他建议将其中的核心内容另组一个简本。笔者采纳了桂老师的意见，这就是撰写本书的起因。

在此说明，《实体分影》的内容原则上可分为两个部分，第一部分（第一章），提出和论证科学研究活动结构假说——这是该书的哲学基础；第二部分（其余各章），对物理测量进行形式刻画和形式分析——这是该书的主题。在此说明，本书就是《实体分影》第二部分内容的重组。当然，本书并非《实体分影》相关内容的简单复制。《实体分影》得出一个重要结论：经验科学理论构造的适当方法是系统法（系统法 = 公理法 + 事实获取操作——关于此，本书第七章也有讨论）。然而，严格地说，《实体分影》并没有使用这种方法。可以认为，本书是系统法的应用，也就是说，本书的构造方法与《实体分影》的构造方法有所不同。此外，在本书重组的过程中，笔者发现《实体分影》关于物理测量形式刻画的表述不够准确，必须进行重新表述，这就是说，本书的表述与《实体分影》也有所不同。综上所述，本书实际上是《实体分影》有关物理测量内容的重写。

本书共十章，可划分为四个层次。其中，第一章和第二章是第一层次，内容是物理测量的形式刻画；第三章和第四章是第二层次，内容是物理测量学的“真”概念探讨；第五章至第七章是第三层次，内容是物理测量的形式分析；第八章至第十章是第四层次，内容是刻意测量的特殊性考察。

在此说明，本书相对《实体分影》有独立性，也就是说，不用诉诸《实体分影》，本书也能独立立论。不过，或许有读者想要追溯与本书内容相关的认识论，如果是这样，那么，我们希望不要忽略本书与《实体分影》的联系。因为，《实体分影》对认知科学有全新的探索（参见本书附录1），其成果对以往的认识论具有颠覆性，因此，如果有读者要从认识论视角对本书评价，那么，其依据不能是以往的认识论，而应是《实体分影》的相关成果。当然，这并不是说《实体分影》的研究成果没有问题，而是说，即使有问题，那也是该书的问题，而不是本书的问题；对其进行评价，必须针对该书进行，而不应针对本书进行。

应当指出，对物理测量进行形式刻画和形式分析，这绝不是一件无关紧要的事情。《实体分影》研究表明，科学研究的原始工具有且仅有两个，其一是纯思维，其二是纯实验。其中，前者已由数理逻辑进行了近乎完善的研究，形成了逻辑演算和公理法等重要理论成果。据资料显示，数理逻辑的成果，对科学（经验科学）和科学哲学（认知科学）产生了深远的影响。20 世纪以来，经验科学展开了公理法运动（参见王雨田主编：《现代逻辑科学导引》，1987 年），这就是数理逻辑成果对科学所产生的影响。此外，20 世纪科学哲学的几次转型，都与数理逻辑有关（参见郭贵春、殷杰：《在“转向”中运动——20 世纪科学哲学的演变及其走向》，2000 年），这表明数理逻辑成果对科学哲学的发展也起到了至关重要的作用。不过，事情还有另一面。第一，公理法运动并没有获得预期的效果（参见曾永寿：《马克思经济学叙述方法和研究方法的现代解读》，2011 年）。第二，目前“科学哲学似乎走到了尽头，清晰的思想发展脉络模糊了，研究趋向不明显了”，以致有这样的悲观论调“科学哲学只有伟大的过去而不再有辉煌的未来”（魏屹东：《当代科学哲学的“认知转向”及其成因》，2005 年）。其实，对 20 世纪科学哲学的发展进行大尺度考察，可以粗略地看到这样一条线索：它起因于拯救科学（经验实证主义寻找科学理性的基础），但是，却以毁灭科学（科学哲学的历史主义证明科学是非理性的）结束。可见，这是一场近乎悲壮的运动。那么，原因何在？回答：学界至今还没有开展对纯实验的科学研究是一个可能的原因。就此，如果将科学（或科学哲学）比作一个人，那么，纯思维和纯实验（或纯思维和纯实验的研究）就是这个人的两只脚；一个人只有一只健康的脚（纯思维或纯思维研究），而另一只脚（纯实验或纯实验研究）不健康，那么，这是一个跛脚的人，是走不了多远的。笔者预言，由物理测量的形式刻画和形式分析所获得的成果，与数理逻辑（对思维操作的形式刻画和形式分析）的成果一样，对科学和科学哲学必将同样产生深远的影响。总之，物理测量的形式刻画和形式分析，其作用和意义是不容忽视的。

本书是对实验进行形式刻画和形式分析的尝试。这是一种开创性工作，因此，尽管本书是在《实体分影》基础上所进行的再探讨，已经改正了原来的不足和错误，但是，错误仍然在所难免，敬请学界同人批评指正。笔者真诚希望有志之士关注和参与这一课题的研究，共同推进这一研究，使之成为一门真正的科学。

目　录

导论：物理测量教材基础理论的缺陷及根源与本书的对象和方法

本书的课题，源于对物理测量（也称物理实验）教材基础理论的质疑。因此，本书的探讨由此开始。

所谓物理测量教材，指高校被称为“大学物理实验”或“普通物理实验”的教材；所谓基础理论，指教材关于真值、测得值和误差等基本概念的定义和关于测量操作性质的断言。为了简化，“物理测量”有时直呼为“测量”“物理测量教材”有时直呼为“教材”。

下面，对教材的基础理论进行简略分析（深入研究将在正文中展开）。通过分析，初步指出教材基础理论的缺陷及根源，在此基础上，再明确本书的对象和方法。

第一节　教材基础理论的缺陷

教材基础理论的缺陷是多方面的，但最重要的是如下三个方面。

一、 真值是一个幽灵

在教材中，真值是物理测量的目的，但真值是一个幽灵。例如，一篇讲授物理测量基础知识的“知识讲座”（下称“教材1”）写道“任何测量的最高愿望是要得到被测之量的真值，但真值是永远不可知的”[①]。又如，一本《普通物理实验》教材（下称“教材2”）写道“每一个物理量都是客观存在，在一定条件下具有不依人的意志为转移的固定大小，这个客观大小称为该物理量的真值”，但是，“真值是不可能测得的”[②]。由此可见，在

---

① 叶唐立．朝花夕拾·误差初阶［J］．上海：上海计量测试，2005年第1期。

② 黄建伟．普通物理实验［M］．哈尔滨：黑龙江教育出版社，2009，第4页。

教材中，真值是既具有某种确实性（“客观存在”）但又看不见摸不着的幽灵。

二、 误差概念不可理喻

教材基础理论的核心内容是误差概念，且，误差概念被定义为：误差 = 测得值 - 真值。但是，考察表明，在教材中，测得值与真值，要么不可区分，要么不可比较。由此可见，教材的误差定义是一个不可理喻的概念。

先说测得值与真值不可区分。例如，一本《普通物理实验》教材（下称“教材 3”）写道：“被测物理量在一定客观条件下的真实大小，称为该物理量的‘真值’。测量的目的是想知道真值。但是，测量总是依据一定的理论或方法，使用一定的仪器，在一定的环境中，由一定的人进行的。而由于实验理论的近似性，实验仪器灵敏度和分辨能力的局限性，环境不稳定等因素的影响，被测量的真值是不可能测得的。测量结果和被测量真值之间总会存在或多或少的差别，我们把测量值与真值之差称为‘测量误差’。”① 显然，在教材 3 来说，真值和测得值所指称的现象都是被测物理量。于是，上面的引述表明，真值与测得值可以区分的根源在于：真值由“一定客观条件”决定，而测得值由“一定的仪器”和“一定的环境”决定。现在，试问：难道“一定的仪器”和“一定的环境”不就是“一定客观条件”吗?! 于是，在教材 3 来说，它们既是决定真值的条件，又是决定测得值的条件。这样，何来真值与测得值的区分?!

再说测得值与真值不可比较。例如，另一本《大学物理实验》教材（下称“教材 4”）写道：“被测量的真值是客观存在的，可由完善的测量获得。但通常完善的测量是不存在的，则被测量的真值也是不可测得的，所谓可知的真值是指‘理论真值’……如：三角形的内角之和为 180°……是理论真值。”② 这里，尽管“被测量的真值也是不可测得的”，但是，可由“理论真值”代替。这样一来，真值与测得值的确可以区分，因为一个（理论真值）在数学的天国，一个（测得值）在世俗的人间。然而，试问：二者能比较吗?

① 黄志敬．普通物理实验［M］．西安：陕西师范大学出版社，1991，第 11、10 页。

② 张晓红．大学物理实验［M］．济南：山东科学技术出版社，2009，第 3、4 页。

提请注意，教材谈论的是测量操作，因而这里所谓的“比较”应理解为测量操作比较（测量操作比较≠数学计算；后者是另一种比较即思维操作比较）①，那么，对理论真值和测得值能做测量操作那种比较吗？显然不能。于是，答案是：二者不可比较。

综上所述，教材给出的误差概念的定义是：误差＝测得值－真值；然而，其中的测得值和真值，要么不可区分，要么不可比较。那么，这样的误差概念可以理喻吗?!

三、关于测量操作性质的断言对物理学知识的可靠性和认知科学的基石是一个严峻挑战

我们查阅了大量教材，发现无一例外都有如下断言：物理测量必然产生误差。顾名思义，“误差”不但有“差”（数据）而且有“误”（错误）。由此，我们将“物理测量必然产生误差”理解为“物理测量必然产生错误”，并且将此称之为教材关于测量操作性质的断言。

应当指出，这一断言对物理学知识的可靠性是一个严峻挑战，对认知科学的基石是一个严峻挑战，甚至由此会陷入不可知论。首先，物理学知识之所以可靠，就在于它以事实为依据；且，物理测量是物理学的事实获取工具；于是，如果“物理测量必然产生误差”的断言是真的，那么，何以证明物理学知识的可靠性？其次，认知科学的基石是：知识源于事实。试问：如果事实获取工具必然产生错误，那么何以纠正这些错误？只能回答（教材实际上也是这样回答的）：运用知识。但是，这样一来，认知科学的基石就成了问题：到底是知识源于事实，还是事实源于知识?!岂止如此，这样一来，不能不陷入如下怪圈：知识有错误，由事实纠正；事实获取有错误，又由知识纠正。于是，不可知论应运而生。

第二节　教材基础理论缺陷的根源

通过前面的讨论，我们看到教材的基础理论的确存在缺陷。那么，其根源何在？深入考察，可以看出，教材关于物理测量学基本问题的认识存在偏

---

① 教材4写道：“测量过程是一种实验，即将被测的‘量’与仪器的单位量相比较的过程。”显然，教材所谓“比较”，指的是测量操作的比较，它与数学计算那种思维操作的比较完全不同。

差。这是教材基础理论存在缺陷的根源。

为此，先联系教材有关内容，就物理测量学几个基本问题进行如下追问。

一、物理测量学的基石，是误差公理，还是物理测量操作

据考察，教材的基础理论建立在误差公理的基础上，也就是说，误差公理实际上就是教材基础理论赖以建立的基石。误差公理表为：任何测量结果都具有误差，误差自始至终存在于一切科学实验和测量的过程之中①。就此，试问：将误差公理作为物理测量学的基石，这是正确的吗?

顾名思义，物理测量学是关于物理测量操作的科学，因此，物理测量学的基石应当是物理测量操作。于是，物理测量学正确的研究方法应当是：首先如实刻画物理测量操作，而后对所刻画的操作进行考察，由此引出物理测量学的所有知识（包括公理）。但是，教材却反其道而行之，先给出一个误差公理，尔后由误差公理来表述物理测量操作。由此可见，教材关于物理测量学基石的认识有偏差。

二、被测物理量，是刻意指定的特殊物理量，还是一般物理量

顾名思义，物理测量是对物理量的测量。因此，如果两次测量其被测物理量是不同的两个量，那么这两次测量就是无关的测量，它们之间应当没有对错之分。

然而，一本《初中物理课本》（下称“教材5”）写道：“为了正确地进行测量，必须遵守测量规则，否则就会产生误差。用刻度尺来量长度，必须注意：用厚尺测量的时候，要照图1－1甲那样放置……刻度尺在被量物体上

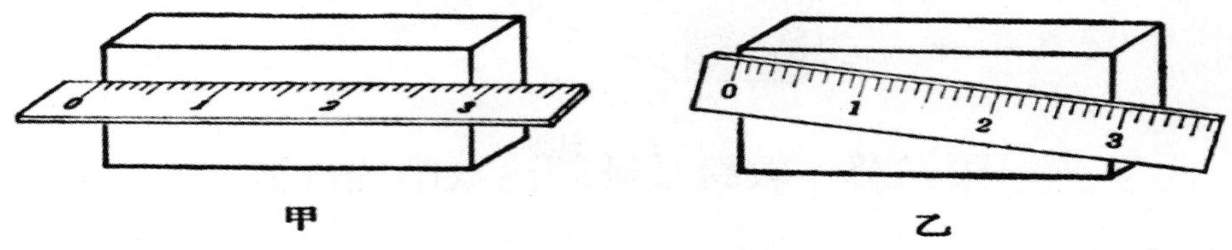

图1－1

① 叶唐立．朝花夕拾·误差初阶［J］．上海：上海计量测试，2005年第1期。

的位置不要像图 1－1 乙那样歪斜。可是无论测量怎样细心，测量的结果也不会跟真实值完全正确一致，总有些差异……测量结果和真实值的差异，叫作误差。”①

容易看出，教材 5 所说的“用厚尺测量的时候，要照图 1－1 甲那样放置”，等价于在被测物体的侧面确定一条直线段（下称“甲线段”），并且这种操作构成一次测量即对甲线段长度的测量（下称“测量操作甲”）；“刻度尺在被量物体上的位置”“像图 1－1 乙那样歪斜”，等价于在被测物体的同一侧面确定另一条直线段（下称“乙线段”），并且这种操作也构成一次测量即对乙线段长度的测量（下称“测量操作乙”）。显然有：甲线段的长度与乙线段的长度是不同的两个物理量。因此应当有：测量操作甲与测量操作乙是两次无关的测量。那么，教材 5 有什么理由认为，测量操作甲是正确（或比较正确）的测量，而测量操作乙是“会产生误差”的测量？

关于此，可以从教材 1 得到答案。教材 1 写道：“如图 1－2 所示，量块是一种端度标准，其两平行端面的几何长度表征为量块的长度。但在精密测量中发现端面有起伏，两平面并非绝对平行，因此量块两端面间的距离很难确定。后来人们规定量块两端面对角线中心交点间连线之长度 L_0 表征为量块的长度。”②

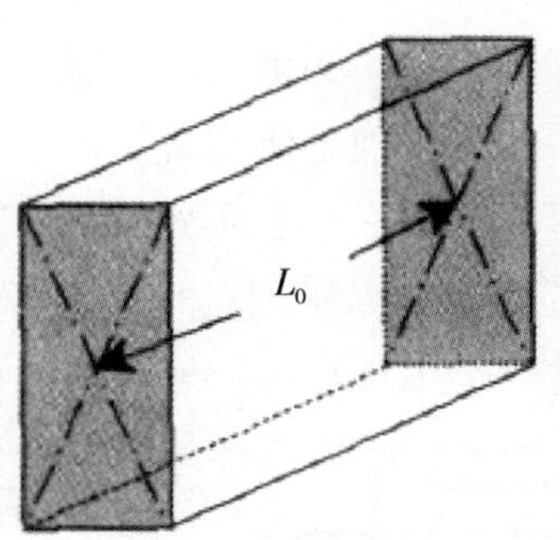

图 1－2　量块的真值

显然，“量块两端面对角线中心交点间连线之长度 L_0”，不是一般物理量，

---

① 中小学通用教材数学编写组．初中课本·物理（第一册）［M］．北京：人民教育出版社，1979，第 9－10 页。

② 叶唐立．朝花夕拾·误差初阶［J］．上海：上海计量测试，2005 年第 1 期。

而是刻意指定的特殊物理量。由此，我们也就知道教材 5 为什么认为，测量操作甲是正确（或比较正确）的测量，而测量操作乙是“会产生误差”的测量，因为教材 5 认为，测量操作甲比测量操作乙更接近刻意指定的特殊物理量。由此可见，在教材看来，物理测量操作指向的对象即被测物理量，不是一般物理量，而是刻意指定的特殊物理量。

那么，教材为什么要规定被测物理量必须是某个特定物理量呢？其可能的理由是：物理测量的目的是认知实体（物体及其运动——下同），而只有特定物理量才表征实体。但是，这理由是站不住脚的。首先，容易看出，任一物体及其运动所表现的物理量绝不止一个，而是有无穷多个。以教材 5 给出的图 1－1 中的长方体为例，该长方体所表现的物理量（长度）绝不止甲线段的长度与乙线段的长度两个，而是无穷多个。而且，可以证明，对规范的长方体来说，贯穿同一个侧面的所有直线段（例如对角线与平行线）的长度，都可由平面几何知识等价转换。这就是说，实体所表现的无穷多个物理量中任一个物理量都表征实体。因此，即使是为了认知实体进行测量，也并不一定要指定某个特定物理量为被测量。其次，更为重要的是：物理测量是对物理量的测量操作，不是有关实体学问的研究活动；物理测量只要对物理量进行测量操作即可，至于这个物理量是否表征实体，那是研究实体的学问即物理学的课题，而不是物理测量操作必须做和能做的事情。须知，物理学研究不仅要运用物理测量——这是物理学研究必须运用的一个工具即获取事实的工具，而且还需要运用逻辑推理——这是物理学研究必须运用的另一个工具即逻辑思维工具，因此，某个被测物理量是否表征实体这样的物理学课题，并不是物理测量操作（这一个工具）可以解决的，也正因为此，物理测量学不能将某个被测物理量是否表征实体这样的问题当作自己的课题。总之，教材规定被测物理量必须是某个特定物理量，是值得商榷的。由此可见，教材关于被测物理量的认识是有问题的。

三、被测物理量，是与测量操作无关，还是与测量操作有关

教材 3 写道：“所谓测量就是借助仪器用某一计量单位把待测量的大小表示出来，即待测量是该计量单位的多少倍。”① 这里，“待测量”在测量操作

① 黄志敬．普通物理实验［M］．西安：陕西师范大学出版社，1991，第 11、10 页。

之前就存在，测量操作只是借助仪器将这早已存在的“待测量”表示出来。教材4写道：“测量过程是一种实验，即将被测的‘量’与仪器的单位量相比较的过程。”① 这里同样，“被测的‘量’”在测量操作之前就存在，测量操作只是将这早已存在的“被测的‘量’与仪器的单位量相比较”。

教材的上述认识正确吗？回答：值得商榷。在引述讨论教材5的论述时，我们说过，“用厚尺测量的时候，要照图1-1甲那样放置”，等价于在被测物体的侧面确定一条直线段（甲线段）；“刻度尺在被量物体上的位置”“像图1-1乙那样歪斜”，等价于在被测物体的同一侧面确定另一条直线段（乙线段）。显然，甲线段的长度和乙线段的长度都是被测物理量；且，厚尺“照图1-1甲那样放置”和“像图1-1乙那样歪斜”都是测量操作整体中的操作行为。由此可见，被测物理量（甲线段长度和乙线段长度）与测量操作并不是无关，而是有关。这里的原因在于，表征实体的物理量绝不止一个，而是有无穷多个；因此，物理测量操作，必须首先从这无穷多个物理量中选出一个，其次才是将选中的被测量与计量单位相比较，从而将被测量的大小表示出来。因此，被测物理量必然与测量操作有关；不仅如此，甚至可以这样说，被测物理量就是测量操作生成（选定）的。可见，教材关于被测物理量与测量操作无关的观念并不正确。

现在，再说教材基础理论存在缺陷的根源。应当指出，对上述基本问题的回答与物理测量学基础理论的建立紧密相关。显然，教材将误差公理当作物理测量学的基石，这就在源头上确立了“真值是不可能测得的”“真值是永远不可知的”的论点，因而也就必然有“误差=测得值-真值”的定义。此外，教材认为，被测物理量是刻意指定的特殊物理量；可以证明，对刻意指定的特殊物理量进行测量，其对准（操作选定的物理量与刻意指定的特殊物理量相重合）的概率几近于零——这就进一步强化了误差公理及其结论。再者，教材先验地假定，被测物理量与测量操作无关，这样被测物理量（真值）只能在不食人间烟火的天国，世俗的人间何以能见到?！然而，上述讨论表明，教材关于物理测量学基本问题的认识未必正确。试想，如果改变这些认识，那么，情况会怎样呢？显然，我们将会看到另一番天地。由此可见，教材关于物理测量学基本问题的认识存在偏差是其基础理论存在缺陷的根源。

---

① 张晓红．大学物理实验［M］．济南：山东科学技术出版社，2009，第3、4页。

第三节　本书的对象和方法

通过前面的讨论，我们知道教材基础理论的缺陷及根源。现在，可以讨论本书的对象和方法。

一、 本书的对象

本书的对象：物理测量操作。物理测量理论的基石是物理测量操作，因此，物理测量操作是物理测量基础理论的研究对象亦即本书的研究对象。本书的一切结论，都是也只能是通过对物理测量操作进行研究获得。

应当指出，物理测量操作的研究至今还是一个空白。不可否认，物理学界和物理测量学界实施了大量测量操作，但是，就如实施思维（人人都在实施思维）≠研究思维（只有逻辑学家才研究思维）一样，实施测量操作≠研究测量操作。实际情况是，以往的物理学和物理测量学并没有像样的物理测量操作研究，正因为此，测量教材的基础理论只是如何处理误差数据的数学知识，属于测量本身的基础知识则是贫乏的（即使这贫乏的知识也充斥着错误）。

二、 本书的方法

本书的方法可概括为：对测量操作进行形式刻画和形式分析。具体地说，它包括如下三个要点。

（一） 区分两类操作，建立研究操作的科学程序

应当指出，物理测量操作可以划分为两个大类：一是任意测量操作，二是刻意测量操作。区分这两类操作对建立研究操作的科学程序至关重要。下面，先区分两类操作，尔后分析两类操作各自的性质，最后再说建立研究操作的科学程序。

1. 两类操作的区分

在此说明，对物理测量操作，我们还没有进行实质性研究，因此，这里还不能给出两类操作严格的理论定义，只能通过一个实例给出操作型定义。以教材5给出的图1－1为例，我们有：

如果在长方体某一侧面任选一直线段长度为被测物理量，那么其测量操作是任意测量操作；如果在长方体某一侧面刻意指定某一直线段长度为被测物理量，那么其测量操作是刻意测量操作。

2. 两类操作的性质

对上述两类操作进行简略分析，有如下结论。

（1）任意测量操作是纯操作，刻意测量操作是不纯的操作。这是显然的：任选一直线段长度为被测物理量，这样的操作不需要知识（因为无论怎样操作——就教材5给出的图1-1来说，刻度尺无论怎样放置——都是“任选”，因此这种操作不需要知识）；然而，刻意指定某一直线段长度为被测物理量，这样的操作需要知识（因为表达“刻意指定”本身就是知识；此外，要对准“刻意指定”的物理量更需要知识）。顾名思义，“操作”就是操作，操作即可。任意测量操作完全满足“操作”的要件，此外并无多余的内容，因而是纯操作。而刻意测量操作在操作之外还需要知识参与，这是渗入操作中的杂质，因而刻意测量操作是不纯的操作（含有杂质的操作）。

（2）任意测量操作是简单操作，刻意测量操作是复杂操作。这一点也是显然的：任选一直线段长度为被测物理量，这样的操作不需要技巧，操作者是普通人与是物理学家没有区别，因而是简单操作；而刻意指定某一直线段长度为被测物理量，这样的操作需要技巧，操作者是普通人与是物理学家有区别，因而是复杂操作。

（3）任意测量操作是操作本身，刻意测量操作是操作应用。这一点同样是显然的。前面说过，任意测量操作完全满足“操作”的要件，此外并无多余的东西，因而是操作本身。然而，刻意测量操作实际上是应用操作这个工具去获取刻意指定的物理量，是为实现一定目的而应用操作。由此可见，刻意测量操作甚至不是操作，只是操作的应用活动。

在此说明，基于上述讨论，也为了简化，以下约定：任意测量操作可简称为“测量操作”，而刻意测量操作必须用全称。

3. 研究操作的科学程序

显然，科学的研究程序应当是：先研究任意测量操作，由此获得测量操作一般知识即测量操作的基础理论（包括测量操作是否会产生误差）；尔后，运用研究任意测量操作所获得的一般知识即测量操作的基础理论，再来考察刻意测量操作，由此知道刻意测量操作的特性。

现在，有必要对上述科学程序的正确性进行评价。显然，科学理论是对科学对象的研究；且，物理测量学与物理学应当是既有区别又有联系的两个学科。就物理测量学与物理学的区别来说，如前所述，任意测量操作是纯操作、是操作本身，因而是物理测量学真正的对象，因此，测量操作一般知识即测量操作的基础理论必须由研究此类操作获得；然而，刻意测量操作不是操作本身，只是操作应用，所谓操作应用，即运用测量操作去获取有关实体的信息即事实，这实际上是一种物理学研究活动（物理学获取事实的活动），就此来说，刻意测量操作并不是物理测量学研究的必备内容（因为它可以划归物理学研究）。就物理测量学与物理学的联系来说，测量操作毕竟是物理学获取事实的工具，刻意测量操作就是应用这种工具的活动，因此，物理测量学也要考察刻意测量操作；只不过，要分清主次，即先研究任意测量操作，尔后运用由研究任意测量操作所获得的测量操作一般知识再去考察刻意测量操作。当然，即使不论物理测量学与物理学的区别（即假定它们是一门科学），我们的论点也不会错。学界有共识：认识事物从简单到复杂；然而，如前所述，任意测量操作是简单操作，刻意测量操作是复杂操作；就此来说，也应当先研究任意测量操作，尔后以此为基础再研究刻意测量操作。总之，无论怎么说，上述研究操作的科学程序总是正确的。

说到这里，有必要对教材给出的误差公理做一点考察和评价。应指出，误差公理并非空穴来风，而是有操作基础的。一本《实验误差估计与数据处理》教材（下称“教材 6”）写道：“误差产生的必然性已为大量实践所证实，也为一切从事科学实验的工作人员所公认。”① 显然，在教材 6 来说，“实践”“科学实验”就是物理测量操作，这就告诉我们，误差公理并非凭空想象，而是物理测量操作实践的经验总结。我们并不否认这一点。但是，教材所总结的物理测量操作实践经验，其中的物理测量操作是什么类型的操作呢？显然是测量操作的应用亦即刻意测量操作——教材 1 给出的“量块”测量操作实例和教材 5 给出的长方体测量操作实例，就证明了这一点。然而，如前所述，刻意测量操作即对刻意指定的物理量进行测量，其对准（操作选定的物理量

---

① 肖明耀．实验误差估计与数据处理［M］．北京：科学出版社，1980，第 1 页。

与刻意指定的物理量重合）的概率几近于零——这就是教材 6 所说的“误差产生的必然性”。由此，我们能够体会到误差公理所具有的某种合理性。然而，刻意测量操作不等于测量操作，刻意测量操作（因为不是纯操作）甚至不是操作本身（只是操作的应用活动 = 物理学研究活动），只有任意测量操作（因为是纯操作）才是操作本身。因此，误差公理即使“已为大量实践所证实”“为一切从事科学实验的工作人员所公认”，也未必正确。

（二）创造一种形式语言，对操作进行形式刻画和形式分析

前面区分的任意测量操作和刻意测量操作，其最重要的区别点是：前者是纯操作，后者是渗入知识的操作。但是，即使是纯操作，人们对其进行研究，总要运用语言，而自然语言是知识的外壳。这就潜藏着一种危险：研究者运用自然语言研究操作，可能将知识渗入操作。在这种情况下，我们要研究纯操作的初衷仍然难以实现。因为即使在前门（通过区分任意测量操作和刻意测量操作）找到了排除知识的纯操作，然而，在后门（通过运用自然语言研究）这种纯操作却又可能变成不纯的操作。因此，我们还需要另一种方法，来防止研究对象在研究过程中可能发生的变异。

那么，这另一种方法是什么？回答：运用形式语言刻画和分析操作。形式语言由符号构成，于是，构成纯操作的被测物理量、物理量所依附的实体以及测量操作所在环境等都可以由相应的符号来代替。因为符号的意义仅在于区别，此外别无意义，可见，形式语言既具有语言的功能（可区分被替代的对象），又不具有自然语言必然具有的知识，所以，这种方法是可行的。科学史表明，形式语言源于数理逻辑。其实，数理逻辑的研究对象也是一种操作即思维操作；物理测量操作当然也是操作，但却是另一种操作即获取事实的操作。数理逻辑之所以用形式语言来研究思维操作，其目的就在于提纯操作（排除可能渗入操作中的知识），我们研究物理测量操作也需要提纯操作，因此，数理逻辑的研究方法是可以借鉴的。当然，借鉴不是照搬。我们必须创造能够反映物理测量操作特性的一整套全新的形式语言，它既是形式的，但又是与数理逻辑具体语言不同的语言。

在此说明，前面说要对操作进行形式刻画和形式分析，并不是说研究操作的整个过程不要和不能运用自然语言。显然，研究操作，目的是获得有关操作的知识，但是，形式语言由符号构成，如果仅用形式语言，那么最多只

能获得由形状各异的符号组成的序列，此外不可能获得可以在人与人之间传递的任何知识。因此，运用自然语言是必需的，关键在于不能由此污染（将知识渗入）操作。在这方面，数理逻辑为排除思维过程中的逻辑悖论，提出了一个被称为“语言层次论”的理论：“语言层次理论的基本点是：某一层的语言不能在自身中讨论它的表达式的意义或真假，即是说，某一层语言的表达式的意义或真假必须要在高一层的语言中进行讨论。”[①] 因此，数理逻辑区分了对象语言和元语言，其中元语言是高层次语言，对象语言则是低层次语言，低层次语言可以在高层次语言中构成和得到解释，从而有效地“解决了语义悖论”问题[②]。对此，我们可以借鉴。显然，形式语言是低层次语言，自然语言则是高层次语言。因此，我们用形式语言构造和分析物理测量操作，但仍可以用自然语言对研究过程和结果进行解释和说明。这样，用形式语言构造和分析测量操作，可保证研究对象即操作的纯洁性；用自然语言对研究过程和结果进行解释和说明，则可实现研究操作的目的即获得有关操作的知识。因为自然语言是高层次语言，而且对研究过程和结果进行解释和说明那是在操作的外面，不会将知识渗入操作的里面，所以这不影响操作的纯洁性。

（三）区分操作行为（操作常项）与操作对象（操作变元），明确研究所关注的重点

所谓操作行为，狭义指操作者的操作动作，广义还包括自然物之间的相互作用（可以证明，操作者操作动作的效应与自然物之间相互作用的效应是等价的——后面的章节有探讨）。所谓操作对象，指操作行为赖以进行和所指向的实体及其现象。应当指出，测量操作研究的方法，除前面两种外，还必须有第三种，那就是：从测量操作这个整体中区分出操作行为与操作对象，从而明确研究所关注的重点。

如前所述，数理逻辑的研究对象也是操作即思维操作，因此，在这里仍然需要借鉴数理逻辑的经验。数理逻辑研究思维操作，对构成操作的元素是有所区分的。一位学者写道：“如果我们仔细地分析形式语言，我们就会发现，它们刻画的是一类一类的东西，比如命题变元、命题联结词、个体变元、

① 张清宇．逻辑哲学九章［M］．南京：江苏人民出版社，2004，第208、207页。

② 张清宇．逻辑哲学九章［M］．南京：江苏人民出版社，2004，第208、207页。

谓词、量词等等……应该明确指出，虽然我们的研究是把这些东西结合在一起进行的，但是我们研究的重点是其中的逻辑常项，即命题联结词和量词。"① 考察表明，命题变元和个体变元是思维操作整体中的操作对象，而命题联结词和量词（即逻辑常项）是思维操作整体中的操作行为（粗略地说，量词是对操作对象的赋值行为，联结词则是推理行为）。数理逻辑研究强调"重点是其中的逻辑常项，即命题联结词和量词"，这表明研究思维操作，必须区分操作对象和操作行为，从而重点关注操作行为。

研究测量操作，也可从中区分出操作对象和操作行为。以教材 5 给出的图 1－1 为例，构成测量操作的元素，包括甲线段或乙线段的长度（被测物理量）、长方体（被测物理量所依附的实体）、刻度尺的置放方式、将被测物理量与刻度尺的刻度相比较的过程。根据前面给出的概念，被测物理量和长方体，是物理测量操作整体中的操作对象（借用数理逻辑语言来观察，操作对象也是一种变元——因为被测物理量不但有长度，而且有重量、时间等；被测物理量所依附的实体不但有长方体，而且有其他形体，不仅可以是物体，还可以是运动——因此，操作对象也可称为"操作变元"）；而刻度尺的置放方式和将被测物理量与刻度尺的刻度相比较的过程，则是测量操作整体中的操作行为（借用思维逻辑语言来观察，操作行为也是一种常项，因而可称为"操作常项"）。与数理逻辑研究一样，测量操作研究的重点，也是测量操作整体中的操作行为。这是因为，测量基础理论的研究对象是物理测量操作本身，然而很明显，操作行为是物理测量操作的本质，因此，它应当成为关注的重点。当然，操作对象也要考察，但是，考察操作对象的目的全在于理解操作行为的规律，而不是认识操作对象。顺便说，这里与操作应用即刻意测量操作（＝物理学一种研究活动即获取事实的活动）刚好相反，因为刻意测量操作的目的是获取实体的信息，因而其关注重点必然是操作对象（实体和现象）；当然，刻意测量操作也会考察操作行为，但是，其考察操作行为的目的全在于认识操作对象。就此，我们也能体会到：这第三种方法与前两种方法的联系——第三种方法实际上也是使物理测量基础理论研究的对象更好地锁定为任意测量操作。

---

① 王路. 逻辑的观念［M］. 北京：商务印书馆，2000，第 65 页。

第一章　测量操作的形式刻画

如“导论”所述，本书研究的对象是测量操作，其方法是对测量操作进行形式刻画和形式分析。本章讨论测量操作的形式刻画。

第一节　测量操作形式刻画的摹本

辞书解释：摹，即仿效；摹本，指临摹或翻刻的书画。这里，“测量操作形式刻画的摹本”是对词典“摹本”一词的借用，指的是测量操作形式刻画的参照物。显然，这是必需的，因为形式刻画不能凭想象给出，总要有用以参照的实际操作。那么，这用以参照的实际操作是什么？这问题看似简单，其实颇费思量，并且涉及测量操作研究的整体方法，因此，不能简单地给出答案，必须进行讨论。

诚然，“导论”区分了任意测量操作与刻意测量操作，由此提出如下研究程序：先研究任意测量操作，尔后运用研究任意测量操作所获得的一般知识再考察刻意测量操作。就此，形式刻画的摹本似乎可以是任意测量操作。其实不然。首先，“导论”通过实例区分两类操作，给出的只是其特征，而不是完整的操作，因此本章不能据此进行测量操作的形式刻画。其次，“导论”说过，本书有关物理测量的所有知识，都是也只能是通过对物理测量操作进行研究获得。显然，“有关物理测量的所有知识”包括两类操作的区分，也就是说，严格地说，两类操作的区分是在测量操作形式刻画之后，而不是在此之前。因此，无论怎么说，把任意测量操作视为形式刻画的摹本，是不正确的。

当然，可以有这样的认识：测量操作，既是丰富多彩的，又是层次有序的——这实际上就是找到形式刻画摹本的前提条件。于是，一个可能的方法是：找到几种具体操作，它们是操作一般的代表；继而通过考察这些操作，给出操作的形式刻画，并证明形式刻画的一般性。

初看起来上述方法可行，但细想起来却有诸多难题。第一，哪些操作是操作一般的代表？这必然是一个陷入争论的话题；第二，获得形式刻画以后，立即讨论形式刻画的一般性，这在一定限度内是可以的，但是，因为全面证明形式刻画的一般性必须对形式刻画的操作展开分析，因此，在此之前，要全面证明形式刻画的一般性是不可能的；第三，即使在开始时可以讨论哪些操作是操作一般的代表和全面证明形式刻画的一般性，但因为讨论和证明所要运用的依据必然与形式分析的内容相重复，因而这不仅会使研究成果臃肿不堪，而且甚至会陷入循环论证。

那么，怎么办？经过多次实践和反复思考，我们以为，必须确认如下认识：测量操作研究是一个整体，形式刻画的方法必须从这个整体来考虑。由此，可行的方法是：找到几种操作，以此为摹本，直接进行形式刻画；获得形式刻画并对其内涵加以说明以后，再对其一般性进行初步考察；全面证明形式刻画的一般性，则放到整个研究的最后。这样做的好处，一是在开始时可避开无谓的概念之争，从而直奔主题构造操作的形式刻画，并且在对形式刻画一般性进行初步考察基础上展开形式分析；二是将全面证明形式刻画一般性放在整个研究的最后，可避免重复和循环论证，从而使研究成果在整体上条理有序。因此这是可行的。

第二节　测量操作的形式刻画

我们选择的摹本是：以长度、时间、重量为被测对象的测量操作。下面分三个要点，简略考察这三种具体操作，由此给出形式刻画。

一、 狭义比较操作的形式刻画

考察三种具体操作，首先影入我们眼帘的是狭义比较操作，因此，我们的研究从狭义比较操作开始。

狭义比较操作很简单，刚入学的小学生也会实施：任选一物体长度为操作指向的对象（下称“对象”），任选另一物体长度为操作所用的尺度（下称“尺度”），将对象与尺度进行比较，读出数值（对象与尺度的比值——下同），是长度的狭义比较操作；任选一运动所历经的时间为对象，任选另一运动所历经的时间为尺度，将对象与尺度进行比较，读出数值，是时间的狭义比较操作；任选一物体重量为对象，任选另一物体重量为尺度，将对象与尺度进行比较（天平称量），读出数值，是重量的狭义比较操作。

总结上述操作，它们有以下共同点：第一，都是将对象与尺度进行比较读出数值这样一种操作；第二，对象和尺度是同类性质量，因而由操作获得的读数是一个纯数（倍数或系数）。考察表明，性质量有种类与强度之分。例如，同一个物体既可以有长度，也可以有重量，且，无论是长度还是重量都可取多个数值。由此，设 $a_{\blacksquare hu}$ 代表对象，$a_{\blacktriangle hw}$ 代表尺度，k_{huw} 代表读数，它们都是变量（变数）。设 h 为性质量种类取值下标，u 为对象强度取值下标，w 为尺度强度取值下标，uw 为比较操作次数下标，符号/代表狭义比较操作（其意义与数学运算“除”相当）。由此，我们有

$$k_{huw} = a_{\blacksquare hu}/a_{\blacktriangle hw} \qquad (1.1①)$$

式中

$$h = \text{长度，时间，重量}$$

$$u = 1,\ 2,\ \cdots,\ q;\ q \to \infty$$

$$w = 1,\ 2,\ \cdots,\ p;\ p \to \infty$$

$$uw = 11,\ 12,\ 21,\ \cdots,\ qp;\ q \to \infty,\ p \to \infty$$

如果 h = 长度或 h = 时间，则有

$$a_{\blacksquare hu} > 0,\ a_{\blacktriangle hw} > 0$$

式（1.1①）称为“狭义的性质量比较操作表达式”，简称“狭义比较操作表达式”。附式是主式各量取值的说明，其中，“h = 长度，时间，重量”直接表达各量种类取值范围。但是，因为各量的强度是连续的，其取值有无穷多个，因此，式中有 $q \to \infty$ 和 $p \to \infty$，也因此，各量的强度取值（例如式中的“1，2，…”）指的不是该量的数值，而是取值点代码。为了简便，以后我们将主式各量取值的说明统称“取值域”。此外，为保证测量操作有意义，同一次操作的对象和尺度必须是同种性质量，因此，式中的对象 $a_{\blacksquare hu}$ 和尺度 $a_{\blacktriangle hw}$ 其种类下标 h 的取值必须一致（例如，如果 $a_{\blacksquare hu}$ 的 h 取长度，那么 $a_{\blacktriangle hw}$ 的 h 也须取长度）。再者，人们观察到物体的长度和运动历经的时间不能为零，更不能小于零，因此，式中约定：如果性质量为长度或时间，则有 $a_{\blacksquare hu} > 0$，$a_{\blacktriangle hw} > 0$（下称“特别约定式”）。提请注意，在本书中，性质量 $a_{\blacksquare hu}$、$a_{\blacktriangle hw}$ 与读数 k_{huw} 是有区别的，不可混淆。它们的区别在于：性质量 $a_{\blacksquare hu}$、$a_{\blacktriangle hw}$ 是带有单位的数（或直接就是单位），而读数 k_{huw} 则是纯数。为了简便，有时我们也将性质量、作用量和读数等统称为“量”。

此外，还须说明，上述三种操作还有第三个共同点，那就是：三种操作所涉及的性质量都是“任选”。但是，式（1.1①）对此没有显在表达，为什么？回答：因为“任选”（相对“刻意”）是最不需要技巧的一种操作，亦即这类操作的原始操作，因此，也为了简化，我们约定对“任选”这一操作不设符号刻画，其存在性将在与后续章节所刻画的“刻意”比较中衬托出来。

二、 生成操作的形式刻画

应指出，狭义比较操作只是测量操作的表面操作，此外还有隐含的操作。下面先用实例说明存在隐含的操作，尔后再给出其形式刻画。

例1-1。用一只开有门且可以密闭的玻璃容器，外面连接抽气机。将一架天平置放在容器内，把一些棉花和一些铁块分别放置在天平的两个称盘中，调整棉花和铁块的数量以使天平平衡——这表明，此时两个称盘中物体的重量相等。接着，关闭玻璃容器的门，用抽气机抽出容器中的空气，当抽到一定程度时，我们发现：装着棉花的称盘开始下沉，装着铁块的称盘上升——这表明，此时两个称盘中物体的重量不相等①。

分析。例1-1是对两种物体重量进行两次不同条件的测量操作。这两种物体是“一些棉花”和“一些铁块”——两次操作它们完全相同。操作所用的仪器是“一只开有门且可以密闭的玻璃容器，外面连接抽气机。将一架天平置放在容器中，把一些棉花和一些铁块分别置放在天平的两个称盘中”——两次操作所用的仪器也完全一样。不同的地方仅在于：两次操作被比较的物体所处环境不同，因而比较结果发生了变化。其中，第一次，没有使用抽气机抽取容器中的空气，亦即容器内是常规空间；操作的结果是“天平平衡”，这表明“此时两个称盘中物体的重量相等”。第二次，“关闭玻璃容器的门，用抽气机抽出容器中的空气，当抽到一定程度时”——显然，此时容器内是没有空气或空气稀少的空间，亦即非常规空间；操作的结果是“装着棉花的称盘开始下沉，装着铁块的称盘上升”，亦即“两个称盘中物体的重量不相等”。总结上述实例，可以获得一个重要结论：物体重量这种性质量并不是物体孤立的表现，而是与物体所在环境的变化相关。应指出，这种情况是普遍的。物体长度会随所在环境的温度变化而变化（热胀冷

① 上海师范大学物理系．有趣的物理［M］．上海：少年儿童出版社，1980，第22页。

缩），同一个运动（例如机械钟）在不同环境中（例如地球赤道和两极）会有不同的速度（亦即其显示的时间量不同）。这就是说，性质量本身有一个生成过程，刻画测量操作必须包括这个生成操作。由此，我们有

$$a_{■hu} = \psi_{hu}（■） \quad (1.1②)$$

$$a_{▲hw} = \Omega_{hw}（▲） \quad (1.1③)$$

式中

$h = A，B，C，\cdots$

$u = 1，2，\cdots，q；q \to \infty$

$w = 1，2，\cdots，p；p \to \infty$

就性质量而言，则有

$h =$ 长度，时间，重量

如果性质量为长度或时间，则有：

$a_{■hu} > 0，a_{▲hw} > 0$

式（1.1②）和式（1.1③）称为“性质量生成操作表达式”，简称“生成操作表达式”。式中，■代表生成对象的实体，简称“对象实体”，▲代表生成尺度的实体，简称“尺度实体”——“实体”可理解为物体或运动；ψ_{hu}和Ω_{hw}代表环境对实体的作用，其效应是使实体生成一种对应的性质量，因之称为“生成性质量的作用量”，简称“作用量”——它们是变量；ψ_{hu}（■）、Ω_{hw}（▲）代表作用量ψ_{hu}、Ω_{hw}对实体■、▲的作用过程，而实体■、▲生成对象$a_{■hu}$、尺度$a_{▲hw}$则是这一过程的结果。提请注意，式（1.1②）和式（1.1③）中的h，不但是性质量$a_{■hu}$和$a_{▲hw}$的种类下标，而且是作用量ψ_{hu}和Ω_{hw}的种类下标；显然，作用量ψ_{hu}和Ω_{hw}的种类不能表示为长度、时间、重量，且，其种类数也不止三种，因此，我们有$h = A，B，C，\cdots$。此外，我们知道，性质量$a_{■hu}$和$a_{▲hw}$的种类也不止长度、时间、重量三种；但是，因为测量操作形式刻画的摹本只是长度、时间、重量这三种，因此，式中有附式：就性质量$a_{■hu}$和$a_{▲hw}$而言，则有$h =$ 长度，时间，重量。

三、测量操作整体的形式刻画

综合式（1.1①）、式（1.1②）和式（1.1③），我们有

$$\begin{cases} k_{huw} = a_{■hu}/a_{▲hw} & ① \\ a_{■hu} = \psi_{hu}（■） & ② \\ a_{▲hw} = \Omega_{hw}（▲） & ③ \end{cases} \quad (1.1)$$

式中

$$h = A,\ B,\ C,\ \cdots$$
$$u = 1,\ 2,\ \cdots,\ q;\ q \to \infty$$
$$w = 1,\ 2,\ \cdots,\ p;\ p \to \infty$$
$$uw = 11,\ 21,\ 12,\ \cdots,\ qp;\ q \to \infty,\ p \to \infty$$

就性质量而言，则有

$$h = \text{长度，时间，重量}$$

如果性质量为长度或时间，则有

$$a_{\blacksquare hu} > 0,\ a_{\blacktriangle hw} > 0$$

式（1.1）称为“测量操作表达式”。应指出，式（1.1）的内容是丰富的，其中各量在其取值域中每取一个值构成一次测量操作；各量在其取值域中遍取每一个值构成测量操作集合。附式有 $q \to \infty$，$p \to \infty$，这表明由式（1.1）刻画的操作集是无穷集。

如前所述，为保证测量操作有意义，对象和尺度必须是同种性质量，因此，在不致发生误解的情况下，式中的种类下标 h 可忽略（相应的附式也不表出）。于是，我们有：

$$\begin{cases} k_{uw} = a_{\blacksquare u}/a_{\blacktriangle w} & ① \\ a_{\blacksquare u} = \psi_u\ (\blacksquare) & ② \\ a_{\blacktriangle w} = \Omega_w\ (\blacktriangle) & ③ \end{cases} \tag{1.2}$$

式中

$$u = 1,\ 2,\ \cdots,\ q;\ q \to \infty$$
$$w = 1,\ 2,\ \cdots,\ p;\ p \to \infty$$
$$uw = 11,\ 21,\ 12,\ \cdots,\ qp;\ q \to \infty,\ p \to \infty$$

如果性质量为长度或时间，则有

$$a_{\blacksquare u} > 0,\ a_{\blacktriangle w} > 0$$

式（1.2）称为“测量操作的简化表达式”。

第三节　形式刻画的补充说明及由此对其一般性的初步考察

如前所述，上述形式刻画基于三种具体操作的简略考察，其中有些细节没有说明，现在补充说明。为了简化，补充说明仅针对式（1.1），因为式

（1.2）由式（1.1）导出，所以这些说明对式（1.2）也适用。补充说明旨在对式（1.1）有一个确切的理解，从而准确运用于后续研究。以补充说明为基础，我们对式（1.1）的一般性也要初步考察，其原则是：可以讨论的内容，给出明确结论；不具备条件讨论的问题，提出并悬置，以备今后讨论。

一、 关于■或▲

式（1.1）隐含着关于实体■或▲的两个假设，因此，对实体■或▲必须按这两个假设来理解。

首先，实体■或▲是囫囵实在，亦即黑箱（符号■或▲隐含此意）。显然这是一种假设。因为，科学揭示实体有内部结构，但式（1.1）没有考虑它们的内部结构。应指出，实体的内部情况也可能以表象的形式呈现。例如，用X光照射手，手就显现手骨影像；这里，如果手用■代表，手骨影像的性质量（例如，手骨影像的长度）用$a_{■hu}$代表，那么，用X光照射手显现手骨影像性质量的过程就是由$a_{■hu}=\psi_{hu}$（■）刻画的过程，这表明人们观测到的手骨影像仍然是实体手的表象。诚然，人们容易知道手骨是手的内部构造，但那是运用手的解剖知识对手骨影像的解释，而不是测量操作呈现的现象。须知，人们能够测量的只是实体■或▲表象的性质量$a_{■hu}$或$a_{▲hw}$，而不可能测量其内部结构，因此，作为测量操作的形式表达，实体■或▲可以也只能是一个黑箱。可见，这一假设是合理的，也是必须坚持的。

其次，科学还揭示实体■或▲可变化，例如，石头在高温下可能熔化，从而由固体变为流体、气体。但式（1.1）对此没有考虑，可见，式（1.1）隐含着另一假设，即实体■或▲不变假设。显然这是必需的，试想，如果考虑实体可能的变化，那么，就会陷入几乎不可克服的复杂性。此外，这也是合理的，因为实体的变化和不变是相对的，且无论怎样变化，其在测量操作的瞬间总可以视为不变。

二、 关于$a_{■hu}$或$a_{▲hw}$

首先，$a_{■hu}$或$a_{▲hw}$所代表的量，仅指长度、时间、重量。关于此，前面已有说明，因为清醒意识到这一点很重要，因此有必要再次强调。我们知道，测量操作不止这三种，但刻画式（1.1）的摹本只是这三种，因此检验该式的依据也只能是这三种操作。在此说明，我们之所以把这三种操作作为形式刻画的摹本，是因为它们是其他复杂操作的基础操作。当然，这是一个有待证实的命题，本书后面将有讨论。

其次，在物理学中，长度、时间、重量既可以是静态（低速）量和宏观量，也可以是动态（高速）量和微观量。在相对论和量子论中，长度、时间、重量等概念是常人难以捉摸的，然而，诉诸静态（低速）和宏观，这三种量则是司空见惯的普遍现象，仅凭人的感觉就能把握。必须强调，式（1.1）中的长度、时间、重量只能理解为静态（低速）量和宏观量。因为，测量操作以被测对象可直接观察为条件，且，我们是研究测量操作，不是运用操作去获取物理学知识，因此，不能也没有必要去考察不可直接观察且渗入太多复杂知识的动态（高速）量和微观量。

再次，关于$a_{■hu}$或$a_{▲hw}$亦即长度、时间、重量等量统一的名称问题。目前，学界一般将长度、时间、重量等统称为“物理量”，但本书将其统称为“性质量”。为什么？仔细考察，“物理量”指称的对象可以划分为两类。其中一类，例如长度、时间、重量，其特征是可观察、可测量，因而可以是测量操作的对象，我们称之为“性质量”；另一类，例如质量，其特征是不可观察、不可测量，因而不能成为测量操作的对象，我们称之为“实体量”[①]。在此说明，“导论”旨在对教材基础理论进行考察，需要沿用学界以往的名称；从本章开始，我们正式进入测量操作研究，因此，我们规定：符号$a_{■hu}$或$a_{▲hw}$所指的量，必须统称为“性质量”，不能统称为“物理量”。

三、 关于ψ_{hu}或Ω_{hw}

在式（1.1）中，作用量ψ_{hu}或Ω_{hw}所对应的实际情况包括两类。第一类是外界对实体施加的能量、动量、角动量、电荷等作用，例1－1中的作用量是此类作用量。此外，还有第二类，例如“导论”提到初中物理课本给出的长方体长度测量，其中“用厚尺测量的时候，要照教材中的图1－1甲那样放

① 性质量可理解为表征实体属性的量。应指出，学界早有这种认识。一本教材写道：“测量就是要获得被测系统可测量的量，即可描述现象、物体或物质的可以定性区别和定量确定的属性。”（张晓红．大学物理实验［M］．济南：山东科学技术出版社，2009，第3页）其中明确提到“属性”。由此，可方便地将表征实体属性的量称为“性质量”。此外，说质量不可观察、不可测量，这只是不将长度、时间、重量等称为“物理量”的理由；这里，只要求读者知道即可，不要求赞同“质量不可观察、不可测量”的观点。在此说明，质量（物体的物质含量）并不是唯一的实体量；且，实体■或▲也可量化，各种实体量可以也必须从中推论得出。关于此，我们将在后续章节探讨。

置”和“刻度尺在被量物体上的位置”“像图 1－1 乙那样歪斜”是这类作用量。在此说明，前面仅在于指出测量操作整体在狭义比较操作之外还有生成操作，因此（也为了不重复“导论”的内容），本章只举了一个例子，但这并不表明作用量 ψ_{hu} 或 Ω_{hw} 所对应的实际情况只有一种。

深入考察，可以看出，第一类作用量实质是自然物之间的相互作用，第二类作用量实质是人（操作者）观测实体的立足点或视角。显然，就此来说，两类作用量完全不同。但是，式（1.1）没有加以区分。这不是疏忽。因为，两类作用量既有区别的一面，也有一致的一面，本章是对操作进行统一的形式刻画，因此强调它们一致的一面。当然，它们相区别的另一面也很重要，但那是形式分析的课题，我们将在后续章节讨论。

此外，还须说明，作用量 ψ_{hu}、Ω_{hw} 与性质量 $a_{\blacksquare hu}$、$a_{\blacktriangle hw}$ 具有不同的性质。性质量 $a_{\blacksquare hu}$、$a_{\blacktriangle hw}$ 有确定的单位（或就是单位），并且 $a_{\blacksquare hu}$ 可以用精确的数值刻画；但是，作用量 ψ_{hu}、Ω_{hw}，有的甚至不能用数值表达，能够清晰区分的只是其作用效应，即在作用量作用下实体所生成的性质量。其实，作为测量操作研究，对作用量 ψ_{hu}、Ω_{hw}，需要区分的只是上述类型，并不要求用精确的数值加以刻画。

四、 关于仪器和操作技巧在式中的对应问题

大家知道，测量操作需要使用仪器和操作技巧，然而，式（1.1）对此没有显在的表达。为什么？回答：仪器和操作技巧的效应可归结为作用量 ψ_{hu} 或 Ω_{hw}。应指出，这是普遍原理。关于此，仔细考察例 1－1 和初中物理课本给出的长方体长度测量实例就会明白；此外，后续章节还将列举其他实例，考察这些实例亦能证实这一点。应指出，这一普遍原理是测量操作可以形式刻画的关键。因为，仪器的样式很多，操作技巧依人而异，其数量更是数不胜数，因而形式刻画不可能一一表达；但是，它们的效应可一义的归结为作用量 ψ_{hu} 或 Ω_{hw}，那就简单了。由此可见，将仪器和操作技巧的效应归结为作用量 ψ_{hu} 或 Ω_{hw}，也是对操作进行形式刻画的必要措施。

在此说明，“仪器和操作技巧的效应可归结为作用量 ψ_{hu} 或 Ω_{hw}”这一命题，隐含着式（1.1）关于仪器和操作技巧的理解原则，那就是：有即可、能区别就行。这里，“有即可”是针对某一次被考察的操作来说的，要求仪器和操作技巧有即可；“能区别就行”是针对被考察的数次操作来说的，要求仪器

和操作技巧能区别就行。提请注意，这里并不排斥精密仪器和高超技巧，因为精密仪器和高超技巧同样属于“有”和“能区别”的范围。但是，对式（1.1）来说，仪器无论是精密还是简陋，技巧无论是高超还是笨拙，其效应都可以也必须归结为同一性质的作用量ψ_{hu}或Ω_{hw}，就此来说，精密仪器和高超技巧仍然只是“有”和“能区别”而已。因此，无论怎么说，确认“有即可、能区别就行”的原则，总是正确的。

应当指出，确认“有即可、能区别就行”的原则，与理解式（1.1）各量的取值精度（小数点后面的位数——下同）有关。例如，式（1.1）中的$a_{■hu}$和$a_{▲hw}$，其取值域为“$u=1, 2, \cdots, q; q\to\infty$”和“$w=1, 2, \cdots, p; p\to\infty$”。显然，上述取值域的表述并不内含取值精度，因此有必要进行补充说明。在此强调，测量操作中量的取值精度与数学中数的取值精度不同；测量操作的取值精度与操作所用仪器的精度和操作技巧的程度有关（不可能如数学那样无限）。就此来说，式（1.1）关于仪器和操作技巧“有即可、能区别就行”的理解原则表明，式（1.1）各量取值精度的原则也是“有即可、能区别就行”。

五、关于■与▲、$a_{■hu}$与$a_{▲hw}$的关系

对式（1.1），我们把■称为对象实体，把$a_{■hu}$称为对象，而把▲称为尺度实体，把$a_{▲hw}$称为尺度。但是，必须强调，这种区分只有相对的意义（在实际操作中它们可以对应互换）。在此说明，式（1.1）中的尺度$a_{▲hw}$，在测量教材中被称为“单位”。我们注意到，教材规定只有“理论真值”或“约定真值”才可以充当“单位”①，甚至对制作“单位”的材料也有规定——例如“计量大会的国际委员会确定”标准单位“可以是一个实际的物体，其主要特征必须是经久不变的”②。在此说明，对式（1.1）没有必要如此，也不能这样理解。因为，“理论真值”或“约定真值”渗透着知识，形式刻画的本意就是排除操作中的知识。对式（1.1）来说，在被考察的数次操作中，尺度$a_{▲hw}$只要是同一的量值即可；尺度实体，例如在长度的测量中，它可以是任何材料制作的没有刻度的直尺。总之，对式（1.1）来说，式中的■与▲、

① 张晓红．大学物理实验［M］．济南：山东科学技术出版社，2009，第3页。

② SEARS F W，等．大学物理学（第1册）［M］．北京：人民教育出版社，1979，第2页。

$a_{\blacksquare hu}$与$a_{\blacktriangle hw}$，它们之间只要能区分即可，此外别无要求。

应指出，这里并不排斥教材规定的那些对象可以充当尺度$a_{\blacktriangle hw}$和尺度实体▲。因为，“理论真值”或“约定真值”以及由“经久不变”材料显示的标准值，也是性质量强度的一个取值。这里只是强调，它们与性质量强度其他取值并无区别（不处于更优越的地位）；其实，这正是保证形式刻画具有一般性的要求，因此这一强调是合理的。

六、关于k_{huw}

式（1.1）对读数k_{huw}的取值精度不做要求，只要能区分多少即可——这与前面所谈到量的取值精度的原则是相吻合的。因为刻画测量操作的目的仅在于方便研究测量操作，因而读数k_{huw}的取值精度只要能将被考察的操作区分即可。此外，更重要的是，读数k_{huw}可以是数学知识，这有违形式刻画“提纯操作”的本意；然而，我们规定“能区分多少即可”，那么，读数k_{huw}也可不属于数学知识，因为没有数学知识的原始人（甚至灵长类动物）也能区分简单的多少。当然，这里并不排斥高精度数据，因为高精度数据一定是“能区分多少”的；我们强调“只要能区分多少即可”，目的是形式刻画更具一般性。

在此强调，“对读数k_{huw}取值精度不做要求”并不表明式（1.1）刻画的操作不能获得准确的读数。在式（1.1）中，①分式写为$k_{huw}=a_{\blacksquare hu}/a_{\blacktriangle hw}$，②分式写为$a_{\blacksquare hu}=\psi_{hu}$（■），③分式写为$a_{\blacktriangle hw}=\Omega_{hw}$（▲），在这些表达式中，性质量$a_{\blacksquare hu}$、$a_{\blacksquare hu}$从而读数$k_{huw}$的取值是唯一的和一一对应的——每一次操作的取值是唯一的，各次操作的取值是一一对应的，这里没有含混、游离，也不存在误差[①]。“对读数k_{huw}的取值精度不做要求，只要能区分多少即可”，说的仅仅是对读数k_{huw}本身的理解，其目的是排除可能渗入操作中的知识，意即没有数学知识的人也能进行由式（1.1）刻画的操作，此外别无他意。

七、关于式（1.1）的三个分式

式（1.1）有①②③三个分式，它们的性质不同。其中，①分式表达操作

① 这里，“不存在误差”是直接分析式（1.1）得出的结论，但诉诸实际操作则需要证实，我们以后将讨论。

的符号是/，前面说过，符号/的意义与数学运算“除”相当，而“除”显然是一种实数计算操作。然而，②③两分式表达操作的符号是 ψ 和 Ω，而 ψ 和 Ω 代表的是作用量，这不能归结为实数计算操作。就此，严格说来，①分式表达的操作不是测量操作（只是一种实数计算操作），只有②③两分式表达的操作才是真正的测量操作。应指出，将数学计算（思维操作）与物理测量（事实获取操作）区分开来很重要，它在认知科学研究中具有方法论意义。

提请注意，狭义比较操作不等于比较操作（本书后面将另给出比较操作表达式）。本章将测量操作总结为式（1.1），贯彻着如下归纳原则：凡引起对象 $a_{\blacksquare hu}$ 或尺度 $a_{\blacktriangle hw}$ 取值变化的操作，一律归结为作用量 ψ_{hu} 或 Ω_{hw}（从而归入②③两分式）。这样，剩下的操作就只是由符号/表达的操作，因为它属于比较操作但又不等于比较操作，所以我们将其（由①分式表达）称为“狭义比较操作”。应指出，上述归纳原则，不仅与前面所说“仪器和操作技巧的效应可归结为作用量 ψ_{hu} 或 Ω_{hw}”的普遍原理一致，而且在总体上也准确反映着现实操作。在现实中，测量操作的最终结果是操作者获得读数 k_{huw}；显然，读数 k_{huw} 无非是对象 $a_{\blacksquare hu}$ 与尺度 $a_{\blacktriangle hw}$ 的比值，这表明由符号/表达的计算操作以外的所有其他操作，无一例外，要么改变对象 $a_{\blacksquare hu}$ 的取值，要么改变尺度 $a_{\blacktriangle hw}$ 的取值；然而，对象 $a_{\blacksquare hu}$ 和尺度 $a_{\blacktriangle hw}$ 取值的任何变化，都可由式 $a_{\blacksquare hu}=\psi_{hu}$（■）和 $a_{\blacktriangle hw}=\Omega_{hw}$（▲）得到表达。这就证明上述归纳原则是正确的。

在此说明，上述归纳原则隐含着关于“一次测量操作”的理解原则。那就是：所谓一次测量操作，当且仅当，对象 $a_{\blacksquare hu}$ 和尺度 $a_{\blacktriangle hw}$ 的取值相同。这里容易发生误解的是读数操作。以“导论”引述过的初中物理课本给出的长方体长度测量为例[①]。实际操作表明，对例中同一个模式（教材中的图 1－5 甲或图 1－5 乙）所刻画的生成操作，由两个不同的人来读数，其结果（读出的数值）会不同。试问：这是一次测量操作还是两次测量操作？回答：两次测量操作。因为，“读出的具体数值不同”表明，对象 $a_{\blacksquare hu}$ 或尺度 $a_{\blacktriangle hw}$ 的取值发生了变化，所以，这不是一次测量操作，而是两次测量操作。

八、关于式（1.1）整体

上述讨论表明，式（1.1）具有如下特征，因此，理解式（1.1）必须把

① 中小学通用教材数学编写组．初中课本·物理（第 1 册）［M］．北京：人民教育出版社，1979，第 9－10 页。

握这些特征。

（一）式（1.1）刻画的是任意操作

这一点是明显的，前面对“任选”所做的讨论证实了这一点。

（二）式（1.1）刻画的是裸操作

如前所述，式（1.1）对仪器和操作技巧的要求是“有即可、能区别就行”。既然如此，那么，就应当是：所研究的操作，仪器越简单越好，技巧越低越好。试问：仪器最简单和技巧最低的操作是什么？回答：裸操作。当然，裸操作的“裸”是有限度的，那就是必须是“操作”，因而仪器和技巧必须“有”和“能区别”。例如，用没有刻度的直尺在裸露空间对静态物体宏观长度的任意测量，就是裸操作。这里，甚至没有仪器——但实质是有的，因为裸露空间也有气压、温度、湿度等，实际上这是以地球环境为仪器；这里，甚至没有技巧——但实质是有的，因为不同的任意测量之间是有区别的。如前所述，与式（1.1）对应的实际操作并不排斥使用精密仪器和高超技巧，但用式（1.1）来刻画，它们无非是一个作用量ψ_{hu}或Ω_{hw}，就此来说，精密仪器与裸操作所在的“裸露空间”和所用的“没有刻度的直尺”没有区别，高超技巧与裸操作的“任意测量”没有区别。一句话，式（1.1）刻画的只是裸操作，即使其对应的实际操作是复杂操作也必须理解为裸操作。

（三）式（1.1）刻画的是纯操作

前面说过，式（1.1）刻画的是任意操作。应指出，任意操作亦即任意测量操作，它是与刻意测量操作相区别的操作；且，作为刻意测量操作特征的“刻意指定”实际上也构成一种操作，可理解为事前（实施实际测量之前）指定的标准操作。然而，任意测量不存在“刻意指定”，这表明式（1.1）刻画的操作在事前没有将知识渗入操作。此外，前面还说过，式（1.1）刻画的是裸操作；且，容易看出，“裸”是相对仪器和操作技巧的选择亦即操作行为来说的。这表明此种操作其操作中的操作行为没有知识。再者，如前所述，■或▲是可忽略内部结构的黑箱，$a_{■hu}$或$a_{▲hw}$是可观察、可测量的现象，k_{huw}取值精度的要求是“能区分多少即可”，可见，它们仅凭感觉（无须知识）就可以识别。显然，■或▲、$a_{■hu}$或$a_{▲hw}$、k_{huw}是操作整体中的操作对象，由此可见，式（1.1）刻画的操作，其操作中的操作对象也不含知识。这样，一切可能渗入的知识都被排除了；也就是说，式（1.1）刻画的操作是纯操作。

显然，任意操作、裸操作、纯操作具备“操作”的要件，此外并无多余的东西。于是，我们获得了一种不含任何杂质，因而是清澈透明的研究对象；由此，不难获得确切的规律。此外，可以证明，以这样的操作为基础，很容易导出其他复杂操作（将形式刻画所清除的杂质再逐步添加其上即可）——这实际上就是刻画任意操作、裸操作和纯操作过程的逆过程而已。由此可见，式（1.1）刻画的操作，的确是测量操作所必备和共有的内容，亦即就是测量操作一般。

在此说明，任意操作、裸操作和纯操作，这是对测量操作形式刻画的要求。或许上述说明有所遗漏（甚至错误），从而没有达到这一要求，如果真是这样，那么，希望读者与我们一道记住这一要求，由此弥补可能的遗漏（甚至错误）。

第二章 刻意测量操作的形式刻画

在第一章，我们构造了测量操作表达式即式（1.1）。本章以此为基础导出刻意测量操作的形式表达，并讨论其性质。

第一节 刻意测量测准操作的形式刻画

如“导论”所述，刻意测量操作的特征是“刻意指定”。由此可知，刻意测量操作是对刻意指定的性质量所进行的测量操作。分析表明，这有两种可能的情况，亦即完整的刻意测量操作可划分为两个组分。其中，一个组分称为“刻意测量测准操作”，简称“测准操作”；另一个组分称为“刻意测量非测准操作”，简称“非测准操作”。对它们的刻画必须分开进行。本节仅讨论前者。

测准操作的形式表达可由式（1.1）联系“测准操作”的内涵导出。式（1.1）写为

$$\begin{cases} k_{huw} = a_{\blacksquare hu} / a_{\blacktriangle hw} & \text{①} \\ a_{\blacksquare hu} = \psi_{hu}\ (\blacksquare) & \text{②} \\ a_{\blacktriangle hw} = \Omega_{hw}\ (\blacktriangle) & \text{③} \end{cases}$$

式中

$$h = A, B, C, \cdots$$

$$u = 1, 2, \cdots, q;\ q \to \infty$$

$$w = 1, 2, \cdots, p;\ p \to \infty$$

$$uw = 11, 21, 12, \cdots, qp;\ q \to \infty,\ p \to \infty$$

就性质量而言，则有

h = 长度，时间，重量

如果性质量为长度或时间，则有

$$a_{\blacksquare hu} > 0,\ a_{\blacktriangle hw} > 0$$

现在，再说“测准操作”的内涵。首先，测准操作是刻意测量操作的组分，因此必具有刻意测量操作的特征。诚然，“导论”讨论了刻意测量操作的特征，但是，“导论”给出的刻意测量操作的操作型定义，仅限于与任意测量操作相区别，因而其关于刻意测量操作特征的表述不够完整。完整的操作涉及两种性质量即对象和尺度，因此刻意测量操作的“刻意指定”，不限于对象，还包括尺度。分析表明，对对象和尺度的刻意指定，相当于指定一种标准操作，且，这种标准操作必是事前（对刻意指定的性质量进行实际测量之前）指定的，因之，称为“事前指定的标准操作”。其次，测准操作需要对刻意指定的性质量进行实际测量操作。然而，这种操作必是在事后（标准操作指定之后）进行，且，其特征是“测准”（即实际操作与事前指定的标准操作准确重合），因之，称为“事后实测的测准操作”。于是，用下标#（专用于对象）、□（专用于尺度）、#□（专用于读数）标识刻意指定的量——就其取值域来说，它是常量即只取唯一一个值的量，但就其论域来说，它可以是相应论域的任一个常量（取值域和论域的概念将在第三节说明）；用上标※标识测准操作；用上标※与下标#、□、#□相匹配隐含事后实测的测准操作与事前指定的标准操作准确重合。由此，并式（1.1），我们有

$$\begin{cases} k_{h\#\square}{}^{\text{※}} = a_{\blacksquare h\#}{}^{\text{※}} / a_{\blacktriangle h\square}{}^{\text{※}} & \text{①} \\ a_{\blacksquare h\#}{}^{\text{※}} = \psi_{h\#}{}^{\text{※}} \ (\blacksquare) & \text{②} \\ a_{\blacktriangle h\square}{}^{\text{※}} = \Omega_{h\square}{}^{\text{※}} \ (\blacktriangle) & \text{③} \end{cases} \quad (2.1)$$

式中

$$h = A,\ B,\ C,\ \cdots$$

$$\# \in u$$

$$\square \in w$$

$$\#\square \in uw$$

就性质量而言，则有

h = 长度，时间，重量

如果性质量为长度或时间，则有

$$a_{\blacksquare h\#} > 0,\ a_{\blacktriangle h\square} > 0$$

式（2.1）称为“刻意测量测准操作表达式”，简称“测准操作表达式”。式中，$a_{\blacksquare h\#}{}^{\text{※}}$代表测准操作实际测到的对象（它隐含实际测到的对象与事前刻

意指定的对象 $a_{■h\#}$准确相符）；$a_{▲h□}{}^{※}$代表测准操作实际使用的尺度（它隐含实际使用的尺度与事前刻意指定的尺度 $a_{▲h□}$准确相符）；$\psi_{h\#}{}^{※}$代表生成对象 $a_{■h\#}{}^{※}$的作用量亦即对准刻意指定对象 $a_{■h\#}$的操作；$\Omega_{h□}{}^{※}$代表生成尺度 $a_{▲h□}{}^{※}$的作用量亦即用准刻意指定尺度 $a_{▲h□}$的操作；$k_{h\#□}{}^{※}$代表测准操作获取的读数。附式$\# \in u$ 表明，常量 $a_{■h\#}$是变量 $a_{■hu}$取值域 $u=1, 2, \cdots, q$；$q\to\infty$ 中任一个取值，常量 $\psi_{h\#}$是变量 ψ_{hu}取值域 $u=1, 2, \cdots, q$；$q\to\infty$ 中任一个取值；附式$□ \in w$ 表明，常量 $a_{▲h□}$是变量 $a_{▲hw}$取值域 $w=1, 2, \cdots, p$；$p\to\infty$ 中任一个取值，常量 $\Omega_{h□}$是变量 Ω_{hw}取值域 $w=1, 2, \cdots, p$；$p\to\infty$ 中任一个取值；附式$\#□ \in uw$ 表明，常数 $k_{h\#□}$是变数 k_{huw}取值域 $uw=11, 21, 12, \cdots, qp$；$q\to\infty$，$p\to\infty$ 中任一个取值。

应指出，式(2.1)隐含着层次不同的两种操作即标准操作和实际操作，并且隐含着实际操作与标准操作准确重合。为此，需要进行分析，从而说明这一点。

分析如下。

如果将式（2.1）主式各量的上标※去掉，那么，我们有

$$\begin{cases} k_{h\#□} = a_{■h\#}/a_{▲h□} & ① \\ a_{■h\#} = \psi_{h\#} \ (■) & ② \\ a_{▲h□} = \Omega_{h□} \ (▲) & ③ \end{cases} \qquad (2.1_{◎})$$

式（$2.1_{◎}$）称为“式（2.1）的隐公式”（下标符号◎代表“隐含”）。就此，$a_{■h\#}$可理解为刻意指定的对象，$a_{▲h□}$可理解为刻意指定的尺度；$\psi_{h\#}$可理解为生成刻意指定对象 $a_{■h\#}$的作用量；$\Omega_{h□}$可理解为生成刻意指定尺度 $a_{▲h□}$的作用量；$k_{h\#□}$可理解为标准操作所应当获取的读数。

上述分析表明，式（2.1）表达着两个不同层次的操作。其中，第一个层次是由式（$2.1_{◎}$）刻画的隐层次操作，可以理解为由操作者（或操作者群体）在事前指定的标准操作；第二个层次是采用对隐公式各量加上标※的方式刻画的显层次操作，它是操作者实际实施的并且是测准的操作。于是，式（2.1）完整的内涵是：实际操作（显操作）与事前指定的标准操作（隐操作）准确重合。

在此说明，对式（2.1）的刻画及其内容的理解，隐藏着一个疑难和我们克服疑难的思维过程。顾名思义，所谓“准”，指的是标准，所谓“测

准”，指实际操作与事前指定的标准操作准确重合。由此可知，刻意测量测准操作的形式刻画，必须内含两种操作即标准操作和实际操作，并且内涵实际操作与标准操作准确重合。显然，这很难用常规方法做到——这是我们遭遇到的一个疑难。那么，怎么办？仔细考察，我们发现，刻意测量操作的标准操作实际上不是现实操作，而是隐操作（只存在于操作者的意识中，并不是可以观察到的显在操作）。由此，我们采用现在的办法，即用隐公式表达标准操作，而采用对隐公式各量加上标※的方式刻画实际操作，从而表达实际操作（显公式刻画的操作）与隐操作（隐公式刻画的操作）准确重合。由此可见，上述对式（2.1）的刻画及其内容的理解，既是准确刻画测准操作的形式表达所必需，也是现实中刻意测量测准操作的如实反映。

在不致发生误解的情况下，表达式中的种类下标 h 可忽略（相应的附式也不表示出），由此并式（2.1），我们有

$$\begin{cases} k_{\#\square}{}^{※} = a_{\blacksquare\#}{}^{※} / a_{\blacktriangle\square}{}^{※} & ① \\ a_{\blacksquare\#}{}^{※} = \psi_{\#}{}^{※}\ (\blacksquare) & ② \\ a_{\blacktriangle\square}{}^{※} = \Omega_{\square}{}^{※}\ (\blacktriangle) & ③ \end{cases} \qquad (2.2)$$

式中

$$\# \in u$$

$$\square \in w$$

$$\#\square \in uw$$

如果性质量为长度或时间，则有

$$a_{\blacksquare\#} > 0,\ a_{\blacktriangle\square} > 0$$

式（2.2）称为“测准操作简化表达式”。

第二节　刻意测量非测准操作的形式刻画

如前所述，测准操作只是刻意测量操作的一个组分，此外还有另一个组分即非测准操作。本节讨论非测准操作的形式刻画。

前面说过，非测准操作与测准操作都是对刻意指定性质量所进行的测量操作，只不过其实际操作及其结果不同。由此可知，非测准操作与测准操作相比，其共同点是：第一，都有事前指定的标准操作和事后实际测量操作；第二，事前指定的标准操作完全相同。不同的只是事后实际测量操作的特征：

测准操作的特征是“测准”，而非测准操作的特征是“非测准”。在此说明，因为非测准操作的标准操作与测准操作的标准操作完全相同，所以（也为了简化），我们刻画非测准操作可忽略事前指定的标准操作（其存在性通过与测准操作形式刻画对比凸显）。这样，需要刻画的只是事后实测的非测准操作。于是，用上标符号 - ※标识非测准操作，由式（1.1）并联系式（2.1），我们有

$$\begin{cases} k_{h(uw-\#\square)}{}^{-※} = a_{■h(u-\#)}{}^{-※} / a_{▲h(w-\square)}{}^{-※} & ① \\ a_{■h(u-\#)}{}^{-※} = \psi_{h(u-\#)}{}^{-※} \quad (■) & ② \\ a_{▲h(w-\square)}{}^{-※} = \Omega_{h(w-\square)}{}^{-※} \quad (▲) & ③ \end{cases} \tag{2.3}$$

式中

$$h = A,\ B,\ C,\ \cdots$$

$$u-\# = (1,\ 2,\ \cdots,\ q;\ q\to\infty)\ -\#$$

$$w-\square = (1,\ 2,\ \cdots,\ p;\ p\to\infty)\ -\square$$

$$uw-\#\square = (11,\ 21,\ 12,\ \cdots,\ qp;\ q\to\infty,\ p\to\infty)\ -\#\square$$

就性质量而言，则有

$$h = \text{长度，时间，重量}$$

如果性质量为长度或时间，则有

$$a_{■h(u-\#)} > 0,\ a_{▲h(w-\square)} > 0$$

式（2.3）称为“刻意测量非测准操作表达式”，简称“非测准操作表达式”。式中，$a_{■h(u-\#)}{}^{-※}$代表非测准操作实际测到的对象；$a_{▲h(w-\square)}{}^{-※}$代表非测准操作实际使用的尺度；$\psi_{h(u-\#)}{}^{-※}$代表生成对象$a_{■h(u-\#)}{}^{-※}$的作用量——其实质是操作者想对准刻意指定的对象$a_{■h\#}$但却错误地对准了非刻意指定对象$a_{■h(u-\#)}$的操作；$\Omega_{h(w-\square)}{}^{※}$代表生成尺度$a_{▲h(w-\square)}{}^{-※}$的作用量——其实质是操作者想用准刻意指定的尺度$a_{▲h\square}$但却错误地使用了非刻意指定尺度$a_{▲h(w-\square)}$的操作；$k_{h(uw-\#\square)}{}^{-※}$代表非测准操作获取的读数。

如前所述，式（2.3）忽略了事前指定的标准操作，因此，理解式（2.3）必须联系式（2.1）中的隐公式即式（2.1$_{○}$）。于是，式（2.3）完整的内涵必须理解为：实际操作与事前指定的标准操作没有重合。

将式（2.3）、式（2.1）与式（1.1）进行对比，容易看出

$$\begin{cases} a_{\blacksquare h(u-\#)}{}^{-※} = a_{\blacksquare hu} - a_{\blacksquare h\#}{}^{※} \\ \psi_{h(u-\#)}{}^{-※} = \psi_{hu} - \psi_{h\#}{}^{※} \\ a_{\blacktriangle h(w-\square)}{}^{-※} = a_{\blacktriangle hw} - a_{\blacktriangle h\square}{}^{※} \\ \Omega_{h(w-\square)}{}^{-※} = \Omega_{hw} - \Omega_{h\square}{}^{※} \\ k_{h(uw-\#\square)}{}^{-※} = k_{huw} - k_{h\#\square}{}^{※} \end{cases} \tag{2.4}$$

式（2.4）称为“式（2.3）、式（2.1）与式（1.1）的关系式”。由此知，式（2.3）的附式表达的意义是：变量 $a_{\blacksquare h(u-\#)}$ 的取值域是变量 $a_{\blacksquare hu}$ 取值域中不含取值 $a_{\blacksquare h\#}$ 的所有取值；变量 $\psi_{h(u-\#)}$ 的取值域是变量 ψ_{hu} 取值域中不含取值 $\psi_{h\#}$ 的所有取值；变量 $a_{\blacktriangle h(w-\square)}$ 的取值域是变量 $a_{\blacksquare hw}$ 取值域中不含取值 $a_{\blacktriangle h\square}$ 的所有取值；变量 $\Omega_{h(w-\square)}$ 的取值域是变量 Ω_{hw} 取值域中不含取值 $\Omega_{h\square}$ 的所有取值；变数 $k_{h(uw-\#\square)}$ 的取值域是变数 k_{huw} 取值域中不含取值 $k_{h\#\square}$ 的所有取值。

在不致发生误解的情况下，表达式的种类下标 h 可忽略（相应的附式也不表出），由此并式（2.3），我们有

$$\begin{cases} k_{(uw-\#\square)}{}^{-※} = a_{\blacksquare(u-\#)}{}^{-※} / a_{\blacktriangle(w-\square)}{}^{-※} & ① \\ a_{\blacksquare(u-\#)}{}^{-※} = \psi_{(u-\#)}{}^{-※} \quad (\blacksquare) & ② \\ a_{\blacktriangle(w-\square)}{}^{-※} = \Omega_{(w-\square)}{}^{-※} \quad (\blacktriangle) & ③ \end{cases} \tag{2.5}$$

式中

$$u-\# = (1,\ 2,\ \cdots,\ q;\ q\to\infty)\ -\#$$
$$w-\square = (1,\ 2,\ \cdots,\ p;\ p\to\infty)\ -\square$$
$$uw-\#\square = (11,\ 21,\ 12,\ \cdots,\ qp;\ q\to\infty,\ p\to\infty)\ -\#\square$$

如果性质量为长度或时间，则

$$a_{\blacksquare(u-\#)} > 0,\ a_{\blacktriangle(w-\square)} > 0$$

式（2.5）称为“非测准操作简化表达式”。

第三节　刻意测量操作形式刻画的补充讨论

前面的讨论，关注的是形式刻画，对所刻画操作的细节没有讨论，现在补充讨论。为了简化，补充讨论仅针对式（2.1）和式（2.3），因为式（2.2）和式（2.5）由式（2.1）和式（2.3）导出，因此这些讨论对式

(2.2) 和式 (2.5) 也适用。补充讨论旨在对式 (2.1) 和式 (2.3) 有一个确切的理解，从而准确运用于后续研究。当然，以此为基础，我们对刻意测量操作的性质也要考察，从而印证“导论”的相关结论。顾名思义，这只是补充性质的讨论，因此，凡前面已明确的内容兹不赘述。在此指出，因为式 (2.1) 和式 (2.3) 由式 (1.1) 导出，所以式 (2.1) 和式 (2.3) 与式 (1.1) 相重叠的内容也属于前面已明确的内容（因为第一章已明确）。

一、关于“测准”与“非测准”概念

前面，我们将式 (2.1) 刻画的操作称为“测准操作”，将式 (2.3) 刻画的操作称为“非测准操作”。必须强调，这里的“测准”或“非测准”，只是相对**事前指定的标准操作**而言，不是相对**公式所刻画的实际操作**而言。就公式所刻画的实际操作来说，其操作和操作的结果之间并不存在“准”或“非准”的问题。例如，在式 (2.1) 中，分式 $a_{\blacksquare h\#}^{※} = \psi_{h\#}^{※}(\blacksquare)$、分式 $a_{\blacktriangle h\square}^{※} = \Omega_{h\square}^{※}(\blacktriangle)$ 和分式 $k_{h\#\square}^{※} = a_{\blacksquare h\#}^{※} / a_{\blacktriangle h\square}^{※}$，其中，操作结果 $a_{\blacksquare h\#}^{※}$ 与操作 $\psi_{h\#}^{※}(\blacksquare)$ 之间，操作结果 $a_{\blacktriangle h\square}^{※}$ 与操作 $\Omega_{h\square}^{※}(\blacktriangle)$ 之间，操作结果 $k_{h\#\square}^{※}$ 与操作 $a_{\blacksquare h\#}^{※} / a_{\blacktriangle h\square}^{※}$ 之间，都是等价关系。式 (2.3) 亦如此。这里，并不存在“准”或“非准”的问题——或者用不规范的语言来说，这里都是“准”的，并不存在“非准”的情况。因为，式 (2.1) 表达的是实际操作与事前指定的标准操作准确重合，式 (2.3) 表达的是实际操作与事前指定的标准操作没有重合，因此，当且仅当，相对事前指定的标准操作，式 (2.1) 刻画的操作才是“测准”操作，式 (2.3) 刻画的操作才是“非测准”操作。

二、关于式 (2.3) 各量的取值域

由本章第二节知，在式 (2.3) 中，$a_{\blacksquare h(u-\#)}$、$\psi_{h(u-\#)}$、$a_{\blacktriangle h(w-\square)}$、$\Omega_{h(w-\square)}$、$k_{h(uw-\#\square)}$ 等量的取值域，是相应的 $a_{\blacksquare hu}$、ψ_{hu}、$a_{\blacktriangle hw}$、Ω_{hw}、k_{huw} 等量的取值域不含取值 $a_{\blacksquare h\#}$、$\psi_{h\#}$、$a_{\blacktriangle h\square}$、$\Omega_{h\square}$、$k_{h\#\square}$ 的所有取值。我们清楚地知道，现实中的非测准操作各量的取值一般可限制在 $a_{\blacksquare h\#}$、$\psi_{h\#}$、$a_{\blacktriangle h\square}$、$\Omega_{h\square}$、$k_{h\#\square}$ 的邻域以内。显然，$a_{\blacksquare h\#}$、$\psi_{h\#}$、$a_{\blacktriangle h\square}$、$\Omega_{h\square}$、$k_{h\#\square}$ 的邻域，其幅度比 $a_{\blacksquare h(u-\#)}$、$\psi_{h(u-\#)}$、$a_{\blacktriangle h(w-\square)}$、$\Omega_{h(w-\square)}$、$k_{h(uw-\#\square)}$ 取值域的幅度要小得多。那么，式 (2.3) 各量的取值域为什么要如此规定？回答：因为式 (2.1) 和式 (2.3) 刻画的是刻意测量操作一般，所以应当考虑刻意测量操作一切可能的

情况；显然，式（2.3）各量的取值域是相应的$a_{■hu}$、ψ_{hu}、$a_{▲hw}$、Ω_{hw}、k_{huw}等量的取值域不含取值$a_{■h\#}$、$\psi_{h\#}$、$a_{▲h□}$、$\Omega_{h□}$、$k_{h\#□}$的所有取值，这是可能的。在此说明，$a_{■h\#}$、$\psi_{h\#}$、$a_{▲h□}$、$\Omega_{h□}$、$k_{h\#□}$的邻域是一个重要概念，我们将在刻意测量操作分析时再讨论。

三、关于式（2.1）和式（2.3）的论域

应指出，论域≠取值域。取值域，指表达式各量的取值幅度；论域，指表达式所谈论操作的范围，亦即表达式各量的取值幅度所在的范围。当然，存在这样的情况即取值域与论域是一致的，在这种情况下，不必讨论论域。例如，式（1.1）就是如此，因此第一章没有讨论论域。但是，式（2.1）和式（2.3）的论域与量的取值域不一致，因此，本章需要讨论。

在式（2.1）中，$a_{■h\#}$、$\psi_{h\#}$、$a_{▲h□}$、$\Omega_{h□}$、$k_{h\#□}$等都是常量，亦即只取唯一一个值的量——这说的是式（2.1）各量的取值幅度亦即取值域。但是，上述各量却又可以是对应变量$a_{■hu}$、ψ_{hu}、$a_{▲hw}$、Ω_{hw}、k_{huw}取值域中任一个取值，这就是说，其对应变量$a_{■hu}$、ψ_{hu}、$a_{▲hw}$、Ω_{hw}、k_{huw}是式（2.1）各量的取值幅度所在的范围——这说的是式（2.1）的论域。显然，对式（2.1）来说，其量的取值域与论域不一致：取值域是常量$a_{■h\#}$、$\psi_{h\#}$、$a_{▲h□}$、$\Omega_{h□}$、$k_{h\#□}$，但论域则是变量$a_{■hu}$、ψ_{hu}、$a_{▲hw}$、Ω_{hw}、k_{huw}。在式（2.3）中，$a_{■h(u-\#)}$、$\psi_{h(u-\#)}$、$a_{▲h(w-□)}$、$\Omega_{h(w-□)}$、$k_{h(uw-\#□)}$等都是变量，它们是相应变量$a_{■hu}$、ψ_{hu}、$a_{▲hw}$、Ω_{hw}、k_{huw}减去取值$a_{■h\#}$、$\psi_{h\#}$、$a_{▲h□}$、$\Omega_{h□}$、$k_{h\#□}$的所有取值——这说的是式（2.3）各量的取值幅度亦即取值域。但是，因为式（2.1）各量可以是对应变量$a_{■hu}$、ψ_{hu}、$a_{▲hw}$、Ω_{hw}、k_{huw}取值域中任一个取值，所以，式（2.3）的取值域是变化的（不同的刻意测量非测准操作从相应变量$a_{■hu}$、ψ_{hu}、$a_{▲hw}$、Ω_{hw}、k_{huw}减去$a_{■h\#}$、$\psi_{h\#}$、$a_{▲h□}$、$\Omega_{h□}$、$k_{h\#□}$的具体值不同）；然而，因为$a_{■h(u-\#)}$、$\psi_{h(u-\#)}$、$a_{▲h(w-□)}$、$\Omega_{h(w-□)}$、$k_{h(uw-\#□)}$等量属于$a_{■hu}$、ψ_{hu}、$a_{▲hw}$、Ω_{hw}、k_{huw}等量，所以，式（2.3）的取值域无论怎样变化，都不会超出$a_{■hu}$、ψ_{hu}、$a_{▲hw}$、Ω_{hw}、k_{huw}等量的取值域——这说的是式（2.3）各量的取值域所在的范围亦即论域。由此可见，对式（2.3）来说，其量的取值域与论域也不一致：取值域是变量$a_{■h(u-\#)}$、$\psi_{h(u-\#)}$、$a_{▲h(w-□)}$、$\Omega_{h(w-□)}$、$k_{h(uw-\#□)}$，但论域则是变量$a_{■hu}$、ψ_{hu}、$a_{▲hw}$、Ω_{hw}、k_{huw}（后者比前者多一个由下标#、□、#□标识的值）。前面说过，这是刻意测量操作的特殊现象。造成这种特殊现象的

原因在于“刻意指定”这种特殊操作：刻意指定的量，既必须是对应变量取值域中的一个取值，但又可以是该变量取值域中任一个取值。

说到这里，有必要回到“导论”。“导论”说过，教材所讨论的测量操作是刻意测量操作。这当然是事实。但是，应指出，教材所讨论的刻意测量操作与式（2.1）和式（2.3）刻画的刻意测量操作有所不同。例如，“导论”讨论过的“教材 1”“规定量块两端面对角线中心交点间连线之长度 L_0 表征为量块的长度”，显然，这只是对应变量（用教材的术语可称为“量块两端面之间任意连线之长度 L”）无穷多个取值中固定的一个取值。然而，式（2.1）刻画的刻意测量操作，其刻意指定的尽管也是常量，但却可以是对应变量无穷多个取值中任一个值。就此来说，式（2.1）和式（2.3）刻画的刻意测量操作是刻意测量操作一般，而教材所讨论的刻意测量操作只是刻意测量操作个别。显然，作为测量操作研究的对象，应当是测量操作一般（包括刻意测量操作一般），只有这样才能获得测量操作的一般理论。考察易知，教材之所以如此，是因为教材关注的是如何运用测量操作这个工具去获取物理学事实，而不是以测量操作本身为对象探索测量基础理论。由此，可以更深入地体会到教材基础理论的缺陷。

四、 关于测量操作集

应指出，无论是式（1.1）、式（2.1）还是式（2.3），所刻画的操作都是操作集，其所包含的元素操作都有无穷多个（次），因之，我们将这种操作集称之为“无穷操作集”。这对式（1.1）和式（2.3）来说是显然的，其各量的取值域就已表明了这一点。此外，前面说过，式（2.1）刻画的测准操作，其刻意指定的尽管是常量，但却可以是对应变量无穷多个取值中的任一个取值，这就表明（就其论域来说）式（2.1）所刻画的也是无穷操作集。

然而，上面所谈论的还只是这三个表达式分别刻画的操作集，它们只是操作集的一种类型。此外，还有另一种类型，那就是由式（2.1）和式（2.3）相匹配刻画的操作集。前面说到，式（2.3）是与式（2.1）相关的操作，其各量的取值域前者以后者为转移。显然，式（2.1）刻意指定的量在对应变量无穷多个取值中每取一次不同的值，式（2.3）与之相匹配的各量也将相应改变其取值。于是，式（2.1）各量和式（2.3）各量每一次相匹配的取值都构成一个操作集——这种操作集有两个子集，其中一个子集是由式

（2.1）刻画的操作集（其元素为1），另一个子集是由式（2.3）刻画的操作集（其元素为无穷多个），因此，这种操作集可称为“1＋∞型操作集”。然而，式（2.1）可在对应变量无穷多个取值中一一取值，于是，式（2.1）各量和式（2.3）各量无穷次相匹配取值的集合就构成另一种集，这种集的元素就是1＋∞型操作集。显然，以1＋∞型操作集为元素的集不是一般的无穷集，而是超穷集。由此可知，就其论域来说，本章导出的刻意测量操作是一种超穷操作集。

五、 关于符号设定

在此说明，测量操作研究所涉及的性质量、作用量、读数既可能是变量（可取多个值的量），也可能是常量（只取唯一一个值的量）。在教科书中，变量一般用大写字母表示，常量一般用小写字母（或大写字母加下标0）表示。但是，前面讨论表明，测量操作研究所涉及的操作以及其中的量是丰富复杂的，教科书的上述方法很难清晰地将这些量区分开来。为此，本书采用的方法是：变量有取值域，因而用标识取值域的方法加以区别，例如，式（1.1）中的对象 $a_{\blacksquare hu}$（$u=1, 2, \cdots, q$；$q\to\infty$）是一种变量，式（2.3）中的对象 $a_{\blacksquare h(u-\#)}$ ［$u-\#=(1, 2, \cdots, q$；$q\to\infty)-\#$］则是另一种变量；常量只有唯一一个值，因而本章用下标#（专用于对象常量）、下标□（专用于尺度常量）和下标#□（专用于读数常数）标识，并且标注其属于哪个变量，例如，$a_{\blacksquare h\#}$ 是常量，$a_{\blacksquare hu}$（$u=1, 2, \cdots, q$；$q\to\infty$）是变量，$\#\in u$ 表明 $a_{\blacksquare h\#}\in a_{\blacksquare hu}$；余则类推。在此还须说明，测量操作研究在不同情况下所涉及常量的性质有所不同，因此，本书标识常量的下标不限于#、□和#□。后续章节所涉及的常量，如果使用其他下标标识，将另有说明。

六、 关于量的取值精度与操作所用仪器的精度和操作技巧的程度

第一章的补充说明说过，式（1.1）各量取值精度的原则是“有即可、能区别就行”。然而，式（2.1）和式（2.3）刻画的是刻意测量操作，这与式（1.1）刻画的操作有所不同。于是，这就产生一个问题：式（2.1）和式（2.3）对取值精度有何要求？我们的回答是：与式（1.1）一样。这是因为，式（2.1）和式（2.3）刻画的是刻意测量操作一般，它应当考虑刻意测量操作一切可能的情况。我们清楚地知道，现实中的刻意测量操作（例如教材所

描述的刻意测量操作）的确需要高精度的测量，但那是以获取物理学事实为目的而实施的应用操作，而不是作为测量操作研究对象的操作一般。

第一章说过，测量操作的取值精度与操作所用仪器的精度和操作技巧的程度有关。但是，这句话反过来说并不成立。这就是说，式（2.1）和式（2.3）刻画的操作其取值精度与式（1.1）一样，并不表明式（2.1）和式（2.3）刻画的操作所使用仪器的精度和操作技巧的程度也与式（1.1）一样。刻意测量操作的操作者，毕竟要对刻意指定的性质量进行测量，因而其对使用仪器的精度和操作技巧的程度是有所要求的。诚然，式（2.1）和式（2.3）刻画的是刻意测量操作一般，因而其使用仪器的精度和操作技巧的程度将因刻意指定性质量的取值精度不同而相异，但是，在这方面有所要求则是肯定的。这与（1.1）关于仪器和操作技巧的理解原则“有即可、能区别就行”是不同的。

七、关于式（2.1）和式（2.3）的整体性质

“性质”概念的本质是事物的特征。也就是说，当我们说某某事物的性质时，等价于指出该事物与他事物的区别。就此来说，本节前面的补充讨论实际上也是对式（2.1）和式（2.3）所具有性质的讨论。例如，我们说两式刻画的操作是刻意测量操作一般，谈论的就是两式所刻画操作的性质，即它与教材所讨论的刻意测量操作的区别点。

然而，事物可分层次，因此讨论事物的性质也需要分层次。例如，测量操作可分为任意测量操作与刻意测量操作，而刻意测量操作又可分为刻意测量操作一般与刻意测量操作个别。显然，前者相对后者是更高层次的划分。就此来说，本节前面的补充讨论所谈论的刻意测量操作的性质是在相对低的层次，而现在所要讨论的式（2.1）和式（2.3）的整体性质，指的是两式刻画的操作在测量操作系统中的性质，这是相对更高的层次。显然，这只能与式（1.1）刻画的操作相比较而言。

关于式（1.1）刻画的操作的性质，第一章已有结论，那就是：它是任意操作、裸操作和纯操作。由本章前面的讨论，并且将之与式（1.1）对比，不难得到如下结论：式（2.1）和式（2.3）刻画的操作是刻意操作（内含知识的操作）、复杂操作（运用比较复杂的仪器和比较复杂的技巧的操作）、操作应用（为获取刻意指定性质量的操作）。显然，这实际上就是“导论”通过

简略分析所给出的刻意测量操作的特征。

说到这里，有必要再次回到第一章。第一章对式（1.1）作为测量操作形式刻画的一般性进行了初步讨论。通过本章对刻意测量操作的研究，可以从另一视角再次证明第一章的结论。首先，本章的讨论表明，式（2.1）和式（2.3）是以式（1.1）为基础导出的，这已经证明式（1.1）刻画的操作就是操作一般。其次，对式（2.1）和式（2.3）本身进行分析也能证明这一点。显然，要实现由式（2.1）刻画的操作的概率几近于零，因此，刻意测量操作所能实现的几乎都是由式（2.3）刻画的操作。然而，式（2.3）刻画的操作的特征是：在主观上（操作者的愿望）是“刻意”（指向刻意指定性质量的）操作，但在客观上（操作者的实际操作）则仍然是“任选”（任选性质量的）操作。这就是说，尽管式（2.1）和式（2.3）刻画的操作在主观愿望上的确是“刻意测量操作”，但在客观效果上，则仍然是“任意测量操作”。这同样证明，式（1.1）刻画的操作就是基础操作，就是操作一般。

第三章　“真”概念探讨：真量与视量及测量操作和综合量的分析表达

通过前面的讨论，我们已经有了测量操作和刻意测量操作的形式刻画。以此为基础，可以进行测量操作的形式分析。本章和下一章是测量操作形式分析的预备研究，其主题是测量学的“真”概念。

第一节　“真”概念问题及其意义与本章的论域

在此说明，测量学的“真”概念只是“真”概念的一个方面；此外，测量学的“真”概念也有不同类型。因此，在正式讨论本章的论题之前，有必要简略地说明“真”概念问题及其意义与本章的论域。

先说“真”概念问题及其意义。应当指出，“真”概念是认知科学的基础概念。显然，科学研究的目的是获得真知识，但是，如果不知道什么是“真”，那么，又怎么知道所获得的知识是“真”知识？正因为此，科学史上许多著名学者都探讨过这一概念①。可见，“真”概念对认知科学具有奠基性意义。

也应指出，“真”概念是一个丰富复杂的问题。就其丰富性来说，从完整的认知过程分析，至少存在三种视角的“真”概念。第一，认知过程需要获取事实，就自然科学来说，获取事实的途径是物理测量（或称“物理实验”），因此，必存在“事实真”或“测量真”的“真”概念（所谓测量学的“真”概念即是指此）；第二，认知过程需要思维，而思维是形式逻辑研究的对象，因此，必存在“思维真”或“逻辑真”的“真”概念；第三，通过认知过程所获得的理论（知识），也存在一个是否“真”的问题，因此，必存在“理论真”或“知识真”的“真”概念。就其复杂性来说，历史上关于

---

① 张清宇．逻辑哲学九章［M］．南京：江苏人民出版社，2004，第 371 页。

"真"概念的探讨常常陷入逻辑矛盾。关于此，需要较大篇幅，下面另用几段来说明。

大家知道，在哲学史上，唯物主义与唯心主义对"真"概念的理解完全不同。唯物主义代表人物亚里士多德说："真假的问题依事物对象的是否联合或分离而定，若对象相合者认为相合，相离者认为相离就得其真实；反之，以相离者为合，以相合者为离，那就弄错了。"为此，亚里士多德还举了一个例子："并不因为我们说你脸是白，所以你脸才白，只因为你脸白，所以我们这样说才算说得对。"① 显然，亚里士多德所说的"真"，指认识与被认识的客观现象相符合。唯心主义代表人物柏拉图则"把自然界叫作'可感觉的实物世界'，并且认为自然界是由不变的永恒不动的精神实质的世界，即理念（他称为'真实存在'）世界中派生出来的"。② 柏拉图以此为基础提出回忆说，认为理念原本就存在于人的灵魂中，人只要回忆即可获得③。显然，柏拉图所说的"真"，指"可感觉的实物世界"与原本就在人的灵魂中的理念相符合。可见，唯物主义的"真"概念与唯心主义的"真"概念是根本对立的。

但是，应当指出，两种论点都有一定根据，并非胡说八道。首先，仅仅是简单的感觉就可证实，在人之外存在一个客观世界。例如，人在饥饿时，吃下食物就不饿；在冬天，不穿衣服就会感觉冷；如此等等。当然，也可用严格的重复操作来证实这一点。例如，德国物理学家伦琴（Rontgen, W. C, 1845—1923）将手放在X光的照射下屏幕就显现手骨手像，将手撤离X光的照射屏幕上的手骨手像就立即消失，可见，伦琴获得手骨手像的感觉绝非幻觉，而是对客观现象的如实反映。这就是说，唯物主义论点是有根据的。其次，唯心主义论点并非胡说八道。再以伦琴观察他的手为例，伦琴用X光观察手获得手骨手像；但是，如果伦琴不用X光而是用可见光观察手，那么，他看到的则是皮肤手像。就此试问：伦琴所看到的两种手像，哪种是"真"的？显然，伦琴清楚地知道，他所观察

① 亚里士多德．形而上学［M］．北京：商务印书馆，1959，第186页。

② 敦尼克，约夫楚克，凯德洛夫，等．哲学史·欧洲哲学史部分［M］．上海：生活·读书·新知三联书店，1972，第14、42页。

③ 敦尼克，约夫楚克，凯德洛夫，等．哲学史·欧洲哲学史部分［M］．上海：生活·读书·新知三联书店，1972，第14、42页。

的手是他的同一只手，但是他却看到了完全不同的两种手像，就此（同一只手）来说，两种手像都不“真”。由此可以推论：在两种手像之外还有一只真正的手，而且，这真正的手，人不能由感官感到，只能用心体会；显然，用心才能体会到的东西，不是感觉，只能是理念。这样，柏拉图的论点就凸显出来了。可见，唯心主义论点也有一定根据。但是，两种论点却如此尖锐对立，可见这里一定发生了问题（陷入逻辑矛盾）。这就是说，“真”概念并不简单，而是一个可能陷入逻辑矛盾的复杂问题。

我们以为，哲学关于“真”概念的讨论陷入矛盾，其重要原因在于没有从完整的认知过程来区分三种视角的“真”概念。研究表明，“事实真”或“测量真”与“思维真”或“逻辑真”这两种“真”概念，它们有着完全不同的内涵。然而，因为认知过程既要获取事实也要进行逻辑思维，因此，“理论真”或“知识真”的“真”概念，必是前两种“真”概念的合取。由此可见，必须先分别探讨前两种“真”概念，弄清二者确切的内涵，在此基础上再进行二者的合取，才有可能无矛盾地理解“理论真”或“知识真”的“真”概念。哲学所讨论的“真”概念，显然是“理论真”或“知识真”的“真”概念，但是其讨论并没有建立在前两种“真”概念区分的基础上，因此陷入矛盾是必然的。应当指出，20 世纪中后期，逻辑学对“思维真”或“逻辑真”的“真”概念进行了深入探讨，已原则知道这种“真”概念。但是，我们没有看到探讨“事实真”或“测量真”的“真”概念的文献。“导论”说过，测量教材基础理论中的“真值”是一个幽灵。显然，“真值”这一概念的要害不在“值”，而在“真”。由此可见，深入探讨“事实真”或“测量真”的“真”概念，是澄清教材基础概念的迷雾，从而建立真正科学的测量学的必由之路；当然，这也是厘清“理论真”或“知识真”的“真”概念，从而建立真正的认知科学的基础和前提。

再说本章的论域。研究表明，即使是“事实真”或“测量真”的“真”概念，也有两种不同类型。其中，第一种类型的“真”，指与“视”相对的“真”，由此，测量操作的综合量可分析为真量和视量；第二种类型的“真”，指与“伪”相对的“真”，由此，可区分测量操作的中性量与刻意测量操作的真量和伪量、准量和误量。本章仅探讨第一种类型，因此，本章下面所说的“真”，如无特别说明，均指测量学的、仅限于与“视”相对的“真”。

第二节 认识与“视”相对的“真”的线索

我们知道存在与“视”相对的“真”，源于对测量教材的学习和研究。由此，获得的最初认识可表示为

性质量 = 真性质量 + 视性质量

上式简称“三个概念的关系式”。

要说明这一点，需要引述教材有关“真值”概念的不同表述。一本《普通物理实验》教材（下称“教材 A”）写道：“被测物理量在一定客观条件下的真实大小，称为该物理量的‘真值’。”① 另一本《普通物理实验》教材（下称“教材 B”）写道：“在一定的条件下，对一定的被测对象，标志其特性的某一物理量的大小都有一客观存在的真实值，称为‘真值’。”② 提请注意，这里有两个概念，一个是“被测物理量”，另一个是“标志其特性的某一物理量”。显然，在教材 A 看来，凡“被测物理量”都可以称为“真值”；而教材 B 隐含的认识是：并不是所有“被测物理量”都可以称为“真值”，而只有“标志其特性的某一物理量”才可以称为“真值”。可见，两本教材关于“真值”概念的表述不一致。那么，什么是“标志其特性的某一物理量”？为什么只有“标志其特性的某一物理量”才可以称为“真值”？教材 B 并没有深入讨论。这就是说，这里并不表明教材 B 的编者已明确意识到“真”与“视”的区分，而只表明他们对其中的问题有所察觉。然而，这对我们来说是一条线索。显然，在教材 B 来说，“标志其特性的某一物理量”属于“被测物理量”，或者说，“被测物理量”包含“标志其特性的某一物理量”。由此，我们有

“被测物理量” = “标志其特性的某一物理量” + ?

现在的问题有两个：第一，“标志其特性的某一物理量”是什么量？第二，式中的“?”代表的是什么量？为此，有必要回到“导论”引述过的初中物理课本给出的长方体长度测量实例③。该课本认为，图 1－1 甲是最接近真值因而比较正确的操作，图 1－1 乙则是“会产生误差”的操作。试问：这一认为隐含的深层认

---

① 黄志敬．普通物理实验［M］．西安：陕西师范大学出版社，1991，第 11 页。

② 崔亚量．普通物理实验［M］．西安：西北工业大学出版社，2007，第 3 页。

③ 中小学通用教材数学编写组．初中课本・物理（第一册）［M］．北京：人民教育出版社，1979，第 9－10 页。

识是什么？显然是：只有与被测长方体平行的直线段长度（下称“平行线长度”）才是“标志”被测长方体长度“特性”的物理量，因而才是测量操作所要获得的“真值”。应当指出，这是测量学界的共识。然而，问题在于，即使是共识，要准确反映到教材中也有一个过程。显然，无论是教材中的图 1－1 甲所确定的直线段长度（下称“长度甲”），还是教材中的图 1－1 乙所确定的直线段长度（下称“长度乙”），都是“被测物理量”；如果按照教材 A 的表述，那么，它们都可以称为“真值”。这样，初中物理课本有什么理由认为，只有教材中的图 1－1 甲是比较正确的操作，而教材中的图 1－1 乙是“会产生误差”的操作？由此可见，教材 A 关于“真值”概念的表述并没有准确反映测量学界的共识。据查，在出版时间上，教材 B 比教材 A 晚 16 年，由此，我们猜测，教材 B 的表述正是为纠正教材 A 的错误而给出。因为，只有教材 B 的表述才与初中物理课本的深层认识亦即测量学界的共识相符。综上所述，应当得出结论：以长方体长度测量为例，教材 B 所谓的“标志其特性的某一物理量”，指的就是平行线长度；教材 A 所谓“被测物理量”，不但包括平行线长度，而且包括其他物理量（其数量有无穷多个，长度甲和长度乙只是其中的两个①）。

现在，可以回答前面的问题。教材 B 认为，只有“标志其特性的某一物理量”才可以称为“真值”；且，教材所称“物理量”，我们称为“性质量”（参见第一章）。于是，第一个问题有了答案。试问：“标志其特性的某一物理量”是什么量？回答：真性质量（可理解为标志实体特性的真实量）。此外，很明显，教材 A 所谓“被测物理量”，在“标志其特性的某一物理量”之外还有无穷多个其他物理量。那么，这无穷多个其他物理量与“标志其特性的某一物理量”之间是什么关系？仔细考察，问题可归结为操作者观察被测长方体的视角，以测量学界共识来判断，操作者观察到平行线长度的视角是正确的视角，而操作者观察到长度甲和长度乙的视角则是有偏差的视角（只是前者比后者偏差小，因而初中物理课本认为前者比较正确）。这就是说，长度甲和长度乙以及平行线长度之外的无穷多个其他物理量与平行线长度的差值，是一种视差。于是，第二个问题有了答案。试问：关系式中的“?”代表的是什么量？回答：视性质量（可理解为操作者对标志实体特性真实量的视差）。

① 应指出，并不是只有视性质量（强度）取值有无穷多个，其实，真性质量（强度）取值也是如此。本章后面清楚地表明了这一点。

此外，很明显，“被测物理量” = 性质量。于是，我们又有

视性质量 = 性质量 - 真性质量

亦即

性质量 = 真性质量 + 视性质量

显然，上式就是前面给出的三个概念的关系式。

第三节　测量操作和综合量的分析表达

应当指出，上述将性质量区分为真性质量与视性质量，只是以测量教材关于“真值”概念的不同表述为线索所获得的局部认识。其实，测量操作的量，不限于性质量，还有作用量；不但性质量可区分为真性质量与视性质量，而且作用量也可区分为真作用量和视作用量。此外，这种情况也不限于以长度为被测对象的测量，以时间和重量为被测对象的测量亦如此。这就是说，测量操作的量可分析为真量与视量这一命题，可覆盖测量操作表达式各种量以及所有论域。由此，以测量操作表达式为基础，可以导出测量操作和综合量的分析表达。

先说测量操作的分析表达。为了简便并考虑本章的需要，下面引用测量操作简化表达式即式（1.2）。式（1.2）写为

$$\begin{cases} k_{uw} = a_{\blacksquare u}/a_{\blacktriangle w} & ① \\ a_{\blacksquare u} = \psi_u \ (\blacksquare) & ② \\ a_{\blacktriangle w} = \Omega_w \ (\blacktriangle) & ③ \end{cases}$$

式中

$$u = 1,\ 2,\ \cdots,\ q;\ q \to \infty$$

$$w = 1,\ 2,\ \cdots,\ p;\ p \to \infty$$

$$uw = 11,\ 21,\ 12,\ \cdots,\ qp;\ q \to \infty,\ p \to \infty$$

如果性质量为长度或时间，则

$$a_{\blacksquare u} > 0,\ a_{\blacktriangle w} > 0$$

第一章说过，作用量 ψ_u 或 Ω_w 所对应的实际情况包括两个类。第一类是外界对实体施加的能量、动量、角动量、电荷等作用；第二类是操作者观测实体的立足点或视角。就“真”与“视”的区分来说，第一类作用量的特征是“真”，因之可称为“真作用量”；第二类作用量的特征是“视”，因之可称之

为“视作用量”。于是，设 ψ_{z_u} 或 Ω_{z_w} 代表真作用量，ψ_{s_u} 或 Ω_{s_w} 代表视作用量，$a_{■z_u}$ 代表真对象即由真作用量 ψ_{z_u} 施加在实体■上所生成的性质量，$a_{▲z_w}$ 代表真尺度即由真作用量 Ω_{z_w} 施加在实体▲上所生成的性质量，$a_{■s_u}$ 代表视对象即由视作用量 ψ_{s_u} 施加在实体■上所生成的性质量，$a_{▲s_w}$ 代表视尺度即由视作用量 Ω_{s_w} 施加在实体▲上所生成的性质量，$k_{z_u s_u z_w s_w}$ 代表相应的读数。由此，并参照式（1.2），我们有

$$\begin{cases} k_{z_u s_u z_w s_w} = (a_{■z_u} + a_{■s_u}) / (a_{▲z_w} + a_{▲s_w}) & ① \\ a_{■z_u} + a_{■s_u} = (\psi_{z_u} + \psi_{s_u})(■) & ② \\ a_{▲z_w} + a_{▲s_w} = (\Omega_{z_w} + \Omega_{s_w})(▲) & ③ \end{cases} \quad (3.1)$$

式中

$$z_u = z_1,\ z_2,\ \cdots,\ z_q;\ z_q \to \infty$$

$$s_u = s_1,\ s_2,\ \cdots,\ s_{¥},\ \cdots,\ s_q;\ s_q \to \infty$$

$$z_w = z_1,\ z_2,\ \cdots,\ z_p;\ z_p \to \infty$$

$$s_w = s_1,\ s_2,\ \cdots,\ s_{\mu},\ \cdots,\ s_p;\ s_p \to \infty$$

$$z_u s_u z_w s_w = z_1 s_1 z_1 s_1,\ z_2 s_1 z_1 s_1,\ \cdots,\ z_q s_{¥} z_p s_{\mu},\ \cdots,$$
$$z_q s_q z_p s_p;\ z_q \to \infty,\ s_q \to \infty,\ z_p \to \infty,\ s_p \to \infty$$

如果性质量为长度或时间，则

$$a_{■z_u} > 0,\ a_{▲z_w} > 0$$

$$a_{■s_u} \geqslant 0,\ a_{▲s_w} \geqslant 0$$

式（3.1）称为“测量操作的分析表达式”，简称“分析表达式”。提请注意，“分析表达式”这一概念表明，式（3.1）**刻画的操作与式（1.2）刻画的操作是等价的，只不过前者是后者的分析表达**。

提请注意，式（3.1）的附式中有符号 $s_{¥}$ 和 s_{μ}。在此特别说明，下标符号 ¥、μ 标识“特殊”，$s_{¥}$ 和 s_{μ} 代表相应取值域中的特殊取值点。于是，有如下理解：在式（3.1）中，视作用量常量 $\psi_{s_{¥}}$ 是视作用量变量 ψ_{s_u} 取值域 $s_u = s_1,\ s_2,\ \cdots,\ s_{¥},\ \cdots,\ s_q;\ s_q \to \infty$ 中的一个特殊取值，操作者由此观测到视对象 $a_{■s_{¥}} = 0$；视作用量常量 $\Omega_{s_{\mu}}$ 是视作用量变量 Ω_{s_w} 取值域 $s_w = s_1,\ s_2,\ \cdots,\ s_{\mu},\ \cdots,\ s_p;\ s_p \to \infty$ 中的一个特殊取值，操作者由此观测到视尺度 $a_{▲s_{\mu}} = 0$。应指出，这种情况是存在的。以初中物理课本给出的长方体长度测量为例，前面说过，长方体长度的真对象 $a_{■z_u}$ 就是该长方体的平行线长度；显然，在逻辑上，操作者有可能找到刻度尺在被测长方体上一个确定的位置（即视作用

量 $\psi_{s_{\yen}}$），使得测量所获得的长度准确等于被测长方体平行线长度即真对象 $a_{\blacksquare z_u}$（此时视对象 $a_{\blacksquare s_{\yen}}=0$）。应指出，认识到视作用量变量 ψ_{s_u} 和 Ω_{s_w} 取值域有特殊取值点 $s_{\yen}$ 和 s_μ 有重要意义——关于此，我们将在刻意测量操作形式分析时再讨论。此外，正因为视对象 $a_{\blacksquare s_u}$ 和视尺度 $a_{\blacktriangle s_w}$ 可以等于零——这与真对象 $a_{\blacksquare z_u}$ 与真尺度 $a_{\blacktriangle z_w}$ 是不同的，所以，附式中的特别约定式须分为两组，从而对真对象 $a_{\blacksquare z_u}$、真尺度 $a_{\blacktriangle z_w}$ 和视对象 $a_{\blacksquare s_u}$、视尺度 $a_{\blacktriangle s_w}$ 的取值限制分别标注。

再说综合量的分析表达。将式（1.2）与式（3.1）联系起来，我们有

$$\begin{cases} a_{\blacksquare u}=a_{\blacksquare z_u}+a_{\blacksquare s_u} & ① \\ \psi_u=\psi_{z_u}+\psi_{s_u} & ② \\ a_{\blacktriangle w}=a_{\blacktriangle z_w}+a_{\blacktriangle s_w} & ③ \\ \Omega_w=\Omega_{z_w}+\Omega_{s_w} & ④ \\ k_{uw}=k_{z_u s_u z_w s_w} & ⑤ \end{cases} \tag{3.2}$$

式（3.2）称为“综合量的分析表达式”，亦称“综合量与分析量的关系式”。该式表明，对象 $a_{\blacksquare u}$ 可分析为真对象 $a_{\blacksquare z_u}$ 与视对象 $a_{\blacksquare s_u}$，生成对象的作用量 ψ_u 可分析为生成真对象的作用量 ψ_{z_u} 与生成视对象的作用量 ψ_{s_u}，尺度 $a_{\blacktriangle w}$ 可分析为真尺度 $a_{\blacktriangle z_w}$ 与视尺度 $a_{\blacktriangle s_w}$，生成尺度的作用量 Ω_w 可分析为生成真尺度的作用量 Ω_{z_w} 与生成视尺度的作用量 Ω_{s_w}，式（1.2）中的 k_{uw} 与式（3.1）中的 $k_{z_u s_u z_w s_w}$ 是等价的。容易看出，式（3.2）涉及式（1.2）和式（3.1）两个式众多的量。为了行文简便，我们约定：性质量 $a_{\blacksquare u}$、$a_{\blacktriangle w}$ 和作用量 ψ_u、Ω_w 统称为“综合量”；真对象 $a_{\blacksquare z_u}$、真尺度 $a_{\blacktriangle z_w}$ 统称为“真性质量”，视对象 $a_{\blacksquare s_u}$、视尺度 $a_{\blacktriangle s_w}$ 统称为“视性质量”，生成真对象的作用量 ψ_{z_u} 和生成真尺度的作用量 Ω_{z_w} 统称为“真作用量”，生成视对象的作用量 ψ_{s_u} 和生成视尺度的作用量 Ω_{s_w} 统称为“视作用量”；真性质量和真作用量统称为“真量”，视性质量和视作用量统称为“视量”；“真量”和“视量”统称为“分析量”。

在此说明，在实际测量中，真量和视量总是混杂在一起，人们不可能将二者准确地区分开来。例如长方体长度测量，如果要准确区分真对象 $a_{\blacksquare z_u}$ 与视对象 $a_{\blacksquare s_u}$，等价于测准被测长方体平行线长度；然而，理论分析和实践操作都表明，其实现的概率几近于零。可见，在实际操作中，人们能够识别因而能够实施的只是由式（1.2）刻画的操作，不可能识别因而不可能实施由式

(3.1) 刻画的操作。须知，式 (3.1) 只是式 (1.2) 的分析表达，并没有刻画与式 (1.2) 不同的实际操作。

然而，上面的讨论有这样一个表述：在实际测量操作中，真量和视量总是混杂在一起，人们很难将二者准确地区分开来。就此，或许有人提出如下疑问：既然如此，那么，何以知道综合量可以分析为真量与视量？对此，下一节将给出回答。

第四节　分析表达的证实

本节讨论分析表达的证实。由第一章知，测量操作表达式的论域有且仅有以长度、时间、重量为被测对象的三种测量操作（以下简称“长度测量”“时间测量”“重量测量”），且，分析表达是对测量操作的分析表达，因此，我们的证实所提供的实例必须也仅需涵盖这三种操作。此外，很明显，分析表达的关键在于综合量可分析为真量和视量，因此，每种操作需要提供两个实例，从而一个证实这种操作中的综合量其中含有视量，另一个证实这种操作中的综合量其中含有真量，这样，我们提供的实例共需六个。下面分别讨论。

一、 关于长度测量的证实

例 3－1。证实长度测量中的综合量其中含有视量。“导论”和本章第二节都曾提到初中物理课本给出的长方体长度测量实例。其实，此例也是证实长度测量中的综合量中含有视量的实例。关于此例的具体情况，“导论”和本章前面已有说明，兹不赘述。我们需要的是对这些情况进行分析。

分析。实例表明，长度甲和长度乙是对同一个实体（长方体）长度性质量的测量，然而，长度甲和长度乙不等长；且，前已说明，长度甲与长度乙的差值是一种视差。由此可知，该实例等价于给出一个受控实验，即控制真量（长度甲和长度乙所内含的真量）不变，仅考察视量的变化，从而证实长度测量中的综合量中的确含有视量。

例 3－2。证实长度测量中的综合量中含有真量。此例被测实体仍用教材中的图 1－1 标识的长方体，测量所用工具仍用图 1－1 标识的刻度尺。不过，具体测量操作只需在图 1－1 甲和图 1－1 乙中选择其一即可，下面不妨仅选

图1-1甲。此外，因为我们的目的是证实长度测量中的对象其中含有真对象，所以，制作长方体的材料必须具有热胀冷缩显著特性，而制作刻度尺的材料必须具有热胀冷缩不显著特性。这样，我们用一只开有门并可以密闭的玻璃容器，将刻度尺按照图1-1甲的方式固定在长方体一侧（从而使长方体的体积发生变化时，刻度尺始终在同一条直线上），并置放在玻璃容器中。现以上述装置进行两次测量操作，其中第一次，不对玻璃容器加热，此时我们看到刻度尺在长方体一侧确定一条直线段；第二次，对玻璃容器加热，当玻璃容器的温度达到一定高度时，我们看到刻度尺在长方体一侧确定的直线段将伸长。

分析。首先，就具体操作亦即作用量的变化来说，我们看到，刻度尺是按照图1-1甲的方式固定在长方体一侧的——这表明已排除视作用量可能的变化；此外，两次测量其具体操作的变化是从没有对玻璃容器加热变到对玻璃容器加热——这表明作用在被测长方体上的能量发生了变化，按照前面明确的概念来判定，这是真作用量的变化。其次，就操作结果来说，我们看到，两次操作刻度尺在长方体一侧确定的直线段长度发生了变化，显然，这是长方体长度真实的变化。由此可知，长度测量中的综合量其中的确含有真量。

综合例3-1和例3-2，结论是：长度测量中的综合量，可以分析为视量和真量。

二、 关于时间测量的证实

例3-3。证实时间测量中的综合量中含有视量。一本有关测量的专著写道："不管刻度是线性的还是非线性的，表的度数都易受一种被称为视差的影响。视差的产生是因为表针不是直接在刻度盘上移动，而是在刻度盘的前面相隔某一距离。如果不是准确地沿垂直于刻度盘的方向来观察指针，读数就会大于或小于实际值。……"

"图3-1为某种表的指针和刻度尺的预视图，说明两者隔开如何引起视差。如果试图在汽车内旅客座位上读汽车速度表指示的车速，或站在公共塔下某处读其指示的时间，就可能已经注意到这个问题。"①

---

① E VEBROWSXI JR. 物理测量基础［M］. 北京：高等教育出版社，1988，第200-201。

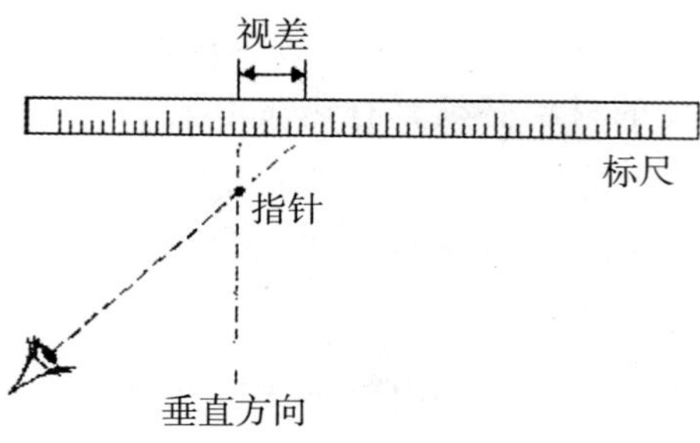

图3－1　视差是因为表传动机构的指针不是在刻度盘上面，而是在其前方所引起的，必须仔细沿与刻度盘垂直的方向读数

分析：引文明确提到观测时钟指针“指示的时间”会产生视差，而视差无疑是视性质量，生成视差的作用量无疑是视作用量。由此可见，时间测量中的综合量其中的确含有视量。

例3－4。证实时间测量中的综合量中含有真量。此例第一章已经提到。第一章在给出例1－1之后，接着指出：同一个运动（例如机械钟）在不同环境中（例如地球赤道和两极）会有不同的速度（亦即其显示的时间量不同）。显然，机械钟所在环境空间的变化属于外界对实体施加的能量、动量、角动量、电荷等作用的变化，因而是真作用量的变化，由此导致机械钟走速（亦即其显示的时间量）的变化，则是真性质量的变化。可见，时间测量中的综合量其中的确含有真量。

综合例3－3和例3－4，结论是：时间测量中的综合量，可以分析为视量和真量。

三、　关于重量测量的证实

例3－5。证实重量测量中的综合量中含有视量。用一架方便调整左右两臂臂长的天平，天平的两个称盘中分别放置两种不同物体——不妨仍用第一章给出的例1－1中所述的“一些棉花”和“一些铁块”。现以上述装置进行两次测量，这两次测量，置于天平两个称盘中的一些棉花和一些铁块不变，并且控制其所处环境也保持不变（例如两次测量的装置都陈放于常规空间），只改变天平左右两臂的臂长。在此说明，操作者判断测量结果（天平两个称盘中物体重量的数值）的唯一准则是：天平平衡（不考虑天平左右两臂是否等长[①])。现在开始称量实验：第一次，使天平左右两臂的臂长相等，此时，操作者将观察到天平平衡——根据前述准则，应当认为天平两个称盘中物体的重量相等；第二次，使天平左右两臂的臂长明显不相等，此时，操作者将看到天平明显失衡——根据前述准则，应当认为天平两个称盘中物体的重量不相等。

分析。首先，就具体操作亦即作用量的变化来说，我们看到，两次测量置于天平两个称盘中的一些棉花和一些铁块没有改变，且，称量所在环境也没有改变——这表明两次测量其中的被测实体和真作用量没有变化，两次测量发生变化的仅是天平左右两臂的臂长。仔细分析，天平左右两臂臂长的变化，其性质与长度测量中刻度尺在被测物体一侧置放方式的变化（如从图1－1甲变到图1－1乙）相同，因而本质上是操作者观测实体的立足点或视角的变化——这表明两次测量只是视作用量发生变化。其次，就操作结果来说，我们看到，两次测量天平两个称盘中物体重量发生了变化，且，物体重量变化的原因仅在于天平左右两臂臂长的变化亦即视作用量的变化，因此，应当认定，这是视性质量的变化。由此可知，重量测量中的综合量中的确含有视量。

例3－6。证实重量测量中的综合量中含有真量。用同一把弹簧秤，对例3－5所述完全相同的一些铁块在不同的环境中进行三次称量，操作者将获得这些铁块的重量数值如下：第一次，将这些铁块浸在空气中称量，其数值大于零；第二次，将这些铁块浸在清水中称量，其数值也大于零，只是数值比第一次小；第三次，将这些铁块浸在水银中称量，其数值小于零[②]。

分析。显然，三次称量所获得铁块的重量数值不相等的原因在于作用在铁块上的作用量不同：第一次是空气对这些铁块的浮力作用与这些铁块本身的重力作用的合作用量；第二次是清水对这些铁块的浮力作用与这些铁块本身的重力作用的合作用量；第三次是水银对这些铁块的浮力作用与这些铁块本身的重力作用的合作用量。显然，这些作用量都是能量，亦即真作用量，

① 我们当然知道，设此"唯一准则"，相对以指定的真量为被测对象的刻意测量操作来说是不合理的。但是，这里的目的在于考察"视"重量的差别，因此必须设此"唯一准则"。此外，在现实的刻意测量中，尽管要求杜绝"天平臂不等长"的错误，但是，要绝对做到这一点是不可能的，就此来说，设此"唯一准则"也符合实际。

② 提请注意，这里说的是"浸在水银中"而不是"漂浮在水银上面"，此时，因为铁块的比重比水银小，铁块会从水银中浮起，因而可以认为铁块具有负重量。

因而，三次称量所获得铁块的重量数值不同，是真性质量不同。由此可知，重量测量中的综合量中的确含有真量。

综合例3－5和例3－6，结论是：重量测量中的综合量，可以分析为视量和真量。

前面说过，证实分析表达所提供的实例，必须也仅需涵盖长度测量、时间测量、重量测量这三种操作。然而，上述六个实例已经涵盖这三种操作，并且证明这三种操作中的综合量都可以分析为视量和真量。因此，式（3.1）作为式（1.2）的分析表达以及由式（3.2）刻画的综合量的分析表达成立。

现在，有必要回应第三节悬置的问题。容易看出，上述实例本质上是受控实验，即或者控制真量不变仅考察视量的变化，或者控制视量不变仅考察真量的变化。显然，控制某量不变，并不要求被控制的量是某种纯量（纯粹的视量或纯粹的真量）；诚然，我们设法使其中某种量（视量或真量）发生显著变化，但那是在受控量基础上的变化，因而被考察的实际量（受控量＋变化量）仍然是真量和视量混杂在一起的量。这里，并没有（也没有必要）准确区分真量和视量，但是，我们却证实了测量操作中的综合量可以分析为视量和真量。

第四章 “真”概念探讨：中性量、真量与伪量、准量与误量及测量教材基础概念的简略评价

本章讨论第二种类型的“真”，即与“伪”相对的“真”，由此，我们将区分测量操作的中性量，刻意测量操作的真量与伪量、准量与误量。因此，本章所说的“真”，如无特别说明，均指测量学的、仅限于与“伪”相对的“真”。

第一节 认识与“伪”相对的“真”的线索

我们知道存在与“伪”相对的“真”，源于对测量教材误差根源理论的质疑。为此，需要引用分析教材的有关论述。在此说明，尽管下面引用的是个别教材，但是，类似的论述是普遍的。

一本《大学物理实验》教材写道：“被测量的真值是客观存在的，可由完善的测量获得。但通常完善的测量是不存在的，则被测量的真值也是不可测得的”。[①] 初看到这样的论述，我们纳闷：教材为什么不直接说“被测量”是不可测得的，而要拐着弯说“被测量的真值也是不可测得的”？难道“被测量”与“被测量的真值”有区别吗？其实，容易看出，被测量是一种量值，且，被测量这种量值就是被测量的真值——由此可见，“被测量”与“被测量的真值”是同一个概念。既然如此，那么，教材为什么要郑重其事地把同一个概念说成两个不同的概念呢？我们注意到，上面的引述还有如下内容“被测量的真值……可由完善的测量获得。但通常完善的测量是不存在的”。由此可知，教材这样做的用意在于说明误差产生的根源。由此，可构造一个解释误差根源的公式：

误差根源，当且仅当

① 张晓红．大学物理实验［M］．济南：山东科学技术出版社，2009，第4页。

被测量≠被测量的真值　　　　　　　　（公式1）

另一本《物理实验技术》教材写道："物理量客观存在的真实的值称为该物理量的真值，欲知道真值就必须对物理量进行测量。用仪器测量出的物理量的量值称为该物理量的测量值。……在任何测量中，由于客观上不可避免的因素使得测量值与真值之间总存在着差异，这种测量值与真值之间的差值称为测量误差。"① 容易看出，引文首先给出了两个概念，一是"该物理量的真值"，它是"客观存在的真实的值"；二是"该物理量的测量值"，它是"用仪器测量出的……量值"——提请注意，这里承载"真值"的量和承载"测量值"的量是同一个，即"该物理量"；接着，给出定义"这种测量值与真值之间的差值称为测量误差"。由此，可构造另一个解释误差根源的公式：

误差根源，当且仅当

被测量 a 的真值≠被测量 a 的测量值　　　　　　　　（公式2）

那么，上述两个公式正确吗？答案是否定的。首先，前已分析，"被测量"与"被测量的真值"实质是同一个概念，它们之间是等价关系，由此可以断定公式 1 不正确。其次，可用实例证实公式 2 不正确。下面给出证实。

证公式 2 不正确。为此，有必要回到"导论"引述过的初中物理课本给出的长方体长度测量实例②。该例实质是（或至少可以理解为）刻意测量操作的例子。其中，被测长方体的平行线长度，是事前指定的"被测量"，亦即有被测量的真值 = 平行线长度。现在考察实际测量，这里有且仅有两种可能的情况。先说第一种，在逻辑上总存在如下情况：操作者的实际操作使得刻度尺准确地对准了平行线长度，这样其测量结果就是平行线长度；亦即有被测量的测量值 = 平行线长度。此时，因为被测量的真值和被测量的测量值都等于平行线长度，因而有被测量的真值 = 被测量的测量值——这表明公式 2 不正确。再说第二种情况。初中物理课本给出的长方体长度测量实例，其实际实现的操作是图 1 - 1 甲和图 1 - 1 乙，此时所获得的"测量值"是由图 1 - 1 甲所确定的直线段长度（下称"长度甲"）和由图 1 - 1 乙所确定的直线段长度（下称"长度乙"），显然有长度甲≠平行线长度，长度乙≠平行线长

① 李伟昌．物理实验技术［M］．广州：华南理工大学出版社，1996，第 3 页。

② 中小学通用教材数学编写组．初中课本·物理（第一册）［M］．北京：人民教育出版社，1979，第 9 - 10 页。

度——就此来说，的确有被测量的真值≠测量值。但是，应当强调，平行线长度、长度甲和长度乙并不是同一个“被测量”，而是三个不同的“被测量”，也就是说，这里不等式“被测量 a 的真值≠被测量 a 的测量值”仍然不成立——这表明公式2同样不正确。综上所述，无论哪种情况都证明了公式2不正确。证毕。

应当指出，通过上述讨论，不仅证实教材关于误差根源的理论是不正确的，同时也发现了与“伪”相对的“真”。由上述讨论，我们看到，与“伪”相对的“真”仅与刻意测量操作有关（与测量操作无关）。以初中物理课本给出的长方体长度测量为例。如前所述，平行线长度是刻意测量操作事前刻意指定的被测量，因此，如果实际测量准确地对准了平行线长度，那么，我们就说操作者测到的对象是“对象真量”（真的平行线长度）；然而，例中的操作者，其本意也是要对准平行线长度，但是，因为种种原因，却错误地对准了长度甲和长度乙，显然，长度甲和长度乙是假的平行线长度，因此，我们就说操作者测到的对象是“对象伪量”。于是，我们就获得了一对概念，即“对象真量”和“对象伪量”。显然，这里的“真”就是与“伪”相对的“真”。

然而，上面所区分的还只是“真”和“伪”的一个层次①，此外还有另一个层次。由第二章知，刻意测量无论是测准操作还是非测准操作，其表达式都有①②③三个分式；由第一章知，其中的②③两分式刻画着一类分操作，称为“生成操作”；①分式刻画着另一类分操作，称为“狭义比较操作”。显然，前面所说的“对准平行线长度”和“错误地对准了长度甲和长度乙”指的只是生成操作，并没有包括比较操作；且，由比较操作也可获得一种量，这种量也有一个是否符合刻意测量操作目的的问题，亦即也有一个“真”“伪”问题——这就是“真”和“伪”的另一个层次。

这样，我们所获得的与“伪”相对的“真”有两个层次。为了区分，我们将其中一个层次所区分的量，简称为“真量”和“伪量”；而将另一个层次所区分的量，简称为“准量”和“误量”。

---

① 即使这一层次也不全。由正文后面给出的真量和伪量的定义可知，对象真量只是一种真量，此外还有尺度真量。

第二节　中性量、真量与伪量、准量与误量的定义

应指出，上述讨论所获得的有关真量、伪量、准量、误量的知识是不完整的，因此，有必要更进一步给出它们的定义。然而，由第三章知，与第一种类型的“真”即相对“视”而言的“真”相联系的量是综合量；与此相应，这里与第二种类型的“真”即相对“伪”而言的“真”相联系的量是中性量。因此，为了对比，我们还要给出中性量的定义。

一、 中性量的定义

中性量的定义，可由测量操作表达式给出。为了简便并考虑本章的需要，下面仅引用其简化表达式，即式（1.2）。

式（1.2）写为

$$\begin{cases} k_{uw} = a_{\blacksquare u}/a_{\blacktriangle w} & ① \\ a_{\blacksquare u} = \psi_u\ (\blacksquare) & ② \\ a_{\blacktriangle w} = \Omega_w\ (\blacktriangle) & ③ \end{cases}$$

式中

$$u = 1,\ 2,\ \cdots,\ q;\ q \to \infty$$

$$w = 1,\ 2,\ \cdots,\ p;\ p \to \infty$$

$$uw = 11,\ 21,\ 12,\ \cdots,\ qp;\ q \to \infty,\ p \to \infty$$

如果性质量为长度或时间，则

$$a_{\blacksquare u} > 0,\ a_{\blacktriangle w} > 0$$

前面说过，相对“伪”而言的“真”有两个层次，且，其中第一层次仅与刻意测量操作表达式的②③两分式相关，第二层次与刻意测量操作表达式的①分式相关。与此相对应，中性量也有两个层次，且，其中第一层次仅与测量操作表达式的②③两分式相关，第二层次与测量操作表达式的①分式相关。

先讨论第一层次中性量的定义。由式（1.2），我们有

$$a_{\blacksquare u} = \psi_u\ (\blacksquare) \tag{4.1}$$

式中

$$u = 1, 2, \cdots, q; \ q \to \infty$$

如果性质量为长度或时间，则

$$a_{\blacksquare u} > 0$$

式（4.1）就是式（1.2）的②分式，第一章将其称为“对象定义式”。在此说明，此式也是第一层次中性量的一个定义式；式中，对象 $a_{\blacksquare u}$ 和生成对象的作用量 ψ_u 就是一种第一层次的中性量。

由式（1.2），我们还有

$$a_{\blacktriangle w} = \Omega_w (\blacktriangle) \tag{4.2}$$

式中

$$w = 1, 2, \cdots, p; \ p \to \infty$$

如果性质量为长度或时间，则

$$a_{\blacktriangle w} > 0$$

式（4.2）就是式（1.2）的③分式，第一章将其称为“尺度定义式”。在此说明，此式也是第一层次中性量的另一个定义式；式中，尺度 $a_{\blacktriangle w}$ 和生成尺度的作用量 Ω_w 就是另一种第一层次的中性量。

再讨论第二层次中性量的定义。前面说过，第二层次的中性量与测量操作的①分式相关。于是，由式（1.2）的①分式，即

$$k_{uw} = a_{\blacksquare u} / a_{\blacktriangle w}$$

变形得

$$a_{\blacksquare u/w} = k_{uw} \cdot a_{\blacktriangle w} \tag{4.3}$$

式中

$$k_{uw} = a_{\blacksquare u} / a_{\blacktriangle w}$$

$$a_{\blacksquare u} = \psi_u (\blacksquare)$$

$$a_{\blacktriangle w} = \Omega_w (\blacktriangle)$$

$$u = 1, 2, \cdots, q; \ q \to \infty$$

$$w = 1, 2, \cdots, p; \ p \to \infty$$

$$uw = 11, 21, 12, \cdots, qp; \ q \to \infty, \ p \to \infty$$

$$u/w = 1/1, 2/1, 1/2, \cdots, q/p; \ q \to \infty, \ p \to \infty$$

如果性质量为长度或时间，则

$$a_{\blacksquare u} > 0, \ a_{\blacktriangle w} > 0$$

式（4.3）称为“测得量定义式”[①]。式中，$a_{\blacksquare u/w}$代表测得量，附式 u/w = 1/1，2/1，1/2，…，q/p；$q\to\infty$，$p\to\infty$表明，测得量$a_{\blacksquare u/w}$是二元变量；$k_{uw}\cdot a_{\blacktriangle w}$表明，尺度$a_{\blacktriangle w}$是测得量$a_{\blacksquare u/w}$的单位，读数$k_{uw}$是测得量$a_{\blacksquare u/w}$的系数。由表达式知，测得量$a_{\blacksquare u/w}$是对象$a_{\blacksquare u}$和尺度$a_{\blacktriangle w}$的合取，因此，如果对象$a_{\blacksquare u}$及作用量$\psi_u$和尺度$a_{\blacktriangle w}$及作用量$\Omega_w$是第一层次的中性量，那么，测得量$a_{\blacksquare u/w}$就是第二层次的中性量。

二、 真量和伪量的定义

如前所述，第二种类型的“真”概念仅与刻意测量操作相联系。为了行文简便，下面仅引用刻意测量操作简化表达式即式（2.2）和式（2.5）。

先说真量的定义。真量的定义由式（2.2）给出。式（2.2）写为

$$\begin{cases} k_{\#\square}{}^{※} = a_{\blacksquare \#}{}^{※}/a_{\blacktriangle \square}{}^{※} & ① \\ a_{\blacksquare \#}{}^{※} = \psi_{\#}{}^{※}\ (\blacksquare) & ② \\ a_{\blacktriangle \square}{}^{※} = \Omega_{\square}{}^{※}\ (\blacktriangle) & ③ \end{cases}$$

式中

$$\# \in u$$

$$\square \in w$$

$$\#\square \in uw$$

如果性质量为长度或时间，则有

$$a_{\blacksquare \#} > 0,\ a_{\blacktriangle \square} > 0$$

由式（2.2），我们有

$$a_{\blacksquare \#}{}^{※} = \psi_{\#}{}^{※}\ (\blacksquare) \tag{4.4}$$

式中

$$\# \in u$$

如果性质量为长度或时间，则有

$$a_{\blacksquare \#} > 0$$

---

① 式（4.3）的主式不能写为$a_{\blacksquare u} = k_{uw}\cdot a_{\blacktriangle}$。因为，测量学不是数学，其所有概念都必须诉诸测量操作。然而，诉诸测量操作，对象$a_{\blacksquare u}$是由式$a_{\blacksquare u} = \psi_u$（■）刻画的操作生成，测得量$a_{\blacksquare u/w}$是由式$a_{\blacksquare u/w} = k_{uw}\cdot a_{\blacktriangle w}$（其中$k_{uw} = a_{\blacksquare u}/a_{\blacktriangle w}$、$a_{\blacksquare u} = \psi_u$（■）、$a_{\blacktriangle w} = \Omega_w$（▲））所刻画的操作生成。如果式（4.3）的主式写为$a_{\blacksquare u} = k_{uw}\cdot a_{\blacktriangle w}$，必将混淆两种不同操作。

式（4.4）称为"刻意测量操作对象真量定义式"，简称"对象真量定义式"。式中，$a_{■\#}{}^{※}$代表的量称为"对象真量"；$\psi_{\#}{}^{※}$代表的量称为"生成对象真量的作用量真量"；取值下标#表明它们是常量。

由式（2.2），我们还有

$$a_{▲□}{}^{※} = \Omega_{□}{}^{※}\ （▲） \qquad (4.5)$$

式中

$$□ \in w$$

如果性质量为长度或时间，则有

$$a_{▲□} > 0$$

式（4.5）称为"刻意测量操作尺度真量定义式"，简称"尺度真量定义式"。式中，$a_{▲□}{}^{※}$代表的量称为"尺度真量"；$\Omega_{□}{}^{※}$代表的量称为"生成尺度真量的作用量真量"；取值下标□表明它们是常量。

为了行文简便，对象真量$a_{■\#}{}^{※}$及作用量真量$\psi_{\#}{}^{※}$和尺度真量$a_{▲□}{}^{※}$及作用量真量$\Omega_{□}{}^{※}$，统称"真量"。

再说伪量的定义。伪量的定义由式（2.5）给出。式（2.5）写为

$$\begin{cases} k_{(uw-\#□)}{}^{-※} = a_{■(u-\#)}{}^{-※} / a_{▲(w-□)}{}^{-※} & ① \\ a_{■(u-\#)}{}^{-※} = \psi_{(u-\#)}{}^{-※}\ （■） & ② \\ a_{▲(w-□)}{}^{-※} = \Omega_{(w-□)}{}^{-※}\ （▲） & ③ \end{cases}$$

式中

$$u-\# = （1，2，\cdots，q；q \to \infty）-\#$$
$$w-□ = （1，2，\cdots，p；p \to \infty）-□$$
$$uw-\#□ = （11，21，12，\cdots，qp；q \to \infty，p \to \infty）-\#□$$

如果性质量为长度或时间，则有

$$a_{■(u-\#)} > 0，a_{▲(w-□)} > 0$$

由式（2.5），我们有

$$a_{■(u-\#)}{}^{-※} = \psi_{(u-\#)}{}^{-※}\ （■） \qquad (4.6)$$

式中

$$u-\# = （1，2，\cdots，q；q \to \infty）-\#$$

如果性质量为长度或时间，则有

$$a_{\blacksquare(u-\#)} > 0$$

式（4.6）称为“刻意测量操作对象伪量定义式”，简称“对象伪量定义式”。式中，$a_{\blacksquare(u-\#)}{}^{-※}$代表的量称为“对象伪量”；$\psi_{(u-\#)}{}^{-※}$代表的量称为“生成对象伪量的作用量伪量”；取值下标 $u-\#$表明它们是变量。

由式（2.5），我们还有

$$a_{\blacktriangle(w-\square)}{}^{-※} = \Omega_{(w-\square)}{}^{-※} \quad (\blacktriangle) \tag{4.7}$$

式中

$$w-\square = (1,\ 2,\ \cdots,\ p;\ p\to\infty)\ -\square.$$

且，如果性质量为长度或时间，则有

$$a_{\blacktriangle(w-\square)} > 0$$

式（4.7）称为“刻意测量操作尺度伪量定义式”，简称“尺度伪量定义式”。式中，$a_{\blacktriangle(w-\square)}{}^{-※}$代表的量称为“尺度伪量”；$\Omega_{(w-\square)}{}^{-※}$代表的量称为“生成尺度伪量的作用量伪量”；取值下标 $w-\square$表明，它们是变量。

为了行文简便，对象伪量 $a_{\blacksquare(u-\#)}{}^{-※}$及作用量伪量 $\psi_{(u-\#)}{}^{-※}$和尺度伪量 $a_{\blacktriangle(w-\square)}{}^{-※}$及作用量伪量 $\Omega_{(w-\square)}{}^{-※}$，统称“伪量”。

前面说过，“真”和“伪”有两个层次。在此说明，上面给出的真量和伪量只是“真”和“伪”的第一个层次。

三、 准量和误量的定义

先说准量的定义。由式（2.2）的①分式，即

$$k_{\#\square}{}^{※} = a_{\blacksquare\#}{}^{※} / a_{\blacktriangle\square}{}^{※}$$

变形得

$$a_{\blacksquare\#/\square}{}^{※} = k_{\#\square}{}^{※} \cdot a_{\blacktriangle\square}{}^{※} \tag{4.8}$$

式中

$$k_{\#\square}{}^{※} = a_{\blacksquare\#}{}^{※} / a_{\blacktriangle\square}{}^{※}$$

$$a_{\blacksquare\#}{}^{※} = \psi_{\#}{}^{※} \quad (\blacksquare)$$

$$a_{\blacktriangle\square}{}^{※} = \Omega_{\square}{}^{※} \quad (\blacktriangle)$$

$$\# \in u$$

$$\square \in w$$

$$\#\square \in uw$$

$$\#/\square \in u/w$$

如果性质量为长度或时间，则有

$$a_{■\#}>0，a_{▲□}>0$$

式（4.8）称为“刻意测量操作准量定义式”，简称“准量定义式”。式中，$a_{■\#/□}{}^{※}$代表准量，由取值下标#/□知，它是二元常量；$k_{\#□}{}^{※}\cdot a_{▲□}{}^{※}$表明，尺度真量$a_{▲□}{}^{※}$是准量$a_{■\#/□}{}^{※}$的单位，读数$k_{\#□}{}^{※}$是准量$a_{■\#/□}{}^{※}$的系数。

再说误量的定义。由式（2.5）中的①分式，即

$$k_{(uw-\#□)}{}^{-※}=a_{■(u-\#)}{}^{-※}/a_{▲(w-□)}{}^{-※}$$

变形得

$$a_{■(u/w-\#/□)}{}^{-※}=k_{(uw-\#□)}{}^{-※}\cdot a_{▲(w-□)}{}^{-※} \tag{4.9}$$

式中

$$k_{(uw-\#□)}{}^{-※}=a_{■(u-\#)}{}^{-※}/a_{▲(w-□)}{}^{-※}$$

$$a_{■(u-\#)}{}^{-※}=\psi_{(u-\#)}{}^{-※}\ (■)$$

$$a_{▲(w-□)}{}^{-※}=\Omega_{(w-□)}{}^{-※}\ (▲)$$

$$u-\#=(1,2,\cdots,q;q\to\infty)-\#$$

$$w-□=(1,2,\cdots,p;p\to\infty)-□$$

$$uw-\#□=(11,21,12,\cdots,qp;q\to\infty,p\to\infty)-\#□$$

$$u/w-\#/□=(1/1,2/1,1/2,\cdots,q/p;q\to\infty,p\to\infty)-\#/□$$

如果性质量为长度或时间，则

$$a_{■(u-\#)}>0，a_{▲(w-□)}>0$$

式（4.9）称为“刻意测量操作误量定义式”，简称“误量定义式”。式中，$a_{■(u/w-\#/□)}{}^{-※}$代表误量，附式$u/w-\#/□=(1/1,2/1,1/2,\cdots,q/p;q\to\infty,p\to\infty)-\#/□$表明，它是二元变量；$k_{(uw-\#□)}{}^{-※}\cdot a_{▲(w-□)}{}^{-※}$表明，尺度伪量$a_{▲(w-□)}{}^{-※}$是误量$a_{■(u/w-\#/□)}{}^{-※}$的单位，读数$k_{(uw-\#□)}{}^{-※}$是误量$a_{■(u/w-\#/□)}{}^{-※}$的系数。

由表达式知，准量$a_{■\#/□}{}^{※}$是对象真量$a_{■\#}{}^{※}$和尺度真量$a_{▲□}{}^{※}$的合取，误量$a_{■(u/w-\#/□)}{}^{-※}$是对象伪量$a_{■(u-\#)}{}^{-※}$和尺度伪量$a_{▲(w-□)}{}^{-※}$的合取，因此，如果真量$a_{■\#}{}^{※}$、$\psi_{\#}{}^{※}$、$a_{▲□}{}^{※}$、$\Omega_{□}{}^{※}$和伪量$a_{■(u-\#)}{}^{-※}$、$\psi_{(u-\#)}{}^{-※}$、$a_{▲(w-□)}{}^{-※}$、$\Omega_{(w-□)}{}^{-※}$是“真”和“伪”的第一个层次，那么，准量$a_{■\#/□}{}^{※}$和误量$a_{■(u/w-\#/□)}{}^{-※}$就是“真”和“伪”的第二个层次。

第三节 中性量、真量和伪量、准量和误量的性质以及与“真”相关的量的自然语言称呼问题的讨论

一、 中性量的性质

如前所述，与本章给出的中性量相对应的是第三章给出的综合量。这里，所谓明确中性量的性质，主要是明确中性量与综合量的区别。此外，由第三章知，综合量就是对象 $a_{\blacksquare u}$ 和生成对象的作用量 ψ_u 与尺度 $a_{\blacktriangle w}$ 和生成尺度的作用量 Ω_w；由本章前面的讨论知，中性量就是对象 $a_{\blacksquare u}$ 和生成对象的作用量 ψ_u、尺度 $a_{\blacktriangle w}$ 和生成尺度的作用量 Ω_w 与测得量 $a_{\blacksquare u/w}$。显然，这里有两个问题：第一，为什么同样的对象 $a_{\blacksquare u}$ 和生成对象的作用量 ψ_u 与尺度 $a_{\blacktriangle w}$ 和生成尺度的作用量 Ω_w，在第三章被称为“综合量”，而在本章被称为“中性量”？第二，为什么中性量比综合量要多一个测得量 $a_{\blacksquare u/w}$？这就是说，所谓明确中性量的性质，还须附带回答这两个问题。

首先，中性量与综合量的区别。它们的区别在于：综合量仅与相对“视”而言的“真”相联系；中性量仅与相对“伪”而言的“真”相联系。

其次，回答两个问题。先说第一个问题。为什么同样的对象 $a_{\blacksquare u}$ 和生成对象的作用量 ψ_u 与尺度 $a_{\blacktriangle w}$ 和生成尺度的作用量 Ω_w，在第三章被称为“综合量”，而在本章被称为“中性量”？回答：因为它们所处的关系不同，所以必须有不同的名称。稍作分析易知，在第三章中，对象 $a_{\blacksquare u}$、生成对象的作用量 ψ_u 和尺度 $a_{\blacktriangle w}$、生成尺度的作用量 Ω_w 与真量和视量，是同一种操作即测量操作中的量，只不过后者是前者的分析表达，因此，在这种情况下，它们必须称为“综合量”——这里“综合”与“分析”是对应的；然而，在本章中，对象 $a_{\blacksquare u}$、生成对象的作用量 ψ_u 和尺度 $a_{\blacktriangle w}$、生成尺度的作用量 Ω_w 是测量操作中的量，而真量和伪量则是刻意测量操作中的量，且，前者是中性（即无所谓真、伪）的，因之，必须称为“中性量”——这里“中性”与“真”“伪”是对应的。显然，综合与分析和中性与真、伪是不同的关系。由此可见，同样的对象 $a_{\blacksquare u}$ 和生成对象的作用量 ψ_u 与尺度 $a_{\blacktriangle w}$ 和生成尺度的作用量 Ω_w 有不同的名称，是它们所处的关系不同因而具有不同性质使然。

再说第二个问题。为什么中性量比综合量要多一个测得量 $a_{\blacksquare u/w}$？回答：按照定义，测得量是实际操作获得的量；但是，第三章证实，真量和视量只是综合量的分析量，而不是实际可以准确测到的量，因此，并不存在第二层次的（即与测得量对应的）"真"与"视"，因而综合量不包括测得量。然而，本章给出的准量和误量是实际操作获得的量，且，与准量和误量对应的中性量就是测得量，因此，中性量必须包括测得量。

二、 真量和伪量、 准量和误量的性质

讨论此问题，需要分为两个要点：一是两种"真"的关系；二是真量和伪量、准量和误量本身的性质。

先说第一个要点。如前所述，第三章讨论了与"视"相对的"真"（由此区分真量与视量），本章讨论了与"伪"相对的"真"（由此区分真量和伪量、准量和误量）。那么，这就提出一个问题：与"视"相对的"真"和与"伪"相对的"真"区别何在？回答：由第三章知，与"视"相对的"真"，指标志实体特性的性质量，由此得出如下区分：真量是标志实体特性的性质量，而视量是标志实体特性的性质量以外的其他量——这里所区分的量（真量和视量）都是客观（中性）量。然而，本章所说的与"伪"相对的"真"，则与实际操作相关，由此得出如下区分：真量是实际操作实现的量与事前刻意指定的量准确重合的量；伪量是实际操作实现的量与事前刻意指定的量没有准确重合的量——这里所区分的量（真量和伪量、准量和误量）是与主观目的相关的量。诚然，这两种"真"的论域有可能交叉，因为操作者事前刻意指定的量可以是标志实体特性的性质量——例如，前面讨论过的初中物理课本给出的长方体长度测量，其刻意指定的量就是平行线长度——但是，应当强调，可能交叉的是两种"真"的论域，而不是两种"真"的内涵。

再说第二个要点。关于此，我们有结论：真量、伪量、准量、误量，其中的"真""伪""准""误"等概念，相对刻意测量的目的来说有意义，相对量的生成过程来说没有意义。首先，由定义式知，对象真量 $a_{\blacksquare u}{}^{※}$是其生成操作 $\psi_{\#}{}^{※}$（■）的必然结果，尺度真量 $a_{\blacktriangle\square}{}^{※}$是其生成操作 $\Omega_{\square}{}^{※}$（▲）的必然结果，对象伪量 $a_{\blacksquare(u-\#)}{}^{-※}$是其生成操作 $\psi_{(u-\#)}{}^{-※}$（■）的必然结果，尺度伪量 $a_{\blacktriangle(w-\square)}{}^{-※}$是其生成操作 $\Omega_{(w-\square)}{}^{-※}$（▲）的必然结果。这就

是说，仅就量的生成过程来说，这些量并不存在“真”“伪”问题——或者用不规范的语言来说，它们都是“真”的，并不存在“伪”。然而，就刻意测量的目的来说，对象真量 $a_{\blacksquare_u}^{\text{※}}$ 和尺度真量 $a_{\blacktriangle\square}^{\text{※}}$ 是刻意测量所要对准和用准的量，因而才是“真”量；对象伪量 $a_{\blacksquare(u-\#)}^{-\text{※}}$ 和尺度伪量 $a_{\blacktriangle(w-\square)}^{-\text{※}}$ 不是刻意测量所要对准和用准的量，因而才是“伪”量。其次，由定义式知，准量是测准操作所获得的结果，误量是非测准操作所获得的结果。然而，第二章已说明，测准操作和非测准操作，相对公式所刻画的实际操作来说并不存在“准”或“非准”的问题，只是相对事前指定的标准操作来说才有“准”或“非准”的问题。所谓公式所刻画的实际操作，指的就是准量 $a_{\blacksquare\#/\square}^{\text{※}}$ 和误量 $a_{\blacksquare(u/w-\#/\square)}^{-\text{※}}$ 的生成过程。由此可见，准量 $a_{\blacksquare\#/\square}^{\text{※}}$ 和误量 $a_{\blacksquare(u/w-\#/\square)}^{-\text{※}}$ 相对量的生成过程来说无所谓“准”或“误”，只是相对刻意测量的目的（即达成标准操作）来说才有“准”“误”之分。

三、与“真”相关的量的自然语言称呼问题

如前所述，第三章讨论了与“视”相对的“真”，由此区分了真量与视量，其真量包括真对象 $a_{\blacksquare_{z_u}}$ 以及生成真对象的作用量 ψ_{z_u} 和真尺度 $a_{\blacktriangle_{z_w}}$ 以及生成真尺度的作用量 Ω_{z_w}。本章讨论了与“伪”相对的“真”，由此区分了真量与伪量，其真量包括对象真量 $a_{\blacksquare\#}^{\text{※}}$ 以及生成对象真量的作用量真量 $\psi_{\#}^{\text{※}}$ 和尺度真量 $a_{\blacktriangle\square}^{\text{※}}$ 以及生成尺度真量的作用量真量 $\Omega_{\square}^{\text{※}}$。这样，我们就面临着两种内涵不同但又需要用同一词语“真”来称呼的概念。尽管每一个概念都有不同的符号代表，因而可用不同符号加以区别，就此来说，自然语言称呼的区分似乎并不重要，但是，人们一般用自然语言思维，如果所使用的自然语言称谓不清晰，也有可能造成混乱，因此，有必要对与“真”相关的各种量的自然语言称呼问题加以讨论。综合考虑，我们约定，其称呼按如下原则区分。

第一，第三章讨论的真量与视量，用词语“真”与“视”作为其特称的前缀。实际上，第三章就是按此原则称呼的。具体说，真量的统称，称为“真性质量”“真作用量”，视量的统称，称为“视性质量”“视作用量”；真性质量各量，分别称为“真对象 $a_{\blacksquare_{z_u}}$”“真尺度 $a_{\blacktriangle_{z_w}}$”，视性质量各量，分别称为“视对象 $a_{\blacksquare_{s_u}}$”“视尺度 $a_{\blacktriangle_{s_w}}$”；真作用量各量，分别称为“真作用量

ψ_{z_u}”“真作用量 Ω_{z_w}”，视作用量各量，分别称为“视作用量 ψ_{s_u}”“视作用量 Ω_{s_w}”。其中，语词“真”和“视”都在其特称的前面。

第二，本章讨论的真量与伪量，用语词“真量”与“伪量”作为其特称的后缀。实际上，本章前面就是按此原则称呼的。具体说，真量的统称，称为“性质量真量”“作用量真量”，伪量的统称，称为“性质量伪量”“作用量伪量”；性质量真量各量，分别称为“对象真量 $a_{■\#}^{※}$”“尺度真量 $a_{▲□}^{※}$”，性质量伪量各量，分别称为“对象伪量 $a_{■(u-\#)}^{-※}$”“尺度伪量 $a_{▲(w-□)}^{-※}$”；作用量真量各量，分别称为“作用量真量 $\psi_{\#}^{※}$”“作用量真量 $\Omega_{□}^{※}$”；作用量伪量各量，分别称为“作用量伪量 $\psi_{(u-\#)}^{※}$”“作用量伪量 $\Omega_{(w-□)}^{※}$”。其中，语词“真量”和“伪量”都在其特称的后面。

第四节　测量教材基础概念的简略评价

至此，关于“真”概念的探讨已经完成。第三章说过，探讨“真”概念，其目的就在于澄清教材基础概念的迷雾，因此，我们有必要运用“真”概念探讨的成果，对教材的基础概念进行分析评价。在此说明，关于此，“导论”已有讨论，因此，这里只是补充性质的简略评价。

综观测量教材，其基础概念有且仅有三个，即被测量、被测量的真值、被测量的测量值①；并且，这三个概念也是含混不清的。然而，我们关于“真”概念的探讨表明，现实的测量操作所生成的量种类繁多，其中潜藏着“真”与“视”“真”与“伪”“准”与“误”等错综复杂的关系。显然，仅仅有“被测量”“被测量的真值”“被测量的测量值”三个简单平庸且含混不清的基础概念，是不可能准确表达现实测量操作种类繁多的量及其错综复杂的关系的。“导论”说过，在教材中，“真值是一个幽灵”“误差概念不可理喻”。其实，仅仅有三个简单平庸且含混不清的基础概念，又企图说明丰富复杂的现实测量操作，这是必然的结果。

说到这里，我们有必要回到“导论”。在那里，我们说过物理测量学对测量操作没有开展像样的科学研究。现在看来，这一评价并不为过。我们关于

① 诚然，教材还有一个基本概念，即测量误差。但严格说，测量误差是由基础概念导出的概念。

“真”概念的探讨表明，要获得科学的测量学基础概念，必须对测量操作进行深入的科学研究。然而，测量学者们大多忙于实施测量（做实验）和运用现存的数学知识处理测量误差，没有人真正研究测量（研究实验），从而不知测量（实验）为何物，不知测量误差为何物。这种状况，难道不值得我们警醒吗?!

第五章　测量操作形式分析：比较操作分析

从本章开始，我们进入实质性的测量操作形式分析。在此说明，由第二章知，测量操作是刻意测量操作的基础，因此，我们对测量操作分析的结论，原则上可推及刻意测量操作。当然，第二章还表明，刻意测量操作是一种特殊（即针对刻意指定的性质量而进行的）测量操作，因而它还有特殊（即测量操作所没有的）性质和规律，因此，我们还要对刻意测量操作进行特殊性考察，但那是后续章节的课题。

测量操作形式分析这一课题包括三个子课题，即比较操作分析、生成操作分析和测量操作整体分析。本章仅讨论比较操作分析。

第一节　比较操作定义和比较操作分析的论域

比较操作定义可由测量操作表达式导出。为了简便并考虑研究的需要，下面引用其简化表达式即式（1.2）。

式（1.2）写为

$$\begin{cases} k_{uw} = a_{\blacksquare u}/a_{\blacktriangle w} & ① \\ a_{\blacksquare u} = \psi_u\ (\blacksquare) & ② \\ a_{\blacktriangle w} = \Omega_w\ (\blacktriangle) & ③ \end{cases}$$

式中

$$u=1,\ 2,\ \cdots,\ q;\ q\to\infty$$

$$w=1,\ 2,\ \cdots,\ p;\ p\to\infty$$

$$uw=11,\ 21,\ 12,\ \cdots,\ qp;\ q\to\infty,\ p\to\infty$$

如果性质量为长度或时间，则

$$a_{\blacksquare u}>0,\ a_{\blacktriangle w}>0$$

由式（1.2），我们有

$$k_{uw} = a_{\blacksquare u}/a_{\blacktriangle w} \tag{5.1}$$

式中

$$a_{■u}=\psi_u（■）$$
$$a_{▲w}=\Omega_w（▲）$$
$$u=1，2，\cdots，q；q\to\infty$$
$$w=1，2，\cdots，p；p\to\infty$$
$$uw=11，21，12，\cdots，qp；q\to\infty，p\to\infty$$

如果性质量为长度或时间，则

$$a_{■u}>0，a_{▲w}>0$$

式（5.1）称为“比较操作表达式”。为了简化，下面引用该式时将忽略“如果性质量为长度或时间，则 $a_{■u}>0$，$a_{▲w}>0$”。

有一个问题需要说明。容易看出，式（1.2）有①②③三个分式。第一章对这三个分式做了如下区分：①分式是狭义比较操作表达式，②③两分式是生成操作表达式。然而，我们给出的式（5.1）名为“比较操作表达式”，但却包含生成操作表达式，这是为什么？回答：第一章的“补充说明”说过，（由于测量操作形式刻画必须贯彻的归纳原则）在测量操作表达式中，①分式表达的操作不是测量操作（只是一种实数计算操作），只有②③两分式表达的操作才是真正的测量操作。但是，现实中的比较操作并非只是实数计算操作。由此可见，①分式没有概括比较操作的全部内容（这是其被称为“狭义比较操作表达式”的原因），因此，完整的比较操作（=现实的比较操作）的形式表达，必须包含②③两分式。

现在讨论比较操作分析的论域。本章开始说过，测量操作形式分析这一课题包括比较操作分析、生成操作分析和测量操作整体分析三个子课题。然而，如前所述，由式（1.2）刻画的测量操作有三个分式，而式（5.1）也有同样的三个分式。那么，这就引出一个问题：如何把握比较操作分析、生成操作分析和测量操作整体分析三者的区别？这就是比较操作分析论域所要讨论的内容。

先说比较操作分析与生成操作分析的区分。应指出，式（5.1）与式（1.2）既有共同点也有区别。其共同点是二者都有①②③三个分式；其区别是式（1.2）以这三个分式为主式，而式（5.1）仅以①分式为主式，其他两式为附式。这里隐含着比较操作分析与生成操作分析的区分：比较操作分析主要针对主式亦即式（1.2）的①分式，涉及附式的分析仅以理解主式为限；

对式（1.2）的②③两分式亦即式（5.1）附式的全面分析，则是生成操作分析的内容。这就是比较操作分析与生成操作分析的区别。

再说比较操作分析和生成操作分析与测量操作整体分析的区分。诚然，容易看出，比较操作和生成操作是测量操作整体的组成部分，但是，整体不等于部分的简单和。因此，尽管比较操作和生成操作是测量操作整体的组成部分，但是，比较操作分析和生成操作分析并不穷尽测量操作整体分析的内容。

第二节　实差分析

实差，指测得量之差。由第四章知，比较操作获得的结果就是测得量。可见，测得量的生成过程涉及比较操作的本质。但是，事物的本质往往是在该事物的关系中呈现，比较操作的本质也是如此。显然，实差即测得量之差隐含着比较操作之间的关系，因此，比较操作分析主要是对实差进行分析。

一、实差一般

要分析实差，先要给出实差一般的定义。如前所述，实差指测得量之差，因此，我们需要引用测得量定义式，即式（4.3）。式（4.3）写为

$$a_{\blacksquare u/w} = k_{uw} \cdot a_{\blacktriangle w}$$

式中

$$k_{uw} = a_{\blacksquare u} / a_{\blacktriangle w}$$

$$a_{\blacksquare u} = \psi_u \ (\blacksquare)$$

$$a_{\blacktriangle w} = \Omega_w \ (\blacktriangle)$$

$$u = 1,\ 2,\ \cdots,\ q;\ q \to \infty$$

$$w = 1,\ 2,\ \cdots,\ p;\ p \to \infty$$

$$uw = 11,\ 21,\ 12,\ \cdots,\ qp;\ q \to \infty,\ p \to \infty$$

如果性质量为长度或时间，则

$$a_{\blacksquare u} > 0,\ a_{\blacktriangle w} > 0$$

为了行文简化，下面引用式（4.3）将忽略“如果性质量为长度或时间，则 $a_{\blacksquare u} > 0$，$a_{\blacktriangle w} > 0$”。

现在讨论实差一般的定义，分为两步。第一步，刻画两次比较操作，亦即两个测得量的生成过程。设有两次比较操作，为了区分，用下标 α 标识第1

次操作，用下标β标识第 2 次操作。于是，由式（4.3），第 1 次操作其测得量的生成过程写为

$$a_{\blacksquare\alpha/\alpha} = k_\alpha \cdot a_{\blacktriangle\alpha} \tag{1}$$

式中

$$k_\alpha = a_{\blacksquare\alpha}/a_{\blacktriangle\alpha}$$
$$a_{\blacksquare\alpha} = \psi_\alpha\ (\blacksquare)$$
$$a_{\blacktriangle\alpha} = \Omega_\alpha\ (\blacktriangle)$$
$$\alpha \in u,\ w$$

第 2 次操作其测得量的生成过程写为

$$a_{\blacksquare\beta/\beta} = k_\beta \cdot a_{\blacktriangle\beta} \tag{2}$$

式中

$$k_\beta = a_{\blacksquare\beta}/a_{\blacktriangle\beta}$$
$$a_{\blacksquare\beta} = \psi_\beta\ (\blacksquare)$$
$$a_{\blacktriangle\beta} = \Omega_\beta\ (\blacktriangle)$$
$$\beta \in u,\ w$$

对上两式，我们有

$$\alpha \neq \beta$$

式中，附式$\alpha \in u$，w；$\beta \in u$，w；$\alpha \neq \beta$表明，α，β分别是$u=1$，2，…，q；$q \to \infty$和$w=1$，2，…，p；$p \to \infty$取值域中任意且确定的两个取值（以$\alpha \neq \beta$为条件）；k_α和k_β分别代表两次操作所获得的读数，它们是读数变数k_{uw}任意且确定的两个取值；$a_{\blacksquare\alpha/\alpha}$和$a_{\blacksquare\beta/\beta}$分别代表两次操作所获得的测得量，它们是常量，亦即测得量变量$a_{\blacksquare u/w}$任意且确定的两个取值。

第二步，给出实差的形式表达。如前所述，实差指测得量之差。由此并式（1）和式（2），我们有

$$\begin{aligned}\Delta a_{\blacksquare\alpha\beta} &= a_{\blacksquare\alpha/\alpha} - a_{\blacksquare\beta/\beta} \\ &= k_\alpha \cdot a_{\blacktriangle\alpha} - k_\beta \cdot a_{\blacktriangle\beta}\end{aligned} \tag{5.2}$$

式中

$$k_\alpha = a_{\blacksquare\alpha}/a_{\blacktriangle\alpha}$$
$$a_{\blacksquare\alpha} = \psi_\alpha\ (\blacksquare)$$
$$a_{\blacktriangle\alpha} = \Omega_\alpha\ (\blacktriangle)$$
$$k_\beta = a_{\blacksquare\beta}/a_{\blacktriangle\beta}$$

$$a_{■\beta}=\psi_{\beta}\ (■)$$
$$a_{▲\beta}=\Omega_{\beta}\ (▲)$$
$$\alpha\in u,\ w;\ \beta\in u,\ w;\ \alpha\neq\beta$$

式（5.2）称为“实差一般定义式”。式中，$\Delta a_{■\alpha\beta}$代表实差。

这里有一个问题需要说明。式（5.2）有附式$\alpha\neq\beta$，因此，必有$a_{▲\alpha}\neq a_{▲\beta}$，这表明式（5.2）中的读数$k_{\alpha}$与$k_{\beta}$不具有可比性，因而式（5.2）所刻画的操作不能获得有意义的数值。在此说明，第一，式（5.2）刻画的实差是实差一般，为了与后面将要给出的对象实差和尺度实差（它们是实差特殊）相区别，我们不能假定$a_{▲\alpha}=a_{▲\beta}$。这就是说，式（5.2）有$a_{▲\alpha}\neq a_{▲\beta}$是实差一般概念的逻辑使然。第二，我们给出实差定义的目的，并不在于获得实差的数值，而在于为比较操作分析提供一个分析对象。就此来说，式（5.2）所刻画的操作不能获得有意义的数值是无关紧要的，因为我们需要的只是一个分析工具，给出的实差定义能够提供这个分析工具足矣。

二、对象实差

现在进行实差分析。实差分析的目的是找出实差产生的根源，因此，实差分析实质就是对实差产生根源的分析。这是窥视比较操作的本质，进而探讨比较操作规律和认知学性质必须做的基础性工作。

对式（5.2）稍作考察易知，实差根源于且仅根源于两个原始量即对象$a_{■u}$和尺度$a_{▲w}$的取值变化。这就是说，从实差产生根源角度来考察，实差有且仅有两个类：其中一个类，指仅由对象$a_{■u}$取值变化（尺度$a_{▲w}$取值不变）所生成的实差（下称“对象实差”）；另一个类，指仅由尺度$a_{▲w}$取值变化（对象$a_{■u}$取值不变）所生成的实差（下称“尺度实差”）。因此，所谓实差分析，实质就是由式（5.2）分别导出对象实差的定义和尺度实差的定义。

本小节仅讨论对象实差定义。为此，需要先给出一个新概念“偏测得量”[①]。由式（4.3）可以导出两种偏测得量，即偏u测得量和偏w测得量。

① 由后面给出的偏u测得量和偏w测得量的定义知，“偏测得量”概念与数学的“偏导数”概念类似。在数学中，求多元函数的变化率，可以依次将其中一个元素看作自变量，其他元素看作常量，当某一个元素被看作自变量、其他元素被看作常量时，多元函数对这个自变量的导数称为多元函数对该自变量的偏导数。显然，测得量$a_{■u/w}$是二元变量，其性质相当于二元函数。既然数学求多元函数的变化率可以有偏导数，那么，这里测得量分析也可以有偏测得量。

本小节仅导出前者。设所考察的比较操作，其中尺度 $a_{\blacktriangle w}$ 的取值固定不变，亦即有 $a_{\blacktriangle w} \equiv a_{\blacktriangle\square}$。由此并式（4.3），我们有

$$a_{\blacksquare u/\square} = k_u \cdot a_{\blacktriangle\square} \tag{5.3}$$

式中

$$k_u = a_{\blacksquare u}/a_{\blacktriangle\square}$$
$$a_{\blacksquare u} = \psi_u\ (\blacksquare)$$
$$a_{\blacktriangle\square} = \Omega_{\square}\ (\blacktriangle)$$
$$u = 1,\ 2,\ \cdots,\ q;\ q \to \infty$$
$$\square \in w$$

式（5.3）称为“偏 u 测得量定义式”。式中，$a_{\blacksquare u/\square}$代表偏 u 测得量，它是运用尺度常量 $a_{\blacktriangle\square}$对对象变量 $a_{\blacksquare u}$进行比较操作所获得的偏测得量；k_u是偏 u 测得量的系数，称为“偏 u 读数”。由附式 $u=1,\ 2,\ \cdots,\ q;\ q\to\infty$ 知，偏 u 测得量 $a_{\blacksquare u/\square}$是变量，偏 u 读数 k_u是变数。

现在给出对象实差的定义，分两步。第一步，给出两个偏 u 测得量的生成过程。我们仍用下标 α 标识第 1 个偏 u 测得量的生成过程，下标 β 标识第 2 个偏 u 测得量的生成过程。

由式（5.3），第 1 个偏 u 测得量的生成过程写为

$$a_{\blacksquare \alpha/\square} = k_\alpha \cdot a_{\blacktriangle\square} \tag{1}$$

式中

$$k_\alpha = a_{\blacksquare \alpha}/a_{\blacktriangle\square}$$
$$a_{\blacksquare \alpha} = \psi_\alpha\ (\blacksquare)$$
$$\alpha \in u$$

由式（5.3），第 2 个偏 u 测得量的生成过程写为

$$a_{\blacksquare \beta/\square} = k_\beta \cdot a_{\blacktriangle\square} \tag{2}$$

式中

$$k_\beta = a_{\blacksquare \beta}/a_{\blacktriangle\square}$$
$$a_{\blacksquare \beta} = \psi_\beta\ (\blacksquare)$$
$$\beta \in u$$

对式（1）和式（2），有

$$a_{\blacktriangle\square} = \Omega_{\square}\ (\blacktriangle)$$
$$\alpha \neq \beta;\ \square \in w$$

在上两式中，附式 $\alpha \in u$，$\beta \in u$，$\alpha \neq \beta$ 表明，α，β 是 $u=1, 2, \cdots, q; q \to \infty$ 取值域中任意且确定的两个取值（以 $\alpha \neq \beta$ 为条件）；$a_{■\alpha/□}$和 $a_{■\beta/□}$分别是偏 u 测得量 $a_{■u/□}$任意且确定的两个取值；k_α和 k_β分别是偏 u 读数 k_u任意且确定的两个取值。

第二步，给出对象实差的形式表达。所谓对象实差，就是两个偏 u 测得量之差。由式（1）和式（2），我们有

$$\begin{aligned} \Delta a_{■u\alpha\beta} &= a_{■\alpha/□} - a_{■\beta/□} \\ &= k_\alpha \cdot a_{▲□} - k_\beta \cdot a_{▲□} \end{aligned} \tag{5.4}$$

式中

$$k_\alpha = a_{■\alpha}/a_{▲□}$$
$$a_{■\alpha} = \psi_\alpha\ (■)$$
$$k_\beta = a_{■\beta}/\ a_{▲□}$$
$$a_{■\beta} = \psi_\beta\ (■)$$
$$a_{▲□} = \Omega_□\ (▲)$$
$$\alpha,\ \beta \in u,\ \alpha \neq \beta;\ □ \in w$$

式（5.4）称为“对象实差定义式”。式中 $\Delta a_{■u\alpha\beta}$代表对象实差。

为了印证对象实差的定义，下面给出两个实例。

例5－1。回到例3－6。例3－6表明，用同一把弹簧秤，对完全相同的铁块在不同的环境中进行三次称量，获得铁块的重量数值如下：第一次将铁块浸在空气中称量，其数值大于0；第二次将铁块浸在清水中称量，其数值也大于0，只是数值比第一次小；第三次将铁块浸在水银中称量，其数值小于0。

现对此例进行实差分析。为了与前面给出的对象实差的形式表达相对应，我们仅选其中两次操作，不妨选第一次和第三次。下面，分两步来刻画。

第一步，给出两次比较操作亦即两个测得量生成过程的形式表达。用测量操作定义式的符号来刻画，例中的铁块表示为■；空气对铁块的浮力作用与铁块本身的重力作用的合作用量表示为 ψ_1，此时铁块的重量表示为 $a_{■1}$；水银对铁块的浮力作用与铁块本身的重力作用的合作用量表示为 ψ_3，此时铁块的重量表示为 $a_{■3}$。那么，由对象定义式即式（4.1），将铁块浸在空气中称量，其数值大于0，这一过程写为

$$a_{■1} = \psi_1\ (■)\ > 0$$

将铁块浸在水银中称量，其数值小于0，这一过程写为

$$a_{■3} = \psi_3(■) < 0$$

此外，该例明确说，三次称量用的是“同一把弹簧秤”，因而在操作过程中恒有

$$a_{▲w} \equiv a_{▲□}$$

由上述各式并式（5.3），对第一次称量，我们有

$$a_{■1/□} = k_1 \cdot a_{▲□} \tag{1}$$

式中

$$k_1 = a_{■1} / a_{▲□}$$

$$a_{■1} = \psi_1(■)$$

对第三次称量，我们有

$$a_{■3/□} = k_3 \cdot a_{▲□} \tag{2}$$

式中

$$k_3 = a_{■3} / a_{▲□}$$

$$a_{■3} = \psi_3(■)$$

对式（1）和式（2），恒有

$$a_{▲□} = \Omega_{□}(▲)$$

式（1）和式（2），分别是对两次称量亦即两个测得量生成过程所做的形式表达；式中，$a_{■1/□}$和$a_{■3/□}$分别代表两个测得量，显然，它们是偏u测得量。

第二步，给出偏u测得量之差的形式表达。由式（1）和式（2），我们有

$$\begin{aligned}\Delta a_{■u13} &= a_{■1/□} - a_{■3/□} \\ &= k_1 \cdot a_{▲□} - k_3 \cdot a_{▲□}\end{aligned}$$

式中，$\Delta a_{■u13}$是偏u测得量$a_{■1/□}$与$a_{■3/□}$之差，即实差。因为它根源于且仅根源于对象$a_{■u}$的取值变化（从$u=1$变为$u=3$），因此，实差$\Delta a_{■u13}$是对象实差。

例5－2。回到“导论”引述过的初中物理课本给出的长方体长度测量实例①。容易看出，该例给出了两次比较操作，即一次由图1－1甲标示，另一

① 中小学通用教材数学编写组．初中课本·物理（第1册）［M］．北京：人民教育出版社，1979，第9－10、187页。

次由图 1－1 乙标示。显然，当我们将刻度尺的刻度视为不变时，该例就是对象视差的例。下面，分两步进行刻画。

第一步，给出两次比较操作亦即两个测得量生成过程的形式表达。显然，图 1－1 标示的长方形物体是被测实体■，刻度尺按照图 1－1 甲那样放置，等价于在被测实体一侧确定一条直线段，其长度是被测实体的一个性质量，我们设为 $a_{■1}$；刻度尺按照图 1－1 乙那样放置，等价于在被测实体一侧确定另一条直线段，其长度是被测实体的另一个性质量，我们设为 $a_{■2}$。显然，刻度尺按照图 1－1 甲那样放置实际上就是生成性质量 $a_{■1}$ 的作用量，我们设为 ψ_1；刻度尺按照图 1－1 乙那样放置实际上就是生成性质量 $a_{■2}$ 的作用量，我们设为 ψ_2。于是，由对象定义式即式（4.1），我们有

$$a_{■1} = \psi_1\ (■)$$

$$a_{■2} = \psi_2\ (■)$$

设刻度尺的刻度不变，亦即在两次比较操作中恒有

$$a_{▲w} \equiv a_{▲□}$$

由上述各式并式（5.3），对第一次操作，我们有

$$a_{■1/□} = k_1 \cdot a_{▲□} \tag{1}$$

式中

$$k_1 = a_{■1} / a_{▲□}$$

$$a_{■1} = \psi_1\ (■)$$

对第二次操作，我们有

$$a_{■2/□} = k_2 \cdot a_{▲□} \tag{2}$$

式中

$$k_2 = a_{■2} / a_{▲□}$$

$$a_{■2} = \psi_2\ (■)$$

对式（1）和式（2），恒有

$$a_{▲□} = \Omega_{□}\ (▲)$$

式（1）和式（2），分别是对两次操作亦即两个测得量生成过程所做的形式表达；式中，$a_{■1/□}$ 和 $a_{■2/□}$ 分别代表两次操作所生成的两个测得量，显然，它们是偏 u 测得量。

第二步，给出偏 u 测得量之差的形式表达。由式（1）和式（2），我们有

$$\begin{aligned}\Delta a_{\blacksquare u12} &= a_{\blacksquare 1/\square} - a_{\blacksquare 2/\square}\\ &= k_1 \cdot a_{\blacktriangle\square} - k_2 \cdot a_{\blacktriangle\square}\end{aligned}$$

式中，$\Delta a_{\blacksquare u12}$是偏 u 测得量 $a_{\blacksquare 1/\square}$与 $a_{\blacksquare 2/\square}$之差即实差。因为它根源于且仅根源于对象 $a_{\blacksquare u}$的取值变化（从 $u=1$ 变为 $u=2$），因此，实差 $\Delta a_{\blacksquare u12}$是对象实差。

三、 尺度实差

首先，讨论尺度实差定义。为此，需要先给出偏 w 测得量定义。设所考察的比较操作，其中对象 $a_{\blacksquare u}$取值固定不变，亦即有 $a_{\blacksquare u} \equiv a_{\blacksquare \#}$。由此并式（4.3），我们有

$$a_{\blacksquare \#/w} = k_w \cdot a_{\blacktriangle w} \tag{5.5}$$

式中

$$\begin{aligned}&k_w = a_{\blacksquare \#}/a_{\blacktriangle w}\\ &a_{\blacksquare \#} = \psi_{\#}\ (\blacksquare)\\ &a_{\blacktriangle w} = \Omega_w\ (\blacktriangle)\\ &w = 1,\ 2,\ \cdots,\ p;\ p \to \infty\\ &\# \in u\end{aligned}$$

式（5.5）称为“偏 w 测得量定义式”。式中，$a_{\blacksquare \#/w}$代表偏 w 测得量，它是运用尺度变量 $a_{\blacktriangle w}$对对象常量 $a_{\blacksquare \#}$进行比较操作所获得的偏测得量；k_w是偏 w 测得量的系数，称为“偏 w 读数”。由附式 $w=1,\ 2,\ \cdots,\ p;\ p \to \infty$ 知，偏 w 测得量 $a_{\blacksquare \#/w}$是变量，偏 w 读数 k_w是变数。

现在给出尺度实差定义，分两步。第一步，给出两个偏 w 测得量的生成过程。为了与对象实差相区别，我们改用下标 γ 标识第 1 个偏 w 测得量的生成过程，下标 δ 标识第 2 个偏 w 测得量的生成过程。

由式（5.5），第 1 个偏 w 测得量的生成过程写为

$$a_{\blacksquare \#/\gamma} = k_\gamma \cdot a_{\blacktriangle\gamma} \tag{1}$$

式中

$$\begin{aligned}&k_\gamma = a_{\blacksquare \#}/a_{\blacktriangle\gamma}\\ &a_{\blacktriangle\gamma} = \Omega_\gamma\ (\blacktriangle)\\ &\gamma \in w\end{aligned}$$

由式（5.5），第 2 个偏 w 测得量的生成过程写为

$$a_{\blacksquare\#/\delta} = k_{\delta} \cdot a_{\blacktriangle\delta} \tag{2}$$

式中

$$k_{\delta} = a_{\blacksquare\#} / a_{\blacktriangle\delta}$$
$$a_{\blacktriangle\delta} = \Omega_{\delta}(\blacktriangle)$$
$$\delta \in w$$

对式（1）和式（2），有

$$a_{\blacksquare\#} = \psi_{\#}(\blacksquare)$$
$$\gamma \neq \delta;\ \# \in u$$

在上两式中，附式$\gamma \in w$，$\delta \in w$，$\gamma \neq \delta$表明，γ，δ是$w = 1, 2, \cdots, p$；$p \to \infty$取值域中任意且确定的两个取值（以$\gamma \neq \delta$为条件）；$a_{\blacksquare\#/\gamma}$和$a_{\blacksquare\#/\delta}$分别是偏$w$测得量$a_{\blacksquare\#/w}$任意且确定的两个取值；$k_{\gamma}$和$k_{\delta}$分别是偏$w$读数$k_{w}$任意且确定的两个取值。

第二步，给出尺度实差的形式表达。所谓尺度实差，就是两个偏w测得量之差。由此并式（1）和式（2），我们有

$$\begin{aligned} \Delta a_{\blacksquare w\gamma\delta} &= a_{\blacksquare\#/\gamma} - a_{\blacksquare\#/\delta} \\ &= k_{\gamma} \cdot a_{\blacktriangle\gamma} - k_{\delta} \cdot a_{\blacktriangle\delta} \end{aligned} \tag{5.6}$$

式中

$$k_{\gamma} = a_{\blacksquare\#} / a_{\blacktriangle\gamma}$$
$$a_{\blacktriangle\gamma} = \Omega_{\gamma}(\blacktriangle)$$
$$k_{\delta} = a_{\blacksquare\#} / a_{\blacktriangle\delta}$$
$$a_{\blacktriangle\delta} = \Omega_{\delta}(\blacktriangle)$$
$$a_{\blacksquare\#} = \psi_{\#}(\blacksquare)$$
$$\gamma,\ \delta \in w,\ \gamma \neq \delta;\ \# \in u$$

式（5.6）称为“尺度实差定义式”。式中$\Delta a_{\blacksquare w\gamma\delta}$代表尺度实差。

为印证尺度实差的定义，下面给出两个实例。

例5-3。用一架精密天平，左端秤盘中放置在常规环境下称得1000克的重物，右端秤盘中放置标识为1000克的砝码，进行两次称量操作。第一次称量操作，整个天平（包括两端的秤盘）处于常规环境中，我们看到天平平衡。第二次操作，对天平的左端（放置重物的一端）秤盘不作处理，也就是说，这一端仍处于常规环境中；对天平的右端（放置砝码的一端）秤盘作如下处理：用透明的材料密封起来并抽成真空。此时，我们看到天平将向砝码一端

倾斜；当操作者减去一些砝码，天平才恢复平衡①。由此可知，例中的两次称量操作所获得的测得量不同，亦即存在实差。

现在，对此例进行实差分析，分两步讨论。

第一步，给出两次称量过程亦即两个测得量生成过程的形式表达。用测量操作定义式的符号来刻画，放置在天平左端秤盘中的重物是对象实体■；放置在天平右端秤盘中的砝码是尺度实体▲。此外，很显然，实体■或▲所处的环境，是实体■或▲生成性质量的作用量。如例所述，两次称量，天平左端秤盘没有作任何处理，即亦即实体■都处于常规空间，因此，作用在实体■上的作用量可理解为不变的作用量 $\psi_{\#}$；此时实体■所生成的性质量（重量）是不变的性质量 $a_{■\#}$。然而，第二次称量，操作者对天平右端秤盘做了处理，即用透明的材料密封起来并抽成真空。这样，第二次称量时天平右端秤盘所处的环境是非常规环境，亦即两次称量作用在实体▲上的作用量发生了变化，因而两次称量实体▲所生成的性质量（注意，是砝码的实际重量，不是砝码的标识重量）也发生了变化。为此，我们设第一次称量的作用量为 Ω_1，第二次称量的作用量为 Ω_2；于是，实体▲所生成的性质量（砝码的实际重量），第一次为 $a_{▲1}$，第二次为 $a_{▲2}$。

这样，对第一次称量，我们有

$$a_{■\#/1} = k_1 \cdot a_{▲1} \tag{1}$$

式中

$$k_1 = a_{■\#} / a_{▲1}$$

$$a_{▲1} = \Omega_1\ (▲)$$

对第二次称量，我们有

$$a_{■\#/2} = k_2 \cdot a_{▲2} \tag{2}$$

式中

$$k_2 = a_{■\#} / a_{▲2}$$

$$a_{▲2} = \Omega_2\ (▲)$$

对式（1）和式（2），恒有

---

① 第一章曾给出例 1-1（这是一个真实实验，载上海师范大学物理系编．有趣的物理［M］．上海少年儿童出版社，1980，第 22 页），并且由此得出结论：物体重量这种性质量并不是物体孤立的表现，而是与物体所在环境的变化相关。由此可证实例 5-3。

$$a_{■\#} = \psi_{\#}（■）$$

式中，$a_{▲1}$和$a_{▲2}$分别代表两次称量砝码（即实体▲）的实际重量，且有$a_{▲1} \neq a_{▲2}$；又，因为第二次称量“操作者减去一些砝码”，因此有$k_1 \neq k_2$；$a_{■\#/1}$和$a_{■\#/2}$分别代表两次称量操作所获得的两个测得量，显然，它们是偏w测得量。

第二步，给出偏w测得量之差的形式表达。由式（1）和式（2），我们有

$$\begin{aligned}\Delta a_{■w12} &= a_{■\#/1} - a_{■\#/2} \\ &= k_1 \cdot a_{▲1} - k_2 \cdot a_{▲2}\end{aligned}$$

式中，$\Delta a_{■w12}$是偏w测得量$a_{■\#/1}$与$a_{■\#/2}$之差即实差。因为它根源于且仅根源于尺度$a_{▲w}$的取值变化（从$w=1$变为$w=2$），因此，实差$\Delta a_{■w12}$是尺度实差。

例5－4。测量100米（直线）赛跑某运动员的速度。物理学揭示，速度＝路程（长度）/时间。其实，路程是一种性质量（长度），亦即比较操作的被测对象；时间是另一种性质量，亦即比较操作的尺度；于是，测量某运动员的速度，则可理解为以长度为被测对象和以时间为尺度所构成的比较操作。此外，第三章曾给出了例3－3，其中谈到观测时钟指针“指示的时间”会产生视差。

现在，运用例3－3所谈到的视差现象，描述测量某运动员速度的操作。设度量时间的钟表挂在墙上，由A、B两个观察者分别负责报告该运动员跑完100米所经历的时间，其中，A准确地沿垂直于刻度盘的方向来观察指针，B不是准确地沿垂直于刻度盘的方向来观察指针。这样，对某运动员速度的测量，就可理解为运用两个不同的尺度对不变的对象所进行的比较操作。

下面，对上述比较操作进行形式刻画，分为两步。

第一步，给出两次比较操作亦即两个测得量生成过程的形式表达。很显然，因为两个观察者观测的是同一个人的运动，因而路程应为恒量，亦即有

$$a_{■u} \equiv a_{■\#}$$

然而，时间却由两位观察者分别报出，且两位观察者观察时钟有不同的角度，这相当于作用在钟表上有两种不同的作用量。我们将观察者A观察的角度表为Ω_1，观察者B观察的角度表为Ω_2，这样，在运动员到达终点的同一时刻，两个观察者由不同角度观察时钟所读出的时间读数将不同，我们将观

察者 A 读出的时间读数表示为 $a_{\blacktriangle 1}$，观察者 B 读出的时间读数表示为 $a_{\blacktriangle 2}$。于是，两个观察者读出时间读数的整个过程写为

$$a_{\blacktriangle 1} = \Omega_1（\blacktriangle）$$
$$a_{\blacktriangle 2} = \Omega_2（\blacktriangle）$$

由上述各式并式（5.5），对第一次操作，我们有

$$a_{\blacksquare \#/1} = k_1 \cdot a_{\blacktriangle 1} \tag{1}$$

式中

$$k_1 = a_{\blacksquare \#}/a_{\blacktriangle 1}$$
$$a_{\blacktriangle 1} = \Omega_1（\blacktriangle）$$

对第二次操作，我们有

$$a_{\blacksquare \#/2} = k_2 \cdot a_{\blacktriangle 2} \tag{2}$$

式中

$$k_2 = a_{\blacksquare \#}/a_{\blacktriangle 2}$$
$$a_{\blacktriangle 2} = \Omega_2（\blacktriangle）$$

对式（1）和式（2），恒有

$$a_{\blacksquare \#} = \psi_{\#}（\blacksquare）$$

式（1）和式（2），分别是两次比较操作亦即两个测得量生成过程的形式表达；式中，$a_{\blacksquare \#/1}$ 和 $a_{\blacksquare \#/2}$ 分别代表两次比较操作所获得的两个测得量，显然，它们是偏 w 测得量。

第二步，给出偏 w 测得量之差的形式表达。由式（1）和式（2），我们有

$$\begin{aligned}\Delta a_{\blacksquare w12} &= a_{\blacksquare \#/1} - a_{\blacksquare \#/2} \\ &= k_1 \cdot a_{\blacktriangle 1} - k_2 \cdot a_{\blacktriangle 2}\end{aligned}$$

式中，$\Delta a_{\blacksquare w12}$ 是偏 w 测得量 $a_{\blacksquare \#/1}$ 与 $a_{\blacksquare \#/2}$ 之差即实差。因为它根源于且仅根源于尺度 $a_{\blacktriangle w}$ 的取值变化（从 $w=1$ 变为 $w=2$），因此，实差 $\Delta a_{\blacksquare w12}$ 是尺度实差。

第三节　比较操作规律

比较操作分析，目的是获取比较操作规律。综合前面研究的成果，比较操作规律可以概括为 5 个定理。下面分别讨论。

一、 比较操作等价定理

设有两次比较操作，用下标 α 标识第 1 次操作，用下标 β 标识第 2 次操作。由此，并式（5.1），这两次操作分别写为

$$k_{\alpha} = a_{\blacksquare\alpha}/a_{\blacktriangle\alpha} \tag{1}$$

式中

$$a_{\blacksquare\alpha} = \psi_{\alpha}\ (\blacksquare_{\alpha})$$
$$a_{\blacktriangle\alpha} = \Omega_{\alpha}\ (\blacktriangle_{\alpha})$$

和

$$k_{\beta} = a_{\blacksquare\beta}/a_{\blacktriangle\beta} \tag{2}$$

式中

$$a_{\blacksquare\beta} = \psi_{\beta}\ (\blacksquare_{\beta})$$
$$a_{\blacktriangle\beta} = \Omega_{\beta}\ (\blacktriangle_{\beta})$$

我们有如下结论：如果由式（1）和式（2）刻画的比较操作等价，当且仅当

$$\begin{cases} \blacksquare_{\alpha} = \blacksquare_{\beta} \\ \blacktriangle_{\alpha} = \blacktriangle_{\beta} \\ \psi_{\alpha} = \psi_{\beta} \\ \Omega_{\alpha} = \Omega_{\beta} \end{cases} \tag{5.7}$$

式（5.7）称为“比较操作等价定理”。

证：比较操作表达式即式（5.1）表明，对象实体■、尺度实体▲、作用量 Ω 和 ψ，是比较操作不可或缺的要素，其中任一项变化，都可能引起读数 k_{uw} 取值发生变化，因此，两次比较操作等价，这些要素完全相同是必要条件。又，比较操作表达式即式（5.1）表明，对象实体■、尺度实体▲、作用量 Ω 和 ψ 是比较操作完全的要素，这些要素确定，读数 k_{uw} 取值就唯一确定，因此，两次比较操作等价，这些要素完全相同是充分条件。于是，有比较操作等价，当且仅当，比较操作的对象实体■、尺度实体▲、作用量 Ω 和 ψ 完全相同，亦即式（5.7）成立。证毕。

二、 对象实差性质定理

对象实差性质定理：对象实差恒等于对象之差。即有

$$\Delta a_{\blacksquare u\alpha\beta} = a_{\blacksquare\alpha/\square} - a_{\blacksquare\beta/\square} \equiv a_{\blacksquare\alpha} - a_{\blacksquare\beta} \tag{5.8}$$

式中

$$a_{\blacksquare\alpha/\square} = k_\alpha \cdot a_{\blacktriangle\square}$$
$$k_\alpha = a_{\blacksquare\alpha}/a_{\blacktriangle\square}$$
$$a_{\blacksquare\alpha} = \psi_\alpha\ (\blacksquare)$$
$$a_{\blacksquare\beta/\square} = k_\beta \cdot a_{\blacktriangle\square}$$
$$k_\beta = a_{\blacksquare\beta}/a_{\blacktriangle\square}$$
$$a_{\blacksquare\beta} = \psi_\beta\ (\blacksquare)$$
$$a_{\blacktriangle\square} = \Omega_\square\ (\blacktriangle)$$
$$\alpha,\ \beta \in u,\ \alpha \neq \beta;\ \square \in w$$

式（5.8）称为“对象实差性质定理”。

证：对象实差表达式即式（5.4），写为

$$\Delta a_{\blacksquare u\alpha\beta} = a_{\blacksquare\alpha/\square} - a_{\blacksquare\beta/\square}$$
$$= k_\alpha \cdot a_{\blacktriangle\square} - k_\beta \cdot a_{\blacktriangle\square}$$

式中

$$k_\alpha = a_{\blacksquare\alpha}/a_{\blacktriangle\square}$$
$$a_{\blacksquare\alpha} = \psi_\alpha\ (\blacksquare)$$
$$k_\beta = a_{\blacksquare\beta}/a_{\blacktriangle\square}$$
$$a_{\blacksquare\beta} = \psi_\beta\ (\blacksquare)$$
$$a_{\blacktriangle\square} = \Omega_\square\ (\blacktriangle)$$
$$\alpha,\ \beta \in u,\ \alpha \neq \beta;\ \square \in w$$

由表达式易知，获得对象实差所用的尺度为不变量 $a_{\blacktriangle\square}$，因此，对象实差根源于且仅根源于对象 $a_{\blacksquare u}$ 本身的取值变化（从 $u=\alpha$ 变到 $u=\beta$）。因此，必有

$$\Delta a_{\blacksquare u\alpha\beta} = a_{\blacksquare\alpha/\square} - a_{\blacksquare\beta/\square}$$
$$= k_\alpha \cdot a_{\blacktriangle\square} - k_\beta \cdot a_{\blacktriangle\square}$$
$$\equiv a_{\blacksquare\alpha} - a_{\blacksquare\beta}$$

亦即式（5.8）成立。证毕。

三、 尺度实差性质定理

尺度实差性质定理：尺度实差恒等于零。即有

$$\Delta a_{\blacksquare w\gamma\delta} = a_{\blacksquare \#/\gamma} - a_{\blacksquare \#/\delta} \equiv 0 \tag{5.9}$$

式中

$$a_{\blacksquare \#/\gamma} = k_\gamma \cdot a_{\blacktriangle\gamma}$$
$$k_\gamma = a_{\blacksquare \#}/a_{\blacktriangle\gamma}$$
$$a_{\blacktriangle\gamma} = \Omega_\gamma\ (\blacktriangle)$$
$$a_{\blacksquare \#/\delta} = k_\delta \cdot a_{\blacktriangle\delta}$$
$$k_\delta = a_{\blacksquare \#}/a_{\blacktriangle\delta}$$
$$a_{\blacktriangle\delta} = \Omega_\delta\ (\blacktriangle)$$
$$a_{\blacksquare \#} = \psi_\#\ (\blacksquare)$$
$$\gamma,\ \delta \in w,\ \gamma \neq \delta;\ \# \in u$$

式（5.9）称为“尺度实差性质定理”。

证：尺度实差表达式即式（5.6），写为

$$\Delta a_{\blacksquare w\gamma\delta} = a_{\blacksquare \#/\gamma} - a_{\blacksquare \#/\delta}$$
$$= k_\gamma \cdot a_{\blacktriangle\gamma} - k_\delta \cdot a_{\blacktriangle\delta}$$

式中

$$k_\gamma = a_{\blacksquare \#}/a_{\blacktriangle\gamma}$$
$$a_{\blacktriangle\gamma} = \Omega_\gamma\ (\blacktriangle)$$
$$k_\delta = a_{\blacksquare \#}/a_{\blacktriangle\delta}$$
$$a_{\blacktriangle\delta} = \Omega_\delta\ (\blacktriangle)$$
$$a_{\blacksquare \#} = \psi_\#\ (\blacksquare)$$
$$\gamma,\ \delta \in w,\ \gamma \neq \delta;\ \# \in u$$

考察式（5.6），容易看出，两次比较操作，其对象是同一个不变的对象$a_{\blacksquare \#}$。因此，由附式$\gamma \neq \delta$知

$$k_\gamma \neq k_\delta$$

但是，因为导致$k_\gamma \neq k_\delta$的根源是

$$a_{\blacktriangle\gamma} \neq a_{\blacktriangle\delta}$$

由此可见，$k_\gamma \neq k_\delta$与$a_{\blacktriangle\gamma} \neq a_{\blacktriangle\delta}$是对应补偿的。于是，综合起来有

$$k_\gamma \cdot a_{\blacktriangle\gamma} \equiv k_\delta \cdot a_{\blacktriangle\delta}$$

即

$$a_{\blacksquare \#/\gamma} \equiv a_{\blacksquare \#/\delta}$$

亦即

$$\Delta a_{\blacksquare w\gamma\delta} = a_{\blacksquare\#/\gamma} - a_{\blacksquare\#/\delta} \equiv 0$$

亦即式（5.9）成立。证毕。

考察对象实差性质定理和尺度实差性质定理，容易看出，前者比较直观，后者则相对复杂一些。因此，后者有必要运用实例加以印证。

回到例5－3。该例给出了两次称量操作及其表达。其中第一次操作表示为$a_{\blacksquare\#/1} = k_1 \cdot a_{\blacktriangle 1}$，第二次操作表示为$a_{\blacksquare\#/2} = k_2 \cdot a_{\blacktriangle 2}$。例中说，第二次操作，对天平的右端（放置砝码的一端）秤盘作如下处理：用透明的材料密封起来并抽成真空，此时，我们看到天平将向砝码一端倾斜——这表明，同一些尺度实体▲所生成的性质量（单位重量），第二次称量大于第一次，因此我们有$a_{\blacktriangle 2} > a_{\blacktriangle 1}$。例中还说，当操作者减去一些砝码，天平才恢复平衡——所谓减去一些砝码，亦即称量所获得的读数，第二次小于第一次，因此我们又有$k_1 < k_2$。显然，$a_{\blacktriangle 2} > a_{\blacktriangle 1}$与$k_1 < k_2$是对应补偿的；也就是说，第一次称量和第二次称量读数与砝码实际重量的乘积（即天平两边的真实重量）总是不变的，因此有

$$k_1 \cdot a_{\blacktriangle 1} \equiv k_2 \cdot a_{\blacktriangle 2}$$

即

$$a_{\blacksquare\#/1} \equiv a_{\blacksquare\#/2}$$

亦即

$$a_{\blacksquare\#/1} - a_{\blacksquare\#/2} \equiv 0$$

显然，上式就是式（5.9）的特例。

四、 测得量与对象关系定理

测得量与对象关系定理：如果测得量$a_{\blacksquare u/w}$与对象$a_{\blacksquare u}$直接可比，那么，必有

$$a_{\blacksquare u/w} \equiv a_{\blacksquare u} \tag{5.10}$$

式中

$$a_{\blacksquare u/w} = k_{uw} \cdot a_{\blacktriangle w}$$
$$k_{uw} = a_{\blacksquare u} / a_{\blacktriangle w}$$
$$a_{\blacksquare u} = \psi_u \;(\blacksquare)$$
$$a_{\blacktriangle w} = \Omega_w \;(\blacktriangle)$$
$$u = 1,\ 2,\ \cdots,\ q;\ q \to \infty$$

$$w=1,\ 2,\ \cdots,\ p;\ p\to\infty$$

$$uw=11,\ 21,\ 12,\ \cdots,\ qp;\ q\to\infty,\ p\to\infty$$

式（5.10）称为“测得量与对象关系定理”。

提请注意，测得量与对象的关系定理即式（5.10），有一假设的前提，即如果测得量 $a_{\blacksquare u/w}$ 与对象 $a_{\blacksquare u}$ 直接可比。为什么要有这一假设的前提呢？回答：在现实中，测得量 $a_{\blacksquare u/w}$ 与对象 $a_{\blacksquare u}$ 这两个量不具有直接可比性。这是因为，测得量 $a_{\blacksquare u/w}$ 是由式 $a_{\blacksquare u/w}=k_{uw}\cdot a_{\blacktriangle w}$（其中，$k_{uw}=a_{\blacksquare u}/a_{\blacktriangle w}$，$a_{\blacksquare u}=\psi_u$（■），$a_{\blacktriangle w}=\Omega_w$（▲））所刻画的比较操作定义的，且，$k_{uw}$ 是数值，因此测得量 $a_{\blacksquare u/w}$ 是一个用数值表达的量；但是，对象 $a_{\blacksquare u}$ 是由式 $a_{\blacksquare u}=\psi_u$（■）刻画的生成操作定义的，而由生成操作生成的对象 $a_{\blacksquare u}$ 只是一个现象，而且这一现象具有如下特点：不通过由式 $k_{uw}=a_{\blacksquare u}/a_{\blacktriangle w}$（其中，$a_{\blacksquare u}=\psi_u$（■），$a_{\blacktriangle w}=\Omega_w$（▲））刻画的操作，这一现象不能用数值来表达，一旦通过由式 $k_{uw}=a_{\blacksquare u}/a_{\blacktriangle w}$（其中，$a_{\blacksquare u}=\psi_u$（■），$a_{\blacktriangle w}=\Omega_w$（▲））刻画的操作，那么，它就不是对象 $a_{\blacksquare u}$，而是测得量 $a_{\blacksquare u/w}$ 了——由此可见，在测量操作的逻辑上，对象 $a_{\blacksquare u}$ 是一个不能表达为数值的现象。这样，问题就产生了：测得量 $a_{\blacksquare u/w}$ 是一个用数值表达的量，对象 $a_{\blacksquare u}$ 是一个不能表示为数值的现象，二者不具有直接可比性。正因为如此，我们给出式（5.10），必须有“如果测得量 $a_{\blacksquare u/w}$ 与对象 $a_{\blacksquare u}$ 直接可比”这一假设的前提，否则，式（5.10）就没有意义。

上面所说的“测得量 $a_{\blacksquare u/w}$ 与对象 $a_{\blacksquare u}$ 这两个量不具有直接可比性”表明，式（5.10）不可能给出直接证明。那么，又由什么途径来证明式（5.10）呢？回答：用反证法。形式逻辑表明，证明至少有两类，其中一类是直接证明，另一类是用反证法证明。式（5.10）不可能给出直接证明，那么可以也只能用反证法证明，即先假定 $a_{\blacksquare u/w}\neq a_{\blacksquare u}$，尔后再证明式 $a_{\blacksquare u/w}\neq a_{\blacksquare u}$ 不成立，从而反证式（5.10）即 $a_{\blacksquare u/w}\equiv a_{\blacksquare u}$ 成立。

为此，我们先进行分析，从而找到用反证法证明的具体思路。分析一：按照定义，测得量 $a_{\blacksquare u/w}$ 是对对象 $a_{\blacksquare u}$ 进行测量操作所获得的量，因而，如果 $a_{\blacksquare u/w}\neq a_{\blacksquare u}$，那么，由多次测量操作所获得的实差必存在不等于零的情况。由此，可提供一个思路：证明 $a_{\blacksquare u/w}\neq a_{\blacksquare u}$ 是否成立，必须从两个方面进行考察，第一，考察实差的情况，如果实差等于零，那么 $a_{\blacksquare u/w}\neq a_{\blacksquare u}$ 不成立；第二，考察不等于零的实差与 $a_{\blacksquare u/w}\neq a_{\blacksquare u}$ 的关系，从而最终判定 $a_{\blacksquare u/w}\neq a_{\blacksquare u}$ 是否成立。分析二：由实差分析知，实差有且仅有对象实差和尺度实差两个类。于是，又为我们提供一个思路：分别考察对象实差和尺度实差等价于考察所有的实差。综上所述，实施反证法的具体思路：分别对对象实差和尺度实差进行考察，弄清两个问题，第一，对象实差和尺度实差是否等于零，如果等于零，那么，这表明 $a_{■u/w} \neq a_{■u}$ 不成立；第二，如果不等于零，那么，这不等于零的实差与 $a_{■u/w} \neq a_{■u}$ 之间具有怎样的关系，由此判断 $a_{■u/w} \neq a_{■u}$ 是否成立。

现在，实施上述思路，即用反证法证明式（5.10）。

证：先考察对象实差。由对象实差的定义式即式（5.4）知，因为

$$a_{■\alpha} \neq a_{■\beta}$$

因而有

$$k_{\alpha} \neq k_{\beta}$$

那么必有

$$\begin{aligned}\Delta a_{■u\alpha\beta} &= a_{■\alpha/□} - a_{■\beta/□} \\ &= k_{\alpha} \cdot a_{▲□} - k_{\beta} \cdot a_{▲□} \\ &\neq 0\end{aligned}$$

可见，的确存在不等于0的对象实差。但是，由对象实差性质定理即式（5.8）知，对象实差恒等于对象之差，即有

$$\Delta a_{■u\alpha\beta} = a_{■\alpha/□} - a_{■\beta/} \equiv a_{■\alpha} - a_{■\beta}$$

这就是说，尽管存在不等于0的对象实差，但是，这不等于0的对象实差 $\Delta a_{■u\alpha\beta}$ 确切地反映着

$$a_{■u/w} = a_{■u}$$

并不表明

$$a_{■u/w} \neq a_{■u}$$

亦即考察对象实差，证实式 $a_{■u/w} \neq a_{■u}$ 不成立。

再考察尺度实差。由尺度实差定义式即式（5.6）知，因为

$$a_{▲\gamma} \neq a_{▲\delta}$$

因而有

$$k_{\gamma} \neq k_{\delta}$$

由此，似乎存在不等于零的尺度实差。但是，由尺度实差的性质定理即式（5.9）知，$k_{\gamma} \neq k_{\delta}$ 与 $a_{▲\gamma} \neq a_{▲\delta}$ 是对应补偿的。于是，综合起来，总有

$$k_{\gamma} \cdot a_{▲\gamma} \equiv k_{\delta} \cdot a_{▲\delta}$$

即

$$a_{\blacksquare\#/\gamma} \equiv a_{\blacksquare\#/\delta}$$

亦即

$$a_{\blacksquare\#/\gamma} - a_{\blacksquare\#/\delta} \equiv 0$$

这就是说，考察尺度实差，证实式 $a_{\blacksquare u/w} \neq a_{\blacksquare u}$ 也不成立。

综上所述，我们假定的式 $a_{\blacksquare u/w} \neq a_{\blacksquare u}$，无论在什么情况下都不成立。由此反证，式（5.10）的主式，即 $a_{\blacksquare u/w} \equiv a_{\blacksquare u}$ 成立。证毕。

五、 比较操作要素对易定理——理论操作定理

所谓比较操作要素对易，指对象（或对象实体■）、尺度（或尺度实体▲）、作用量 Ω 和 ψ 这些要素在比较操作表达式中的位置对易。注意，这里说的是“要素在比较操作表达式中的位置对易”，并不一定要进行实际的操作。也就是说，在一些实际操作及其结果的基础上，只要将实际操作的各个要素在比较操作表达式中进行位置对易，就可以构造出不同于实际操作的另一些操作，并获得相应的结果。这另一些操作，我们称之为理论操作（学界称为“思想实验”），正因为此，比较操作要素对易定理又称之为理论操作定理。研究表明，比较操作要素对易有且仅有两种情况，亦即比较操作要素对易定理有且仅有两个分定理。下面分别讨论。

（一） 比较操作要素对易定理 A

设有一次实际操作，由式（5.1），该次实际操作写为

$$k_{\zeta} = a_{\blacksquare\#} / a_{\blacktriangle\square}$$

式中

$$a_{\blacksquare\#} = \psi_{\#}\ (\blacksquare)$$

$$a_{\blacktriangle\square} = \Omega_{\square}\ (\blacktriangle)$$

在上述实际操作的基础上，我们使作用量 $\psi_{\#}$ 与实体■的关系、作用量 $\Omega_{\square}$ 与实体▲的关系，在比较操作表达式中的位置均保持不变，只将对象与尺度在比较操作表达式中的位置对易，由此可形成一次理论操作。该理论操作写为

$$k_{\xi} = a_{\blacktriangle\square} / a_{\blacksquare\#} \qquad (5.11①)$$

式中

$$k_\xi = 1/k_\zeta$$

$$a_{\blacktriangle\square} = \Omega_\square \ (\blacktriangle)$$

$$a_{\blacksquare\#} = \psi_\# \ (\blacksquare)$$

式（5.11①）称为“比较操作要素对易定理 A”。

证：容易看出，在上述实际操作中，对象与尺度的位置是 $a_{\blacksquare\#}/a_{\blacktriangle\square}$；所谓对象与尺度在比较操作表达式中的位置对易，就是将式 $a_{\blacksquare\#}/a_{\blacktriangle\square}$ 变为式 $a_{\blacktriangle\square}/a_{\blacksquare\#}$。由此，我们有

$$k_\xi = a_{\blacktriangle\square}/a_{\blacksquare\#}$$

即式（5.11①）的主式。

此外，在上述实际操作中，作用量 $\psi_\#$ 和实体■的关系是 $\psi_\#$（■），作用量 $\Omega_\square$ 和实体▲的关系是 $\Omega_\square$（▲）。所谓使作用量 $\psi_\#$ 与实体■的关系、作用量 $\Omega_\square$ 与实体▲的关系在比较操作表达式中的位置均保持不变，亦即仍然维持原来的关系。由此，我们有

$$a_{\blacktriangle\square} = \Omega_\square \ (\blacktriangle)$$

$$a_{\blacksquare\#} = \psi_\# \ (\blacksquare)$$

即式（5.11①）的后两个附式。

再者，很明显，刻画另一次操作的式 $a_{\blacktriangle\square}/a_{\blacksquare\#}$ 是刻画实际操作的式 $a_{\blacksquare\#}/a_{\blacktriangle\square}$ 的倒数，因此这另一次操作的读数 k_ξ 就必然是实际操作的读数 k_ζ 的倒数，亦即有

$$k_\xi = 1/k_\zeta$$

即式（5.11①）的第一个附式。

最后，这另一次操作即由式（5.11①）刻画的操作，并不是实际操作，而只是利用实际操作的结果所进行的理论构造，因之是理论操作。证毕。

（二）比较操作要素对易定理 B

为了简化且不失一般性，我们令

$$\Omega = \psi$$

也就是说，下面将要讨论的操作，生成对象的作用量与生成尺度的作用量等价，因而刻画作用量的符号只需一个，我们不妨选择 Ω。

现在讨论正题。设有两次实际操作，式（5.1）可分别写为

$$k_{\zeta} = a_{■\alpha}/a_{▲\alpha} \tag{1}$$

式中

$$a_{■\alpha} = \Omega_{\alpha}（■）$$
$$a_{▲\alpha} = \Omega_{\alpha}（▲）$$

和

$$k_{\xi} = a_{■\beta}/a_{▲\beta} \tag{2}$$

式中

$$a_{■\beta} = \Omega_{\beta}（■）$$
$$a_{▲\beta} = \Omega_{\beta}（▲）$$

在式（1）和式（2）中，

$$\alpha \neq \beta，\zeta \neq \xi$$

在式（1）和式（2）表达的实际操作的基础上，我们将对象实体■和尺度实体▲的位置固定并视为一个要素，将之与作用量Ω_{α}和Ω_{β}的位置对易，由此可形成一次理论操作。该理论操作写为

$$\Omega_{\alpha}/\Omega_{\beta} = k_{\zeta}/k_{\xi} \tag{5.11②}$$

式中

$$k_{\zeta} = a_{■\alpha}/a_{▲\alpha}$$
$$a_{■\alpha} = \Omega_{\alpha}（■）$$
$$a_{▲\alpha} = \Omega_{\alpha}（▲）$$
$$k_{\xi} = a_{■\beta}/a_{▲\beta}$$
$$a_{■\beta} = \Omega_{\beta}（■）$$
$$a_{▲\beta} = \Omega_{\beta}（▲）$$
$$\alpha \neq \beta，\zeta \neq \xi$$

式（5.11②）称为“比较操作要素对易定理B”①。

证：将实际操作中的对象实体■和尺度实体▲的位置固定并视为一个要素，可理解为：将式$a_{■\alpha}/a_{▲\alpha}$刻画的操作和式$a_{■\beta}/a_{▲\beta}$刻画的操作分别视为一个要素；显然，此时代表式$a_{■\alpha}/a_{▲\alpha}$刻画的操作这一要素的只有k_{ζ}，代表式

① 式（5.11②）的主式，也许应该写为$\Omega_1/\Omega_2 \vdash k_1/k_2$。⊢是数理逻辑符号，其意义是“推出”。如前所述，比较操作要素对易定理是理论操作，而理论操作就是思维推理，因此，也许用符号⊢表达这种操作更合理。

$a_{■β}/a_{▲β}$刻画的操作这一要素的只有 $k_ξ$。此外，“将之与作用量 $Ω_α$和 $Ω_β$的位置对易”，可理解为：构造一次理论操作，将两次实际操作所获得的 $k_ζ$与 $k_ξ$组成 $k_ζ/k_ξ$，置放在理论操作表达式对象/尺度的位置上；将两次实际操作中的作用量 $Ω_α$与 $Ω_β$组成 $Ω_α/Ω_β$，置放在理论操作表达式读数的位置上。由此并式(5.1)，我们有

$$Ω_α/Ω_β = k_ζ/k_ξ$$

式中

$$k_ζ = a_{■α}/a_{▲α}$$
$$a_{■α} = Ω_α\ (■)$$
$$a_{▲α} = Ω_α\ (▲)$$
$$k_ξ = a_{■β}/a_{▲β}$$
$$a_{■β} = Ω_β\ (■)$$
$$a_{▲β} = Ω_β\ (▲)$$
$$α≠β，ζ≠ξ$$

即式（5.11②）。证毕。

说明：上述运用两次实际操作及其结果构造一次理论操作的合理性在于：第一次实际操作写为 $k_ζ = a_{■α}/a_{▲α}$（其中，$a_{■α} = Ω_α$（■），$a_{▲α} = Ω_α$（▲）），第二次实际操作写为 $k_ξ = a_{■β}/a_{▲β}$（其中，$a_{■β} = Ω_β$（■），$a_{▲β} = Ω_β$（▲））；显然，两次实际操作的对象实体■和尺度实体▲是同一些不变的实体，因而作用量 $Ω$（从 $Ω_α$变到 $Ω_β$）是两次操作唯一的因变量，因此，$k_ζ/k_ξ$必然反映也仅反映 $Ω_α/Ω_β$，亦即由 $k_ζ/k_ξ$可以推出 $Ω_α/Ω_β$。

至此，已给出了比较操作要素对易定理 A、B 的表达和证明。相比较而言，理解定理 A 比较容易，理解定理 B 则相对困难一些，为此给出后者一个实例。

例 5 -5。物理学教材有一个被称为“用温度计测量温度”的实验。教材对这一实验做了如下描述：用一只水银温度计测量水的温度，做两次测量：第一次，把开水倒入烧杯里，将温度计放到烧杯里，操作者在温度计上读出一个数值；第二次，让烧杯里的开水充分冷却达到常温，将第一次测量所用的同一只温度计（作归 0 处理）再放到烧杯里，操作者在温度计上读出另一个数值[5]。

分析。上述操作必须区分为实际操作和理论操作。先说实际操作。该例

表明，这两次实际操作，被测的对象实体■都是密封在温度计中同质等量的水银（以下直呼为水银■），尺度实体▲是同一只刻有尺度刻度的温度计管壁（以下直呼为温度计管壁▲）；作用量Ω是置放在烧杯中的水释放的热；对象$a_{■u}$（对象实体■生成的性质量）是水银的体积状态（表现为温度计管内的水银因热胀冷缩而沿温度计管上升或下降）；尺度$a_{▲w}$（尺度实体▲生成的性质量）是温度计管壁显示的体积状态（表现为温度计管壁从而温度计刻度在不同温度中可能伸长或缩短）。

其中，第一次实际操作，置放在烧杯中的水是开水，其作用量可表示为Ω_1。将温度计放到烧杯里，作用量Ω_1就作用其上：一方面通过管壁的传导，作用在水银■上，此时水银■因热胀而上升达到温度计的某一刻度，我们设为$a_{■1}$；另一方面也直接作用在温度计管壁▲上，此时温度计管壁▲具有一个特定的长度，因而管壁上的刻度单位（尺度）也具有一个特定的长度，我们设为$a_{▲1}$。于是，第一次测量可表示为

$$k_1 = a_{■1}/a_{▲1} \tag{1}$$

式中

$$a_{■1} = \Omega_1（■）$$
$$a_{▲1} = \Omega_1（▲）$$

k_1代表温度计上某一个刻度的数值。

第二次测量操作，置放在烧杯中的水是常温水，其作用量可表示为Ω_2。将温度计放到烧杯里，作用量Ω_2就作用其上：一方面通过管壁的传导，作用在水银■上，此时水银■因冷缩而下降达到温度计的另一刻度，我们设为$a_{■2}$；另一方面也直接作用在温度计管壁▲上，此时温度计管壁▲具有另一个特定的长度，因而管壁上的刻度单位（尺度）也具有另一个特定的长度，我们设为$a_{▲2}$。于是，第二次测量可表示为

$$k_2 = a_{■2}/a_{▲2} \tag{2}$$

式中

$$a_{■2} = \Omega_2（■）$$
$$a_{▲2} = \Omega_2（▲）$$

k_2代表温度计上另一个刻度的数值。

再说理论操作。如上所述，我们所看到的只是运用刻在温度计管壁上的刻度尺，对密封在温度计管子里的水银在不同水温中体积变化的测量，根本

就没有什么“用温度计测量温度”。那么，物理学教材所谓“用温度计测量温度”是怎么一回事呢?

仔细考察可知，教材实际上是运用两次实际操作，通过要素对易构造了一次理论操作。可表达如下：将两次实际操作获得的读数 k_1 和 k_2（它们分别代表实际操作中的 $a_{■1}/a_{▲1}$ 和 $a_{■2}/a_{▲2}$）组成 k_1/k_2，再将两次实际操作中的作用量 Ω_1 和 Ω_2 组成 Ω_1/Ω_2，因为两次实际操作的对象实体■和尺度实体▲完全相同，因而导致读数从 k_1 变到 k_2 的唯一原因是作用量从 Ω_1 变为 Ω_2，因此，有理由从 k_1/k_2 推出 Ω_1/Ω_2，亦即有

$$\Omega_1/\Omega_2 = k_1/k_2 \tag{3}$$

式中

$$k_1 = a_{■1}/a_{▲1}$$

$$a_{■1} = \Omega_1 \ (■)$$

$$a_{▲1} = \Omega_1 \ (▲)$$

$$k_2 = a_{■2}/a_{▲2}$$

$$a_{■2} = \Omega_2 \ (■)$$

$$a_{▲2} = \Omega_2 \ (▲)$$

显然，式（3）是式（5.11②）的特例。由此可见，物理学教材所谓“用温度计测量温度”，实际上就是运用两次实际操作（通过要素对易）所构造的理论操作。

我们有必要对比较操作要素对易定理进行更深入的分析，从而一方面加深对定理的理解，另一方面对物理学这种实体科学的思维推理有一个新的认识。

仔细阅读前面的讨论，不难看出，比较操作要素对易定理本质上是被测物的变换。其中，比较操作要素对易定理 A，将对象与尺度进行位置对易，本质是将实际操作中的尺度实体变换为理论操作中的被测物，将实际操作中的被测物变换为理论操作中的尺度实体。比较操作要素对易定理 B，将读数（其背后是对象实体和尺度实体）与作用量（其背后是实体所在环境）进行位置对易，本质上就是将实际操作中的实体所在环境变换为理论操作中的被测物，将实际操作中的被测物（对象实体和尺度实体）变换为理论操作中的实体所在环境。

上述对被测物的变换，就比较操作要素对易定理 A 来说是容易理解的。

因为对象实体与尺度实体是完全一样的实体，所谓“对象”和“尺度”的称谓只是其在比较操作逻辑结构中的位置使然，因此，将二者的位置对易说成是被测物的变换与传统观念没有冲突。但是，就比较操作要素对易定理 B 来说并不那么容易理解。因为在传统观念里，实体是实体，而环境则是实体所在环境（不是实体），因此，说环境也可以成为被测物则存在观念上的冲突。然而，系统（完整有序）地看，环境也是不折不扣的实体，只不过是比存在其中的实体更大的实体而已，因此，说环境也可以成为被测物并不存在任何实质性障碍。其实，所谓“实体”和“环境”的称谓，与“对象”和“尺度”的称谓一样，只在比较操作的逻辑结构中有意义，就其所指称的实在自身来看，它们之间并不存在本质区别——这是实体和环境在比较操作表达式中能够进行位置互换的根本原因。

此外，容易看出，所谓比较操作要素对易，实际上就是运用实际操作及其结果进行的思维推理，且，这种思维推理具有操作的特征。正因为此，我们将其称之为理论操作。由此，可以获得如下两点认识。

第一，实体科学（例如物理学）的思维推理具有事实获取操作（测量操作）的特征，或者更明白地说，实体科学的思维推理就是事实获取的理论操作。我们以为，这应当成为实体科学与数学的基本区别，更应当成为实体科学与哲学（其推理的特征是抽象思辨）的基本区别。

第二，必须严格区分事实获取的实际操作与事实获取的理论操作。因为，后者不是操作的直接呈现，本质上是思维推理。顺便说，物理学教材没有做这种区分，含混地谈论“用温度计测量温度”是不严谨的。

第四节　比较操作的认知学性质

“导论”曾谈到物理测量教材有一个关于测量操作性质的断言，即“物理测量必然产生误差”——这相当于说“物理测量必然产生错误”。那么，这一断言正确吗？所谓讨论比较操作的认知学性质，就是要回答这一问题。通过本章的讨论，我们也能够回答这一问题。

前面已证明测得量 $a_{\blacksquare u/w}$ 与对象 $a_{\blacksquare u}$ 关系定理即式（5.10），其主式写为

$$a_{\blacksquare u/w} \equiv a_{\blacksquare u}$$

亦即有

$$a_{\blacksquare u/w} - a_{\blacksquare u} \equiv 0$$

由此可知，物理测量不会产生误差，亦即物理测量不会产生错误。这就是我们的答案。

然而，测量教材关于测量操作性质的断言绝不是空穴来风，而是测量学界的经验之谈。由第二章知，还存在刻意测量操作。可以证明，刻意测量操作必然产生误差。但是，必须强调，刻意测量操作≠测量操作，因此，刻意测量操作必然产生误差≠测量操作必然产生误差。关于此，我们安排在刻意测量操作特殊性考察的章节讨论。

第六章　测量操作形式分析：生成操作分析

本章讨论生成操作分析。通过生成操作分析，不但可以深入认识测量操作本身，而且能真切地理解测量操作与物理学的深刻联系。

第一节　生成操作分析概述

一、生成操作定义

生成操作分析，首先要明确分析的对象即给出生成操作定义。其定义可由式（1.1）导出。式（1.1）写为

$$\begin{cases} k_{huw} = a_{\blacksquare hu}/a_{\blacktriangle hw} & ① \\ a_{\blacksquare hu} = \psi_{hu}(\blacksquare) & ② \\ a_{\blacktriangle hw} = \Omega_{hw}(\blacktriangle) & ③ \end{cases}$$

式中

$$h = A,\ B,\ C,\ \cdots$$

$$u = 1,\ 2,\ \cdots,\ q;\ q \to \infty$$

$$w = 1,\ 2,\ \cdots,\ p;\ p \to \infty$$

$$uw = 11,\ 21,\ 12,\ \cdots,\ qp;\ q \to \infty,\ p \to \infty$$

就性质量而言，则有

h = 长度，时间，重量

如果性质量为长度或时间，则有

$$a_{\blacksquare hu} > 0,\ a_{\blacktriangle hw} > 0$$

第一章说过，式（1.1）的②、③两分式都是生成操作表达式，而且很明显，这两个分式是同构的。因此，生成操作分析的对象从中择一即可，我们不妨选择②分式。于是，有

$$a_{■hu} = \psi_{hu}\ (■) \tag{6.1}$$

式中

$$h = A,\ B,\ C,\ \cdots$$

$$u = 1,\ 2,\ \cdots,\ q;\ q \to \infty$$

就性质量而言，则有

$$h = \text{长度，时间，重量}$$

如果性质量为长度或时间，则有

$$a_{■hu} > 0$$

式（6.1）称为“生成操作表达式”。为了简化，下面引用该式将忽略“如果性质量为长度或时间，则 $a_{■hu} > 0$”。显然，式（6.1）刻画的操作是生成操作的代表，因此，以下对式（6.1）亦即式（1.1）的②分式所做的分析，对式（1.1）的③分式也适用。

二、 生成操作分析的论域

由第五章知，比较操作表达式的附式包括式（1.1）的②③两分式。这表明比较操作分析已附带分析了生成操作。由此，产生一个问题：本章的生成操作分析，与第五章附带对生成操作的分析有何区别？这就是生成操作分析论域所要讨论的问题。

我们的回答是：第五章附带对生成操作的分析，仅仅针对其整体；本章对生成操作的分析则必须深入其内部结构。这是容易理解的。第五章说过，比较操作分析主要针对主式，涉及附式的分析仅以理解主式为限。既然如此，那么，附带对生成操作的分析仅仅针对其整体足矣。但是，本章是生成操作本身的分析，因此必须深入其内部结构。

三、 生成操作分析的内容

由式（6.1）知，构成生成操作的元素有且仅有 3 个，即性质量 $a_{■hu}$、作用量 ψ_{hu}、实体■。稍作分析，容易看出，性质量 $a_{■hu}$ 是实体■的表象，实体■是性质量 $a_{■hu}$ 的本质，作用量 ψ_{hu} 的作用则是实体生成性质量的条件亦即联结表象与本质的桥梁。这就是说，所谓生成操作的内部结构，就是（以作用量的作用为联结的）性质量、实体及其关系。因此，从总体来说，生成操作分析研究的内容就是性质量、实体及其关系。

首先，我们需要进行性质量分析。如上所述，性质量 $a_{\blacksquare hu}$ 是生成操作的元素，是实体■的现象。由此可见，性质量分析是生成操作分析的必备内容。在此说明，这种分析前面各章已有讨论，例如，第一章将性质量区分为性质量种类和性质量强度以及对象和尺度，又如，第三章将性质量区分为真性质量和视性质量，如此等等。因此，本章所谓性质量分析，实质就是对前面各章的分析进行综合和完善。

其次，我们需要进行作用量取值变换操作分析。式（6.1）表明，作用量 ψ_{hu} 有两个取值下标，一个是种类取值下标 h，另一个是强度取值下标 u，它们都可以取多个值。所谓作用量取值变换操作，指的是或者变换作用量种类的取值，或者变换作用量强度的取值，由此达成的不同操作。应指出，作用量取值变换操作是深入生成操作内部结构的基本手段，因此，作用量取值变换操作分析是生成操作分析最重要的内容。

再次，我们需要讨论实体的分影定义。如前所述，实体■是生成操作的另一个元素，是性质量 $a_{\blacksquare hu}$ 的本质，因此，讨论实体的分影定义，从而揭示实体的本质，是生成操作分析另一项必备内容。在此说明，实体是内涵丰富的客观实在，可通过多种操作进行定义，所谓实体的分影定义，只是通过测量操作所获取的一种定义，至于这里所说的“多种操作”是些什么操作，以及为什么通过测量操作所获取的实体定义被称为“实体分影定义”，将在下一章一并讨论。

最后，我们需要讨论生成操作的认知学性质。如前所述，生成操作由性质量 $a_{\blacksquare hu}$、作用量 ψ_{hu}、实体■三个元素构成。显然，前面所说的三项内容只是对生成操作各个元素的分析。这里，所谓讨论生成操作的认知学性质，本质上是对生成操作整体的分析，因此这是必要的。

第二节　性质量分析

所谓性质量分析，就是对性质量进行分类。综合前面各章的研究成果，性质量可以从如下六个视角进行区分。

一、 性质量的种——性质量的自然区分

第一章对测量操作进行形式刻画，其摹本是以长度、时间、重量为被测

对象的测量操作。显然，长度、时间、重量是三种性质量，因而是对性质量的一种区分。试问：将性质量区分为长度、时间、重量，这是从什么角度所做的区分？由此区分的性质量具有怎样的特征？回答：将性质量区分为长度、时间、重量，这是对性质量的自然区分；由此区分的性质量，我们称为“性质量的种”。

二、 性质量的类——性质量的逻辑区分

第二章说过，测量操作研究所涉及的性质量既可能是变量，也可能是常量。就此，试问：将性质量区分为变量和常量，这是从什么角度所做的区分？由此区分的性质量具有怎样的特征？回答：将性质量区分为变量和常量，这是对性质量的逻辑区分；由此区分的性质量，我们称为“性质量的类”。

应指出，第二章关于变量和常量的讨论并不充分。完整地看，从逻辑视角来分析，性质量可区分为强度变量、种类变量、超变量和常量四类。

（一）强度变量

强度变量概念，可由《辞海》关于变量概念的解释和对式（6.1）的分析导出。《辞海》写道：“变量，亦称‘变数’，指在数学和其他科学中，可以取不同数值的量。如物体运动所经过的距离是一个变量。”容易看出，《辞海》关于变量概念的解释有两个要点：其一，给出变量概念的内涵，即“变量，指……可以取不同数值的量”；其二，给出一个实例，即指出“物体运动所经过的距离是一个变量”。下面运用《辞海》关于变量概念的解释对式（6.1）进行分析，由此导出强度变量概念。

在式（6.1）中，性质量 $a_{\blacksquare hu}$ 有两个下标，其中下标 h 标识性质量种类，下标 u 标识性质量强度。显然，《辞海》所谓“可以取不同数值”，指的只是性质量的强度，并不涉及性质量的种类，也就是说，从式（6.1）来看，《辞海》所谓“变量”实际只是强度变量。由此，可给出如下定义：强度变量，指性质量**强度**可取不同数值的量。

由式（6.1），如果忽略性质量种类（不标注下标 h），那么，强度变量就可以写为 $a_{\blacksquare u}$（$u=1，2，\cdots，q；q\to\infty$）。考察表明，强度变量 $a_{\blacksquare u}$ 具有如下性质：第一，取值不确定性或多值性；第二，取值的连续性和取值个数的无穷性。

（二）种类变量

运用《辞海》关于变量概念的解释对式（6.1）进行再分析，可以导出种类变量的概念。

式（6.1）表明，性质量$a_{\blacksquare hu}$不但有下标u标识的性质量强度可取不同数值，而且有下标h标识的性质量种类可取不同种类。于是，有如下推论：既然，性质量强度取不同数值的量可称为强度变量，那么，按照同样的逻辑，性质量种类取不同数值的量可称为种类变量。由此，可给出如下定义：种类变量，指性质量**种类**可取不同数值的量。

由式（6.1），如果忽略性质量强度（不标识下标u），那么，种类变量就可以写为$a_{\blacksquare h}$（h = 长度，时间，重量）。考察表明，种类变量$a_{\blacksquare h}$具有如下性质：第一，取值不确定性或多值性；第二，取值的间断性和取值个数的有限性。

（三）超变量

这是学界还没有论及的概念。运用前面关于强度变量和种类变量的概念，并且对式（6.1）进行深入分析，可以导出超变量概念。

如上所述，强度变量$a_{\blacksquare u}$指强度可以取不同数值的量；种类变量$a_{\blacksquare h}$指种类可取不同数值的量。然而，式（6.1）表明，性质量$a_{\blacksquare hu}$是种类和强度都可取不同数值的量。于是，按照前面命名的逻辑，性质量$a_{\blacksquare hu}$应当称之为超变量。由此，可给出如下定义：超变量，指性质量**种类**和**强度**都可取不同数值的量。

由式（6.1），超变量写为$a_{\blacksquare hu}$（h = 长度，时间，重量；$u = 1, 2, \cdots, q$；$q \to \infty$）。考察表明，超变量$a_{\blacksquare hu}$具有如下性质：第一，取值的双重不确定性（种类可取多种，强度可取多值）；第二，种类取值的间断性和取值个数的有限性与强度取值的连续性和取值个数的无穷性。

（四）常量

常量，这是学界已有概念。《辞海》写道：“常量，指在数学和其他学科中，固定的或在某些条件下保持不变的量。”但是，式（6.1）表明，性质量种类和性质量强度都可取不同数值，因此，所谓“固定的或在某些条件下保持不变的量”，就应当是性质量种类和强度都“固定”或“保持不变”。于是，我们对常量这一概念就必须给出新的解释：常量，指性质量种类和强度的值都保持不变的量。

第二章已说明，本书用下标#标识对象常量，写为 $a_{■\#}$；用下标□标识尺度常量，写为 $a_{■□}$。显然，常量只有一个性质，那就是：取值确定性或取值唯一性。①

三、 性质量的层——性质量的结构区分

性质量的层，这是全新的概念。我们需要通过分析式（6.1）给出这一概念。在式（6.1）中，实体■只有一个，但其生成的性质量却有多种；且，同一个性质量种类可以取多个强度值。深入分析这些情况，可得出如下结论：从实体■到性质量种类 $a_{■h}$ 再到性质量强度 $a_{■u}$，构成实体—性质量种类—性质量强度等诸多层级。它们的关系可表示为下图。于是，我们就有了一个全新的概念：性质量的层。显然，性质量的层是对性质量所做的结构区分，因此我们说：性质量的层是性质量的结构区分。

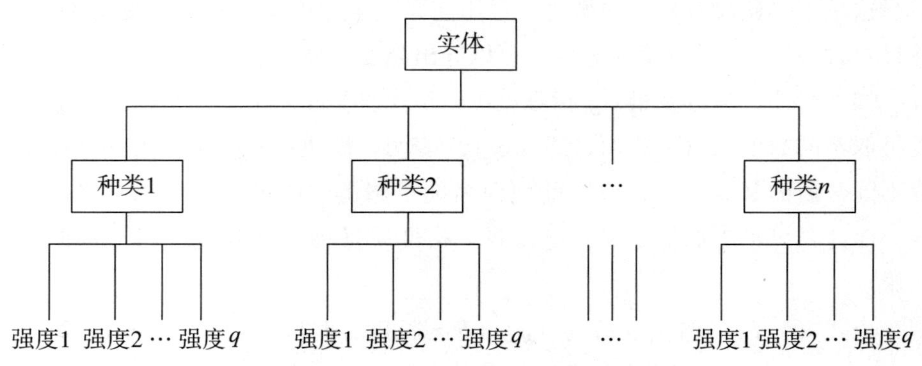

实体—性质量种类—性质量强度层级关系

四、 性质量的型——性质量的起源区分

性质量的型，这也是全新的概念，且本书前面没有论及，因此有必要简

---

① 由此还可以区分变数、超变数和常数等概念。我们有：式（1.1）中的读数 k_{huw} 是超变数，式（1.2）中的读数 k_{uw} 是变数；式（2.2）中的读数 $k_{\#□}$ 是常数。

略讨论。

深入考察长度、时间、重量，我们发现它们可以划分为两个类。其中，一个类是重量，其特征是可由感觉直接获得（即将重量与其他现象区分开来）；另一个类是长度和时间，其特征是不能由感觉直接获得的——通俗地说，长度是没有宽度的直线，然而，谁能由感觉直接感到没有宽度的直线？显然不能；通俗地说，时间是单纯的“久”，然而，谁能由感觉直接感到单纯的“久”？显然不能。那么，人们是怎样获得“长度”和“时间”观念的？回答：人们可由感觉直接感到的对应物是物体和运动的影像；可以证明，“长度”和“时间”的观念是通过对物体和运动的影像进行抽象获得的。由此，可得出一个结论：性质量可区分为两型，即区分型（可由感觉直接感到）和抽象型（只能通过对可感物进行抽象获得）；重量属于区分型性质量，长度和时间则属于抽象型性质量。这就是“性质量的型”的概念。显然，这是从起源角度对性质量所做的区分，因此我们说：性质量的型是性质量的起源区分。①

五、性质量的性——性质量的实质区分

所谓性质量的性——性质量的实质区分，指性质量被区分为真性质量和视性质量。关于此，第三章已有充分讨论。这里，只是明确这也是对性质量一种角度的区分。

六、性质量的位——性质量的操作区分

所谓性质量的位，指性质量被区分为对象和尺度。第五章论证过，对象和尺度都是实体的性质量，仅就其内容来说，它们之间并无区别。区别仅在于它们在测量操作结构中的位置不同。正因为此，它们的区分是性质量的操作区分，其区分的实质是明确其在操作结构中的位置。

第三节　作用量取值变换操作分析

本节讨论作用量取值变换操作分析。如第一节所述，所谓作用量取值变

---

① 曾永寿．实体分影与事实逻辑初探——以初等物理学力学基本量为论域［M］．北京：中国财富出版社，2014：85－91.

换操作，指或者变换作用量种类 ψ_h 取值，或者变换作用量强度 ψ_u 取值，由此达成的不同操作。此外，我们知道作用量可区分为真作用量和视作用量，因此，作用量强度取值变换操作又可以区分为两种。这样，作用量取值变换操作分析共有两类三种。

一、 作用量种类取值变换操作分析

关于此，我们有结论：作用量种类 ψ_h 取值变换操作，是窥视实体■内部结构的重要手段；通过作用量种类 ψ_h 取值变换操作，可以将实体■的内在（隐藏内容）变为实体■的外形（外显内容），也可以将实体■的外形（外显内容）变为实体■的内在（隐藏内容），亦即可以实现实体■内外信息互换。下面给出一个实例加以证实。

例 6 - 1。伦琴观察他的手。第三章曾经谈到，伦琴用 X 光观察手获得手骨手像；但是，伦琴如果不用 X 光而是用可见光观察手，那么，他看到的则是皮肤手像。用式（6.1）来刻画，例中的手是实体■，可见光和 X 光是作用量种类 ψ_h 的不同取值，手骨手像和皮肤手像是实体■生成的性质量种类 $a_{■h}$ 的不同取值。于是，从用可见光观察手到用 X 光观察手则是作用量种类 ψ_h 的取值变换操作。操作表明，当伦琴用可见光观察到皮肤手像时，他不可能观察到手骨手像，由此可以说，皮肤手像是手的外形，手骨手像是手的内部；当伦琴用 X 光观察到手骨手像时，他不可能观察到皮肤手像，按照前面的逻辑，此时就应当说手骨手像是手的外形，皮肤手像则是手的内部。由此证实，作用量种类 ψ_h 取值变换操作，的确是窥视实体内部结构的重要手段；通过作用量种类 ψ_h 取值变换操作，可以将实体的内在（隐藏内容）变为实体的外形（外显内容），也可以将实体的外形（外显内容）变为实体的内在（隐藏内容），亦即可以实现实体内外信息互换。

应指出，与例 6 - 1 类似的情况是普遍的。例如，物理实验表明，超声波可以深入钢铁内部，可以深入地球深层，由此可以获得钢铁内部和地球深层的信息，这同样证明前面的结论。又如，微观物理实验表明，对同一些微观粒子，在一种实验条件下（亦即一种作用量作用下）它们的运动显现波像，在另一种实验条件下（亦即另一种作用量作用下）它们的运动显现粒像，由此，也可以说，这是微观粒子内外信息的互换。可见，上述由作用量种类取值变换操作所获得的结论，是普遍有效的。

二、 真作用量取值变换操作分析

现在，讨论作用量强度取值变换操作分析。前面说过，作用量强度取值变换操作有两种，其中一种是真作用量 ψ_{z_u} 取值变换操作，另一种是视作用量 ψ_{s_u} 取值变换操作。为此，我们需要给出生成操作的分析表达，从而导出两种变换操作的定义。

首先，生成操作的分析表达。第三章给出的测量操作分析表达即式(3.1)，写为

$$\begin{cases} k_{z_u s_u z_w s_w} = (a_{\blacksquare z_u} + a_{\blacksquare s_u}) / (a_{\blacktriangle z_w} + a_{\blacktriangle s_w}) & ① \\ a_{\blacksquare z_u} + a_{\blacksquare s_u} = (\psi_{z_u} + \psi_{s_u})(\blacksquare) & ② \\ a_{\blacktriangle z_w} + a_{\blacktriangle s_w} = (\Omega_{z_w} + \Omega_{s_w})(\blacktriangle) & ③ \end{cases}$$

式中

$$z_u = z_1, z_2, \cdots, z_q; z_q \to \infty$$

$$s_u = s_1, s_2, \cdots, s_{\yen}, \cdots, s_q; s_q \to \infty$$

$$z_w = z_1, z_2, \cdots, z_p; z_p \to \infty$$

$$s_w = s_1, s_2, \cdots, s_\mu, \cdots, s_p; s_p \to \infty$$

$z_u s_u z_w s_w = z_1 s_1 z_1 s_1, z_2 s_1 z_1 s_1, \cdots, z_q s_{\yen} z_p s_\mu, \cdots, z_q s_q z_p s_p; z_q \to \infty, s_q \to \infty, z_p \to \infty, s_p \to \infty$

如果性质量为长度或时间，则

$$a_{\blacksquare z_u} > 0, a_{\blacktriangle z_w} > 0$$

$$a_{\blacksquare s_u} \geqslant 0, a_{\blacktriangle s_w} \geqslant 0$$

由式（3.1），我们有

$$a_{\blacksquare z_u} + a_{\blacksquare s_u} = (\psi_{z_u} + \psi_{s_u})(\blacksquare) \tag{6.2}$$

式中

$$z_u = z_1, z_2, \cdots, z_q; z_q \to \infty$$

$$s_u = s_1, s_2, \cdots, s_{\yen}, \cdots, s_q; s_q \to \infty$$

如果性质量为长度或时间，则

$$a_{\blacksquare z_u} > 0, a_{\blacksquare s_u} \geqslant 0$$

式（6.2）称为“生成操作分析表达式”。显然，式（6.2）即式（6.1）的分析表达。在此说明，为了简化，以下引用此式，如无特别需要，不再引

用附式 $a_{■z_u}>0$、$a_{■s_u}\geqslant 0$。

其次，两种变换操作的定义。先说真作用量 ψ_{z_u} 取值变换操作。设有两次生成操作，其中的视作用量均为 $\psi_{s_\#}$；用 α 标识第一次操作，用 β 标识第二次操作。于是，由式（6.2），对第一次操作，我们有

$$a_{■z_\alpha}+a_{■s_\#}=(\psi_{z_\alpha}+\psi_{s_\#})(■) \tag{1}$$

式中

$$z_\alpha\in z_u,\quad s_\#\in s_u$$

对第二次操作，我们有

$$a_{■z_\beta}+a_{■s_\#}=(\psi_{z_\beta}+\psi_{s_\#})(■) \tag{2}$$

式中

$$z_\beta\in z_u,\quad s_\#\in s_u$$

对两次操作，有

$$\alpha\neq\beta$$

由此，我们定义：所谓真作用量 ψ_{z_u} 取值变换操作，指由式（1）刻画的操作变换到由式（2）刻画的操作。

再说视作用量 ψ_{s_u} 取值变换操作。设有两次生成操作，其中的真作用量均为 $\psi_{z_\#}$；用 γ 标识第一次操作，用 δ 标识第二次操作。于是，由式（6.2），对第一次操作，我们有

$$a_{■z_\#}+a_{■s_\gamma}=(\psi_{z_\#}+\psi_{s_\gamma})(■) \tag{3}$$

式中

$$z_\#\in z_u,\quad s_\gamma\in s_u$$

对第二次操作，我们有

$$a_{■z_\#}+a_{■s_\delta}=(\psi_{z_\#}+\psi_{s_\delta})(■) \tag{4}$$

式中

$$z_\#\in z_u,\quad s_\delta\in s_u$$

对两次操作，有

$$\gamma\neq\delta$$

由此，我们定义：所谓视作用量 ψ_{s_u} 取值变换操作，指由式（3）刻画的操作变换到由式（4）刻画的操作。

在此说明，本小节仅分析真作用量取值变换操作。关于此，有如下结论：真作用量 ψ_{z_u} 取值变换操作，是窥视实体■内部结构的重要手段；由这种变换

操作所获得的真性质量 $a_{\blacksquare z_u}$ 的取值变化，反映着实体■内部某些情况。我们的根据是：由第三章知，外界对实体■施加的能量、动量、角动量、电荷等作用是真作用量 ψ_{z_u}；实体■在真作用量 ψ_{z_u} 作用下生成的性质量是真性质量 $a_{\blacksquare z_u}$——它是标志实体■本身特性的性质量。由此可见，真性质量 $a_{\blacksquare z_u}$ 的取值变化是实体■本身的真实变化，它反映着实体■内部不同的情况，亦即真作用量 ψ_{z_u} 取值变换操作，是窥视实体■内部结构的重要手段。

为印证上述结论，下面给出实例。回到第三章给出的例 3 - 6。用真作用量 ψ_{z_u} 取值变换操作的定义来判断，例 3 - 6 也可视为真作用量 ψ_{z_u} 取值变换操作的例。实例表明，真作用量 ψ_{z_u} 取值不同，石头所具有的重量数值（真性质量 $a_{\blacksquare z_u}$ 的取值）也不同。显然，石头所具有的重量数值不同，真实地反映着石头这一实体的内部情况，即石头的密度（比重）比空气、清水高但比水银低等情况。由此可见，由真作用量 ψ_{z_u} 取值变换操作所获得的真性质量 $a_{\blacksquare z_u}$ 的取值变化，的确反映着实体■内部的某些情况，因而真作用量 ψ_{z_u} 的取值变换操作，的确是窥视实体■内部结构的重要手段。

至此，已经分别进行了作用量种类取值变换操作分析与真作用量取值变换操作分析。那么，试问：这两种变换操作之间有何联系？

首先，两种变换操作有共性。如前所述，本节第一小节得出一个结论：作用量种类取值变换操作，是窥视实体内部结构的重要手段；本小节又得出另一个结论：真作用量取值变换操作，也是窥视实体内部结构的重要手段。这就是说，它们都是窥视实体内部结构的重要手段——这就是两种变换操作的共性。

其次，两种变换操作有个性。第二节表明，性质量种类取值是间断的（“间断”对应“层次”）；上一小节也证实，作用量种类取值变换操作所获得的信息是实体不同层次的信息（例如，手骨手像和皮肤手像是实体手不同层次的图像）。此外，第二节还表明，性质量强度取值是连续的；本小节也证实，由真作用量取值变换操作所反映的实体内部情况是连续结构（例如，石头重量数值是连续的）。再者，实体内部一般既有层次结构也有连续结构。综上所述，我们有如下推论：作用量种类取值变换操作是窥视实体内部**层次结构**的手段，而真作用量取值变换操作则是窥视实体内部**连续结构**的手段——这就是两种变换操作的个性。

三、 视作用量取值变换操作分析

本小节讨论视作用量取值变换操作分析。关于此，有如下结论：视作用量ψ_{s_u}取值变换操作，是窥视实体之间关系的重要手段，由视作用量ψ_{s_u}取值变换操作所获得的视性质量$a_{\blacksquare s_u}$的取值变化，反映着实体之间关系的变化。我们的根据是：由第三章知，视作用量ψ_{s_u}实质是操作者观察实体■的立足点或视角，而视性质量$a_{\blacksquare s_u}$是在视作用量ψ_{s_u}作用下实体■所生成的性质量。显然，操作者观察的立足点也是实体（参照实体）。这就是说，视作用量ψ_{s_u}以及由此生成的视性质量$a_{\blacksquare s_u}$，反映着实体（被测实体与参照实体）之间的关系；由视作用量ψ_{s_u}取值变换操作所获得的视性质量$a_{\blacksquare s_u}$的取值变化，反映着实体（被测实体与参照实体）之间关系的变化。

为印证上述结论，下面给出实例。

例6－2。设有一个人乘坐在一列缓慢行驶的火车上，此时铁路一侧的公路上有一辆与火车同向行驶的汽车，速度比火车快。设有三位观察者于同一时刻对坐在火车车厢中的人的位移速度进行测量，其结果如下：第一位观察者，站在火车车厢中（即以火车车厢为参照物）测量，结果是这个人的位移速度值等于零；第二位观察者，站在地面（即以地面为参照物）测量，结果是这个人的位移速度值大于零；第三位观察者站在汽车上（即以与火车同向行驶的汽车为参照物）测量，结果是这个人的位移速度值小于零。

分析。如果将位移速度理解为性质量，那么，可以认为本例给出了三次位移速度生成操作。这三次生成操作，被作用的实体■始终是坐在火车车厢中的人，作用在实体■上的真作用量ψ_{z_u}始终等于零，实际作用在实体■上的是视作用量ψ_{s_u}的不同取值（即观察者立足点与坐在火车车厢中的人的相对位移）；实体■所具有的真性质量$a_{\blacksquare z_u}$等于零（坐在火车车厢中的人真实的位移速度等于零），观察者观察到坐在火车车厢中的人的位移速度>0、$=0$、<0，实际上都是视性质量$a_{\blacksquare s_u}$的不同取值。由此可见，用前面给出的定义来判定，本例表达的是视作用量ψ_{s_u}取值变换操作的例。实例表明，视性质量$a_{\blacksquare s_u}$的不同取值，反映的只是被测实体■（坐在火车车厢中的人）与参照实体■（相对人处于运动的地面、相对人处于静止的火车车厢、相对人处于运动的汽车）的关系，并不反映被测实体■本身的情况。由此，应当得出结论：视作用量ψ_{s_u}取值变换操作，是窥视实体■之间关系的重要手段，由视作用量ψ_{s_u}取值变

换操作所获得的视性质量 $a_{\blacksquare s_u}$ 的取值变化，反映着实体■之间关系的变化。

应指出，与例 6－2 类似的现象是普遍的。例如，前面各章多次提到初中物理课本给出的长度测量实例，例中的长方体是被测实体，而刻度尺可以视为参照实体，例中所示图 1－1 甲和图 1－1 乙则体现着被测实体与参照实体的关系，因而长度甲和长度乙即性质量的不同取值反映着两个实体之间的关系。又如，第三章给出的例 3－3，例中所谓“视差”，也反映着被观测实体（时钟）与参照实体（具有不同视角的观察者的立足点）之间的关系。可见，上述由视作用量取值变换操作分析所得出的结论，是普遍有效的。

至此，已经对两类三种作用量取值变换操作进行了分析。在此基础上，我们有必要将这两类三种作用量取值变换操作进行对比，由此明确它们之间不同的特征。前面说过，作用量种类取值变换操作和真作用量取值变换操作，都是窥视实体内部结构的手段；本小节证明，视作用量取值变换操作则是窥视实体之间关系的手段，显然，实体之间关系可以理解为被测实体的外部结构。这样，我们发现，存在可以窥视实体内外结构的系统（完整有序的）手段；有了这样的系统（完整有序的）手段，我们离揭示实体的本质即给出实体的分影定义就不远了。

第四节　性质量系统与实体的分影定义

以前面两节的成果为基础，本节给出性质量系统的概念，并讨论实体的分影定义。

一、 性质量系统

系统科学定义：系统是元素和元素关系的双重集合①。由此推论，性质量系统是性质量和性质量关系的双重集合。

先说性质量集合。由式（6.1），我们有

$$A = \{a_{\blacksquare hu} \mid h = 长度，时间，重量；u = 1,2,\cdots,q;\ q \to \infty\} \quad (6.3)$$

式（6.3）称为“性质量集合表达式”。式中，符号 A 代表性质量集合，大括号 { } 表示其中的量是一个集合。全式的意义：性质量集合 A，等于

① 许国志．系统科学［M］．上海：上海科技教育出版社，2000：181.

性质量超变量 $a_{\blacksquare hu}$ 遍取 h 和 u 所获得的各个取值的总和。

再说性质量系统。由系统科学给出的系统定义并式（6.3），我们有

$$性质量系统 = \langle A, \eta \rangle \tag{6.4}$$

式中

$$A = \{a_{\blacksquare hu} \mid h = 长度，时间，重量；u = 1，2，\cdots，q；q \to \infty\}$$

$$\eta = \{1，2，\cdots，e；e \to \infty\}$$

式（6.4）称为“性质量系统表达式”。式中，符号 η 代表性质量各元素之间关系的集合；括号〈〉表示其中的量是一个系统。因为超变量 $a_{\blacksquare hu}$ 的下标 u 的取值是连续的，亦即 A 中的元素有无穷多个，因而元素之间的关系也有无穷多个，因此，式中有 $\eta = \{1，2，\cdots，e；e \to \infty\}$。全式的意义：性质量系统是性质量和性质量关系的双重集合。

二、 性质量系统的分析表达

由第二节知，性质量可分析为真性质量和视性质量，因此，由性质量系统表达式即式（6.4），可以导出性质量系统的分析表达。式（6.4）表明，性质量系统包含性质量集 A 和性质量关系集 η。因此，要给出性质量系统的分析表达，首先要给出性质量集 A 和性质量关系集 η 的分析表达。

先说性质量集 A 的分析表达。由式（6.3）并式（6.2），我们有

$$A = A_h \cup A_{z_n} \cup A_{s_n} \tag{6.5}$$

式中

$$A_h = \{a_{\blacksquare h} \mid h = 长度，时间，重量\}$$

$$A_{z_n} = \{a_{\blacksquare z_u} \mid z_u = z_1，z_2，\cdots，z_q；z_q \to \infty\}$$

$$A_{s_n} = \{a_{\blacksquare s_u} \mid s_u = s_1，s_2，\cdots，s_{\yen}，\cdots，s_q；s_q \to \infty\}$$

式（6.5）称为“性质量集合分析表达式”。式中，A_h 代表性质量种类子集，A_{z_n} 代表真性质量子集，A_{s_n} 代表视性质量子集。显然，式（6.5）与式（6.3）是等价的，只不过后者是前者的分析表达而已。

再说性质量关系集 η 的分析表达。由式（6.4）并式（6.5），我们有

$$\eta = \eta_h \cup \eta_{z_n} \cup \eta_{s_n} \tag{6.6}$$

式（6.6）称为“性质量关系集合分析表达式”。式中，符号 η_h 代表性质量种类的关系子集，符号 η_{z_n} 代表真性质量的关系子集，η_{s_n} 代表视性质量的关系子集。

现在，可以给出性质量系统的分析表达。由式（6.4）、式（6.5）并式（6.6），我们有

$$<A, \eta> = 〖<A_h, \eta_h>, <A_{z_n}, \eta_{z_n}>, <A_{s_n}, \eta_{s_n}>〗 \quad (6.7)$$

式中

$$A_h = \{a_{\blacksquare h} \mid h = \text{长度，时间，重量}\}$$

$$A_{z_n} = \{a_{\blacksquare z_u} \mid z_u = z_1, z_2, \cdots, z_q; z_q \to \infty\}$$

$$A_{s_n} = \{a_{\blacksquare s_u} \mid s_u = s_1, s_2, \cdots, s_{\text{¥}}, \cdots, s_q; s_q \to \infty\}$$

式（6.7）称为“性质量系统分析表达式”。式中，括号〖　〗表示括号中的内容是双层系统。显然，式（6.7）与式（6.4）是等价的，只不过后者是前者的分析表达而已。

我们有必要运用前面各节的成果，对式（6.7）作进一步说明。由第二节给出的“性质量的层——性质量的结构区分”可知，性质量的种类和强度构成层次关系。这就是说，在式（6.7）中，子系统 $<A_h, \eta_h>$ 与子系统 $<A_{z_n}, \eta_{z_n}>$ 和子系统 $<A_{s_n}, \eta_{s_n}>$ 之间的关系是层次关系。此外，第三节关于作用量的取值变换操作分析表明，作用量种类取值变换操作和真作用量取值变换操作是窥视实体内部结构的手段，而视作用量取值变换操作则是窥视实体外部结构的手段。由此可知，子系统 $<A_h, \eta_h>$ 和子系统 $<A_{z_n}, \eta_{z_n}>$ 所包含的信息是实体内部结构的信息集，而子系统 $<A_{s_n}, \eta_{s_n}>$ 所包含的信息是实体外部结构的信息集。

三、 潜在性质量系统和实体的分影定义

先讨论潜在性质量系统的概念。如第一节所述，性质量 $a_{\blacksquare hu}$ 是实体■的表象，实体■是性质量 $a_{\blacksquare hu}$ 的本质，作用量 ψ_{hu} 的作用则是实体■生成性质量 $a_{\blacksquare hu}$ 的条件。由此，可以得出如下推论：性质量 $a_{\blacksquare hu}$ 是实体■所固有的，如果有作用量 ψ_{hu} 作用其上，那么实体■就显现性质量 $a_{\blacksquare hu}$；如果没有作用量 ψ_{hu} 作用其上，那么实体■中的性质量 $a_{\blacksquare hu}$ 就是潜在的。这样，我们就获得了一对重要概念：潜在性质量和潜在性质量系统。所谓潜在性质量，指实体■固有的处于潜在形式（没有呈现出来）的性质量；所谓潜在性质量系统，指实体■所有可能固有的处于潜在形式的性质量的有序结构。

现在，可以给出实体的分影定义。由式（6.4），我们有

$$\blacksquare = 【A, \eta】 \quad (6.8)$$

式中

$$A = \{a_{■hu} \mid h = \text{长度，时间，重量}; u = 1, 2, \cdots, q; q \to \infty\}$$
$$\eta = \{1, 2, \cdots, e; e \to \infty\}$$

式（6.8）称为“实体的分影定义式”。式中，黑括号【　】表示其中的量是潜在的，由此替换式（6.4）中的括号 < >，得到【A，η】，用以表达实体■所有可能的性质量 $a_{■hu}$ 及其关系是潜在的。于是，全式的意义：实体■是一个潜在性质量系统。

现在，可以给出实体分影定义的分析表达。由式（6.7），我们有

$$■ = 【<A_h, \eta_h>, <A_{z_n}, \eta_{z_n}>, <A_{s_n}, \eta_{s_n}>】 \tag{6.9}$$

式中

$$A_h = \{a_{■h} \mid h = \text{长度，时间，重量}\}$$
$$A_{z_n} = \{a_{■z_u} \mid z_u = z_1, z_2, \cdots, z_q; z_q \to \infty\}$$
$$A_{s_n} = \{a_{■s_u} \mid s_u = s_1, s_2, \cdots, s_{¥}, \cdots, s_q; s_q \to \infty\}$$

式（6.9）称为“实体分影定义的分析表达式”。显然，式（6.9）与式（6.8）是等价的，只不过前者是后者的分析表达而已。

第五节　生成操作的认知学性质

在前面各节讨论的基础上，本节对生成操作整体进行分析，由此探讨生成操作的认知学性质。关于此，有三点结论。

一、 生成操作是自然规律的先天形式

先明确先天形式和自然规律先天形式的概念，并对提出先天形式概念的先哲所持的观点做一点评价，从而为讨论本小节的论题做必要的准备。

“先天形式”这一概念，源自德国哲学家康德（Immanuel Kant，1724—1804）。在康德那里，“先天”意即先于经验现象；“先天形式”指不来自经验而独立于经验，甚至独立于一切感官印象的形式①。康德认为，“我们的一切知识虽然全都以经验开始，却并不因此就全部出于经验”②；“经验材料还

---

① 冯契．哲学大辞典［M］．上海：上海辞书出版社，1992：567、574、571.

② 周贵莲．认识自然科学之谜的哲学家——康德认识论研究［M］．北京：中共中央党校出版社，1994：49－50.

要加上独立于经验的先天形式，才能形成知识”[①]。由此，形式可以理解为知识框架，于是，先天形式就是先于经验并且独立于经验的知识框架。此外，辞书解释，自然规律指自然界的因果必然性。显然，人们所知道的自然规律也是一种知识，因而按照康德的说法也应当有先天形式，这就是自然规律的先天形式。然而，这样一来就有一个问题：这种先于经验并且独立于经验的知识框架，存在于什么地方？人们是怎么获得的？为此，康德给出了一个“先验统觉”的概念，认为先验统觉是人获得知识的基本能力，由先验统觉产生知性范畴，再形成知性判断，把感性知识重新结合，形成有规律的知识[②]。这就等于说，先天形式并不是从自然界得到的，而是人固有的基本能力。

我们以为，康德关于先天知识形式的思想是正确的。在康德之前，英国哲学家休谟（David Hume，1711—1776）证明，人们的因果必然性（自然规律）观念，不可能由理证性的论证得到，也不能由纯粹的经验得到，“我们只是假设，却永不能证明，我们所经验过的那些对象必然类似于我们所未曾发现的那些对象”。[③] 由康德和休谟的论述，应当得出结论，人们获得自然规律不但需要获取感觉材料，而且需要有先天的知识形式来综合这些感觉材料。可见，知识有先天形式的论点获得了双重的证明（康德的观点可视为正面证明；休谟的论证可视为反面证明），因而其正确性是毋庸置疑的。此外，如果说先天形式是通过人的“统觉”获得的，这也无可厚非，因为“统觉”无非是人们主观反映客观的一种方式。问题在于康德所说的是“先验统觉”——这就等于说，先天形式并不是从自然界得到的，而是人的头脑中固有（或凭空产生）的——这是值得商榷的。

现在讨论正题。我们说，生成操作是自然规律的先天形式，何以见得？如果说这是自然规律的先天形式，那么，人们是怎样获得的？

先讨论第一问。由休谟关于因果必然性的讨论和康德关于先天形式的论述可知，作为自然规律的先天形式必须具有如下特征：第一，将两种完全不同的对象综合在一起的功能；第二，这种综合使得两种完全不同的对象之间具有必然联系；第三，这种用以综合的形式是先天的即先于经验的。这就是说，如果要确立“生成操作是自然规律的先天形式”这一结论，那么，就必

① 冯契．哲学大辞典［M］．上海：上海辞书出版社，1992：567，574，571.

② 冯契．哲学大辞典［M］．上海：上海辞书出版社，1992：567，574，571.

③ 休谟．人性论［M］．北京：商务印书馆，1996：109，105.

须证实生成操作具有上述三个特征。下面分别讨论。

首先，生成操作具有将两种完全不同的对象综合在一起的功能。显然，性质量 $a_{\blacksquare hu}$ 和实体■，它们是两种完全不同的对象；由式（6.1）刻画的生成操作则将这两种完全不同的对象（通过作用量 ψ_{hu} 的作用）综合在一起。由此可见，生成操作的确具有将两种完全不同的对象（性质量 $a_{\blacksquare hu}$ 和实体■）综合在一起的功能。

其次，生成操作使得两种完全不同的对象之间具有一种必然联系。这种必然联系就是：当有作用量 ψ_{hu} 作用在实体■上时，实体就生成性质量 $a_{\blacksquare hu}$。由此可见，通过式（6.1）刻画的生成操作这种综合，的确能够使两种完全不同的对象（性质量 $a_{\blacksquare hu}$ 和实体■）之间具有必然联系。

最后，生成操作先于经验。考察易知，生成操作的关键是作用量 ψ_{hu}。本书第一章证实，作用量 ψ_{hu} 既可能是自然物之间的相互作用，也可能是人（操作者）观测实体的立足点或视角。显然，自然物之间的相互作用与人的经验无关，观测实体的立足点或视角所生成的效应也与人的经验无关，这就证明了生成操作可以先于经验。

再讨论第二问。试问：人们是怎样获得自然规律的先天形式的？回答：通过对天然操作观察和实施人工操作的体验。

前面已证，生成操作可以先于经验。但是，应强调，人们对生成操作的认识却必须通过经验。休谟在《人性论》中曾谈到，我们“曾经看到我们所称为火焰的那一类对象，并且曾经感到我们所称为热的那种感觉”[①]。其实，这说的就是对天然操作的观察。当然，仅仅是观察还不足以获得自然规律的先天形式，因为观察所看到的现象并不具有必然性（正因为此，休谟认为仅由经验只能证明对象之间的“恒常结合”，而不能获得因果联系）。用式（6.1）的语言来刻画，休谟所说的“火焰”即实体■，“热”即性质量 $a_{\blacksquare hu}$，于是，休谟所谈到的观察可以形式地表示为 $a_{\blacksquare hu} \backsim$ ■（符号 $\backsim$ 代表“关联”，此式意即性质量 $a_{\blacksquare hu}$ 关联实体■）；更准确地说，应当是 $a_{\blacksquare 1u} \backsim a_{\blacksquare 2u}$（符号 $a_{\blacksquare 1u}$ 和 $a_{\blacksquare 2u}$ 代表的对象可以理解为两种不同现象；因为仅仅是观察，人们只能看到现象而不可能看到实体）。经验证明，式 $a_{\blacksquare hu} \backsim$ ■或式 $a_{\blacksquare 1u} \backsim a_{\blacksquare 2u}$ 表达的过程并不具有必然性。例如，休谟谈到的“火焰”与“热”，如果在“火焰”

① 休谟．人性论［M］．北京：商务印书馆，1996：109，105.

与观察者之间有一堵冷风形成的墙，那么，观察者就可能只看到“火焰”但并不感到“热”；又如，如果观察者所看到的代表“火焰”的光不是产生“热”的“火焰”，而是类似于萤火虫所发出的冷光，那么观察者也不可能有“热”的感觉；如此等等。但是，人不但可以被动地观察生成操作，而且可以主动地实施生成操作。因为主动实施操作可以控制实体■和作用量 ψ_{hu} 取值的选择，可以对同一个实体施以各种不同的作用量，从而获得不同的性质量直至性质量系统，通过这样长期反复的实践和反思活动，人们终将发现生成操作具有式 $a_{\blacksquare hu}=\psi_{hu}$（■）刻画的形式；如前所述，这种形式则是必然的。

综上所述，由式（6.1）刻画的生成操作就是自然规律的先天形式，人们通过对天然操作的观察和实施主动操作体验，获得了这种先天形式。这就是说，本小节提出的论点，即生成操作是自然规律的先天形式的论点可以确立。

说到这里，我们有必要回到康德关于“先验统觉”的论点。前面说，人们获得生成操作这种自然规律的先天形式，可通过对天然操作的观察和实施主动操作体验得到。显然，这种获得过程，也可以理解为“统觉”；但是，绝非“先验统觉”。因为，人对天然操作的观察和实施主动操作体验归根结底是一种经验①。因此，我们关于“生成操作就是自然规律的先天形式”的结论，并不支持康德“先验统觉”的论点。

二、 生成操作是自然规律函项

先明确“函项”的概念。函项，是数理逻辑术语。一本数理逻辑著作写道：“P（x）所表示的是‘____是红的’。‘____是红的’显然不是一个语句，当然也不是一个命题。我们可以把它看成是句子的框架。在语句框架的空位处，我们可以放上任何个体词，因此一个句子框架既不真也不假，当然也可以说既可真也可假。一旦在句子框架的空位处填上个体词后，它就成了一个语句。……像 P（x）这样的一个不是命题，而当它的个体变项被个体常项替换后就变成命题的公式，我们把它称为命题函项。”② 由引文知，所谓“命题

---

① 这里说“对天然操作观察和实施主动操作体验，归根结底是一种经验”，其中的“经验”，与前面说的“先天形式，就是先于经验并且独立于经验的知识框架”中的“经验”，所指的对象是不同的。前者是关于操作的经验，后者是关于知识的经验；且，关于操作的经验≠关于知识的经验。实际情况是：人们从构成某一个具体知识的原始资料（＝关于知识的经验），不可能获得知识的先天形式；但是，人们通过对事实获取操作的考察（＝关于操作的经验），可以获得知识的先天形式。

② 王耀堃，朱水林．现代逻辑概论［M］．上海：上海社会科学院出版社，1992：44.

函项”，指由个体变项与个体变项可能具有的性质量（例如“红”是一种性质量）组成的“句子的框架”。这是一个重要的观点。诚然，我们讨论的不是思维操作，而是测量操作（事实获取操作），但是，“函项”或“框架”的概念则是可以借用的。

现在讨论正题。如前所述，式（6.1）刻画的是性质量 $a_{■hu}$ 与实体■的生成关系（以作用量 ψ_{hu} 对实体■的作用为条件）；而且，性质量超变量 $a_{■hu}$ 和作用量超变量 ψ_{hu} 可以有许多取值，实体■也可以代表任一实体。由此并参照引文的术语，我们可以得到这样的理解：性质量超变量 $a_{■hu}$ 是性质量个体变项，性质量常量 $a_{■\#}$ 是性质量个体常项；作用量超变量 ψ_{hu} 是作用量个体变项，作用量常量 $\psi_{\#}$ 是作用量个体常项；实体■是实体个体变项，某一个具体实体则是实体个体常项。于是，式（6.1）即式 $a_{■hu}=\psi_{hu}$（■）刻画的生成操作，就可以理解为自然规律的框架或称自然规律函项。于是，本小节的结论获得了证实。

我们有必要将引文关于“命题函项”的认知学特征，与式（6.1）刻画的生成操作所具有的认知学特征进行对比，由此从更深的层次上确立“生成操作就是自然规律函项”的结论。如引文所述，“命题函项”的认知学特征是“既不真也不假，当然也可以说既可真也可假”；一旦“它的个体变项被个体常项替换后就变成命题的公式”，因而就可以（也才能）判定其真假。其实，式（6.1）刻画的生成操作也是如此。如前所述，在式（6.1）中，性质量超变量 $a_{■hu}$ 和作用量超变量 ψ_{hu} 可以有许多取值，实体■也可以代表任一实体，因此，式（6.1）不过是自然规律框架，仅仅是这样一个框架，我们不能判定其真假。这就是说，式（6.1）刻画的生成操作也具有“既不真也不假，当然也可以说既可真也可假”的特征；然而，一旦公式中的实体■取定某一个具体个体，作用量超变量 ψ_{hu} 取定某一个具体值，性质量超变量 $a_{■hu}$ 取定某一个具体值，那么，公式就转化为一条具体的自然规律，因而就可以（也才能）判定其真假。由此可见，式（6.1）刻画的生成操作的认知学特征，与引文关于“命题函项”的认知学特征并无二致，也就是说，如果数理逻辑关于“命题函项”的论点是正确的，那么，我们关于生成操作是自然规律函项的结论也是正确的①。

---

① 严格地说，“命题函项”≠规律函项。例如，“____是红的”并没表达一个完整的具体规律，因为并不是在任何情况下，花是红的。例如，在黑夜中，花不是红的。因此，规律函项正确的表达应当是：“在____条件下花是____的”。

三、 生成操作是实体内部规律的再现方式

先通过一个实例明确“实体内部规律”的概念，并且说明本小节的论题与前两小节论题的区别。例如，原子系统是一个实体，就原子系统这一实体来说，实体内部规律指的是原子核与电子及其相互作用。在此说明，在前两个小节，我们说生成操作是自然规律的先天形式，是自然规律的函项——这里的“规律”，指操作规律；本小节，我们又说生成操作是实体内部规律的再现方式——这里的“规律”，指实体内部规律，显然，有

$$操作规律 \neq 实体内部规律$$

由此可知，本小节的论题与前两小节的论题是不同的。

现在讨论本小节的论题。如前所述，原子系统是一个实体。物理学已经揭示，原子系统由原子核和电子组成，其原理是：原子核生成一种电作用量，施加在其周围的电子上，于是，电子就生成一种性质量，即向原子核运动的倾向，其结果是原子核与被作用的电子组成原子系统。显然，电子在原子核的电作用量作用下生成向原子核运动倾向这一过程，如果用本书的符号语言来刻画，那么，就是 $a_{\blacksquare hu} = \psi_{hu}$ （■） ——式中■代表被作用的电子，ψ_{hu}代表电作用量，$a_{\blacksquare hu}$代表电子向原子核运动的倾向。由此可见，式（6.1）刻画的自然规律（操作规律），与原子系统的内部规律（实体内部的自然规律）等价；式（6.1）刻画的生成操作的确是（或可视为）实体内部规律的再现方式。

第七章　测量操作形式分析：整体分析及由此对科学研究工具系统的探讨

本章进行测量操作整体分析，由此探讨测量操作整体的性质，并且延伸提出科学研究工具系统的若干假说。

第一节　本章分析的对象、论题及内容结构

先说分析的对象。本章分析的对象是由式（1.1）刻画的测量操作整体。式（1.1）写为

$$\begin{cases} k_{huw} = a_{\blacksquare hu} / a_{\blacktriangle hw} & ① \\ a_{\blacksquare hu} = \psi_{hu}\ (\blacksquare) & ② \\ a_{\blacktriangle hw} = \Omega_{hw}\ (\blacktriangle) & ③ \end{cases}$$

式中

$$h = A,\ B,\ C,\ \cdots$$

$$u = 1,\ 2,\ \cdots,\ q;\ q \to \infty$$

$$w = 1,\ 2,\ \cdots,\ p;\ p \to \infty$$

$$uw = 11,\ 21,\ 12,\ \cdots,\ qp;\ q \to \infty,\ p \to \infty$$

就性质量而言，则有

$$h = \text{长度，时间，重量}$$

如果性质量为长度或时间，则有

$$a_{\blacksquare hu} > 0,\ a_{\blacktriangle hw} > 0$$

再说分析的论题。对测量操作整体进行分析，其目的是弄清其性质。研究表明，这有两种可能的视角。

一、 本质视角

测量操作是科学研究的工具。但是，科学研究工具有许多类，例如，分析工具、计算工具；且，各类工具又有许多种，例如，计算工具就可以分为实数计算和概率计算。于是，提出一个论题：测量操作作为科学研究的工具，它属于工具系统的哪类哪种？这就是从本质视角提出的论题。在此预告，从本质视角进行分析，本章将得出如下结论：测量操作本质上是实体分影操作，是定潜计算操作，是基础操作。研究表明，实体分影、定潜计算和基础操作与科学研究工具系统有丰富复杂的关系，由此，本章将延伸提出科学研究工具系统的若干假说。

二、 品质视角

大家知道，数理逻辑对各种逻辑工具有关于可靠性和完备性的考察[①]。显然，这就是从品质视角对数理逻辑工具的分析。测量操作也是一种工具，即物理学获取事实的工具。于是，提出一个论题：测量操作作为科学研究工具，其品质怎样？这就是从品质视角提出的论题。为此，本章将对测量操作进行先天性、可靠性和完备性考察。

再说内容结构。如上所述，本章从本质视角进行分析，将看到测量操作整体的三种本质，并由此提出相应的假说。因此，本章的结构安排如下：先用三节分别讨论测量操作的三种本质及其对应的假说，最后再用一节进行测量操作先天性、可靠性和完备性考察。

第二节 测量操作的实体分影本质、泛实体分影操作与分析系统假说

一、 测量操作实体分影本质的考察

先讨论实体分影的概念。下面，通过引述分析一个实例给出这一概念。

例 7－1。伦琴观察他的手。史载，德国物理学家伦琴于 1895 年 11 月 8

① 王耀堃，朱水林，等．现代逻辑概论［M］．上海：上海社会科学院出版社，1992.

日发现了伦琴射线（俗称“X 光”），他用这种射线照射自己的手，结果在屏幕上惊奇地看到了手骨手像[①]。文献之所以用“惊奇”二字，是因为此前伦琴所看到的都是皮肤手像——当然，那是在可见光照射下看到的；然而，在 X 光照射下，伦琴所看到的竟然是手骨手像，这不能不使他惊奇。

分析。伦琴清楚地知道，他所观察的是他的同一只手，但伦琴（通过两种不同的光作用手）却看到了两种完全不同的手像，可见，伦琴看到的只是手的影像，而不是手本身。于是，可以认为，伦琴的手是实体，可见光和 X 光是作用量，皮肤手像和手骨手像则是实体手生成的影像。这样，伦琴观察他的手这一操作，可以表达为：一个作用量作用在实体上，实体显现一个影像；不同的作用量作用在同一个实体上，这同一个实体显现不同的影像。这就是实体分影，意即对同一个实体分出多个影像。

现在再来考察测量操作。因为式（1.1）有①②③三个分式，因此，对测量操作的考察必须分为两个层次进行。

首先，考察②③两分式刻画的操作。由第一章知，两个分式表达的操作是有作用量 ψ_{hu}、Ω_{hw} 作用在实体■、▲上，实体■、▲就生成（显现）性质量 $a_{■hu}$、$a_{▲hw}$；其中，作用量 ψ_{hu}、Ω_{hw} 与性质量 $a_{■hu}$、$a_{▲hw}$ 是一一对应的，而作用量 ψ_{hu}、Ω_{hw} 和性质量 $a_{■hu}$、$a_{▲hw}$ 与实体■、▲则是多对一的。此外，性质量就是影像的特征量。于是，应当得出结论：由②③两分式即 $a_{■hu}=\psi_{hu}$（■）和 $a_{▲hw}=\Omega_{hw}$（▲）所刻画的操作，本质上是一种实体分影操作，即以实体■、▲为对象、以 ψ_{hu}（■）、Ω_{hw}（▲）刻画的操作为过程、以获取实体■、▲具有的性质量 $a_{■hu}$ 或 $a_{▲hw}$ 为结果的操作。

其次，考察①分式刻画的操作。诚然，孤立地看，①分式所刻画的操作并不是实体分影操作，但是，从①分式与②③两分式的联系来看，①分式刻画的操作，是定量认识②③两分式刻画的操作所获得的影像而必须做的辅助性工作，因而是完整的分影操作的一部分。

综上所述，式（1.1）刻画的测量操作，本质上是实体分影操作。

二、 泛实体分影操作的实例

这里，“泛”即“推广”；所谓泛实体分影操作，是说在测量操作之外还

① 艾米里奥·塞格莱．物理名人和物理发现［M］．北京：知识出版社，1986：24.

有其他操作可以推广为实体分影操作。为此，下面给出两个实例。

例 7 - 2。马克思关于商品性质的分析。大家知道，马克思在《资本论》中对商品进行了分析。可以证明，马克思对商品的分析，原则上可以用式（1.1）来刻画，因而其本质上是泛实体分影操作。

《资本论》一开始写道：

"资本主义生产方式占统治地位的社会的财富，表现为'庞大的商品堆积'，单个的商品表现为这种财富的元素形式。因此，我们的研究就从分析商品开始。"

"商品首先是一个外界对象……"①

接着，马克思对这"外界对象"的无数个体从几个不同角度进行了分析，从而找出了它们所具有的几个方面的共性：使用价值、交换价值和价值。

分析。首先，引文尽管也提到了"商品"，但很明显，这不是作为考察成果（理论形态）的商品，而只是一个"外界对象"，因此，如果用本书设定的符号来刻画，那么，这"外界对象"应当写为■或▲。其次，显然，使用价值、交换价值和价值是商品的性质量，如果用本书设定的符号来刻画，它们可以写为 $a_{\blacksquare hu}$ 或 $a_{\blacktriangle hw}$。最后，联系社会生活实际，仔细阅读马克思关于商品各种性质的分析，可以得出如下结论：商品被视为使用价值、商品被视为交换价值和商品被视为价值是有各自的条件的：在消费者看来，商品是使用价值；在交易者看来，商品是交换价值；在理论家（例如斯密、马克思）看来，商品是价值。由此可见，商品性质的显现过程可表示为

使用价值 = 消费者视角（商品）

交换价值 = 交易者视角（商品）

价值 = 理论家视角（商品）

显然，消费者视角、交易者视角、理论家视角，就是操作者观察实体（商品）的不同立足点，因此可以写为作用量 ψ_{hu} 或 Ω_{hw}。于是，上述商品性质量显现过程的各个表达式（亦即前面每一个式）可归纳为

$$a_{\blacksquare hu} = \psi_{hu}\ (\blacksquare)$$

或

$$a_{\blacktriangle hw} = \Omega_{hw}\ (\blacktriangle)$$

① 马克思．资本论（第一卷）［M］．北京：人民出版社，1975：47.

然而，上述过程还只是定性的研究。为了在量上获得精确的数值，需要对各个商品同类性质（或各个商品的使用价值，或各个商品的交换价值，或各个商品的价值）的量进行比较，亦即建立下式

$$k_{huw} = a_{\blacksquare hu} / a_{\blacktriangle hw}$$

于是，马克思关于商品性质的分析，其完整的过程可写为

$$\begin{cases} k_{huw} = a_{\blacksquare hu} / a_{\blacktriangle hw} & ① \\ a_{\blacksquare hu} = \psi_{hu}\ (\blacksquare) & ② \\ a_{\blacktriangle hw} = \Omega_{hw}\ (\blacktriangle) & ③ \end{cases} \tag{7.1}$$

式中

$$h = A, B, C, \cdots$$

$$u = 1, 2, \cdots, q;\ q \to \infty$$

$$w = 1, 2, \cdots, p;\ p \to \infty$$

$$uw = 11, 21, 12, \cdots, qp;\ q \to \infty,\ p \to \infty$$

就性质量而言，则有

$$h = \text{使用价值，交换价值，价值}$$

显然，式（7.1）是式（1.1）的推广。由此可见，马克思关于商品性质的分析就是泛实体分影操作。

例7－3。数学对实数集性质的分析。大家知道，数学从不同视角对实数集进行分析，得出结论：实数集具有全序性、稠密性、阿基米德性、连续性、不可数性，相对加法和乘法的封闭性等性质①。显然，实数集是一个整体，用本书设定的符号来刻画，可写为实体■或▲，对实数集进行分析的不同视角可写为作用量 ψ_{hu} 或 Ω_{hw}，通过分析所获得的各种性质可写为性质量 $a_{\blacksquare hu}$ 或 $a_{\blacktriangle hw}$。这样，数学对实数集的性质分析，原则上也可以用式（1.1）加以刻画，因此，这也是泛实体分影操作的实例。

三、 分析系统假说

可以证明，科学研究的分析工具是一个系统，实体分影操作（包括泛实体分影操作）只是其中的一个子类。当然，这是一种假说，我们称之为“分析系统假说”。

---

① 丁尔陞. 中学百科全书·数学卷［M］. 北京：北京师范大学出版社，1994：374.

在此说明，这一假说将突破学界关于分析概念的界说。《辞海》解释："分析，与综合相对，是思维的基本过程和方法；分析是把事物分解为各个部分加以考察的方法。"应指出，《辞海》的解释有合理的成分，但也存在缺陷。其缺陷在于给出概念的外延不完整，给出概念的内涵不准确。为了节省篇幅，下面直接给出我们关于这一概念的内涵和外延定义，对《辞海》解释的合理性和缺陷不做具体讨论（读者两相对照即可看出）。

定义：分析是暴露整体内部信息的操作，可区分为两类三种。所谓两类，一类是思想分析（或称思维分析）——其分析的对象是思想（例如，概念或判断），其分析的工具是思维操作；另一类是实体分析（或称实验分析）——其分析的对象是实体，其分析的工具是实验操作。所谓三种，一是实体分影（性质分析），二是实体分解（结构分析），三是实体演化（样式分析）。

在此说明，实体分影（性质分析）前面已有讨论。在那里，我们证明测量操作本质上是实体分影操作，并且证明商品性质分析和实数集性质分析是泛实体分影操作。此外，很明显，测量操作和商品性质分析属于实体分析，而实数集性质分析则属于思维分析。因此，下面只要给出实体分解（结构分析）和实体演化（样式分析）的实例，并且证实这两种操作也包含两种类型即可。

先说实体分解（结构分析）。例如，在自然科学中，原子可分解为中子、质子、电子；又如，在社会科学中，工厂可分解为各个车间；再如，在数学中，自然数可分解为偶数与奇数、合数与质数；如此等等。这就是实体分解。显然，实体分解的实质是对整体所做的结构分析，因此，实体分解也称结构分析。此外，很明显，上述三个实例，前两个属于实体分析，后一个则属于思维分析。

再说实体演化（样式分析）。例如，在自然科学中，将一粒种子种到地里，这粒种子可以生长出植物，并且可能开花、结果；对一块石头加热，这块石头将由固体依次变成流体、气体。又如，在社会科学中，一种组织可以演化为另一种组织（例如，入疆解放军后来演化为新疆建设兵团）。再如，在数学中，数字经加减乘除等运算，可以生成另一些数字。这就是实体演化。显然，实体演化所生成的是整体的不同样式，因此，实体演化也称样式分析。此外，也很明显，上述三个实例，前两个属于实体分析，后一个则属于思维分析。

总结上述实例，不难看出，实体分影（性质分析）、实体分解（结构分析）和实体演化（样式分析），它们之间有共性，其共性就是“一”分为“多”（正因为此，我们将这三种操作统称为实体分析）；但它们又各有各的特性，即三种操作及其结果是完全不同的。显然，这三种操作所指向的对象是同一个整体，由此我们有这样的推论：完整的科学研究应当涵盖三种操作，并且由这三种操作获得的理论知识应当相互印证或相互检验。这就是说，科学研究中的分析工具是由这三种操作构成的有序结构，即系统。

第三节　测量操作的定潜计算本质、泛定潜计算操作与系统法假说

一、定潜计算的概念

顾名思义，定潜计算是一种计算，因此，我们首先要讨论计算概念。一本著作写道：“在直观上，计算一般是指运用某种方法或规则，将一组数值变换为另一所需的数值。除数值计算外，计算还应包括非数值的计算。在形式上，计算可看作符号串的变换过程，即由某一符号串 ξ 变换为另一符号串 η 的过程。因此，如图像处理、文字翻译、定理证明等也是计算。”① 这就是计算概念。这一概念有两个要点：一是指出计算是一种操作，即将一组数值（量）变换为另一所需的数值（量）或由某一符号串 ξ 变换为另一符号串 η 的操作；二是指出这种操作需要运用某种方法或规则，即不是胡乱操作。

现在讨论定潜计算概念。第六章得出一个结论：实体■或▲是潜在性质量。显然，潜在性质量是一种量（符号串），性质量也是一种量（符号串）。于是，根据计算概念，如果存在一种（有确定方法或规则的）操作，使得潜在性质量■变换为性质量 $a_{\blacksquare hu}$ 或 $a_{\blacktriangle hw}$，那么，这种操作也是一种计算。因为，这种计算的特点是将性质量由潜在确定为显在，因此，我们将其称为“定潜计算”。

二、测量操作定潜计算本质的考察

下面分两步考察式（1.1）刻画的操作，由此证明其本质上是定潜计算。

---

① 王雨田．现代逻辑科学导引（上册）［M］．北京：中国人民大学出版社，1987：191.

第一步：证明式（1.1）刻画的操作是计算操作。如前所述，式（1.1）有三个分式。先考察①分式刻画的操作。①分式写为：

$$k_{huw} = a_{\blacksquare hu} \ / \ a_{\blacktriangle hw}$$

运用计算概念的两个要点来考察，有如下结论。第一，①分式刻画的操作是数值（或符号）变换操作。式中，对象 $a_{\blacksquare hu}$是一个量，在操作的逻辑结构中，它是未知量；尺度 $a_{\blacktriangle hw}$也是一个量，在操作的逻辑结构中，它是已知量；读数 k_{huw}是一个数值（纯数）。由此可知，①分式表达着如下操作：用已知量即尺度 $a_{\blacktriangle hw}$与未知量即对象 $a_{\blacksquare hu}$进行由符号/刻画的比较操作，其结果是知道对象 $a_{\blacksquare hu}$等于 k_{huw}个尺度 $a_{\blacktriangle hw}$。可见，①分式刻画的操作是数值（或符号）变换操作，这符合计算概念的第一个要点。第二，①分式刻画的操作有确定的规则：用已知量即尺度 $a_{\blacktriangle hw}$与未知量即对象 $a_{\blacksquare hu}$进行由符号/刻画的比较操作。显然，这符合计算概念的第二个要点。综上所述，①分式刻画的操作是计算操作。

再考察②③分式刻画的操作。②③分式分别写为：

$$a_{\blacksquare hu} = \psi_{hu} \ (\blacksquare)$$

$$a_{\blacktriangle hw} = \Omega_{hw} \ (\blacktriangle)$$

运用计算概念的两个要点来考察，有如下结论。第一，②③分式刻画的操作是数值（或符号）变换操作。式中，对象 $a_{\blacksquare hu}$或尺度 $a_{\blacktriangle hw}$是一种量，我们称之为性质量；实体■或▲也是一个量，我们称之为潜在性质量。②③分式所表达的操作是将潜在性质量■或▲变换为性质量 $a_{\blacksquare hu}$或 $a_{\blacktriangle hw}$。由此可见，②③分式刻画的操作是数值（或符号）变换操作，这符合计算概念的第一个要点。第二，②③分式刻画的操作有确定的操作规则：对潜在性质量■或▲，施以作用量 ψ_{hu}或 Ω_{hw}。显然，这符合计算概念的第二个要点。综上所述，②③分式刻画的操作是计算操作。

如前所述，式（1.1）有且仅有三个分式；上面证明这三个分式刻画的操作都是计算操作，因此式（1.1）全式刻画的操作是计算操作。

第二步，证明这种计算是定潜计算。很明显，上述计算操作的特点是将潜在性质量■变换为性质量 $a_{\blacksquare hu}$或 $a_{\blacktriangle hw}$，因此，这是定潜计算。

三、 泛定潜计算操作的实例

所谓泛定潜计算操作，是说由式（1.1）刻画的定潜计算操作，可以推广为更复杂的定潜计算操作。为此，下面给出一个实例。

例7-4。著作《力学万花筒》描述了一个物理实验。该书写道："在一个盛有清水的圆桶形容器（转鼓）中，倒入一组同样大小的钢球和木球，然后启动马达使其绕轴高速旋转。此时，由于离心力的大小正比于物体的质量（在体积相同时正比于它的比重），所以钢球很快被甩到最外层，而木球则被推向转轴，清水则占据了'中间地带'（图7-1）。可见，一旦转鼓高速转动起来后，在这个小小的'离心国'里，等级是何等森严！凡是进入其中的'游客'，无论是固体还是液体，都无一例外地要严格遵守其'法规'——按比重分层排列。比重小者（轻相）聚集在'中央'即转轴附近；比重大者（重相）则分散在'边区'即转鼓附近。"①

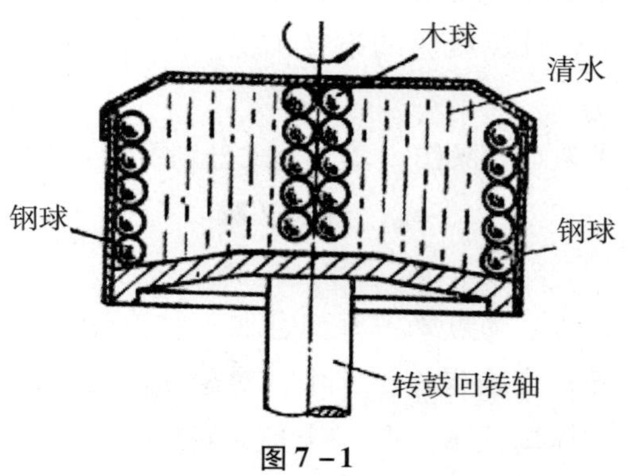

图7-1

分析。显然，转鼓中的清水（分子）、钢球和木球是实体，但是，这里的实体不止一个，而是个体不同的一群，不能用简单的■来表达，而应当写为集合 $\{■_i \mid i=1, 2, \cdots, n\}$（简写为 $\{■_i\}$）。"转鼓高速转动"所生成的"离心力"，是作用在这群实体上的作用量（力），写为 $\psi_{力}$。实例表明，在作用力 $\psi_{力}$ 作用下，实体 $\{■_i\}$（清水、一组钢球和木球）按比重分层排列；显然，"比重"其中的"重"是性质量（即各个实体沿转轴指向转鼓外侧方向上的重量），写为 $A=\{a_{■_i}\}$。于是，实例所描述的过程可写为

$$\langle A, R\rangle = \psi_{力}\{■_i\} \tag{7.2}$$

式中

① 黄钟，陈广异，严文贤，等. 力学万花筒［M］. 北京：工人出版社，1988：149.

$$A = \{a_{■i}\}$$

$$i = 1, 2, \cdots, n$$

R 为 A 中的关系集合

式中，⟨A，R⟩ 表示性质量系统。全式的意义：在作用力 $\psi_{力}$ 作用下，实体 $\{■_i\}$ 生成的性质量集是一个性质量系统 ⟨A，R⟩。

将式（7.2）与式（1.1）的②分式对比，不难看出，两式有共性，即都是有一作用量作用在实体上，实体就显现性质量——这表明两式刻画的操作都是定潜计算操作。两式的区别仅在于：就实体来说，前者是单一实体，后者是个体不同的一群实体；就性质量来说，前者是单一性质量，后者是性质量系统——这就是说，后者比前者要复杂得多。诚然，式（1.1）有三个分式，式（7.2）只是一个公式；但是，考察可知，我们说式（1.1）刻画的是定潜计算操作，其关键是式（1.1）②分式或③分式；显然，式（7.2）是式（1.1）的②分式或③分式的扩展表达式。因此，我们有理由认为例 7－4 是泛定潜计算的实例。

四、 系统法假说

应当指出，定潜计算实际上只是类计算——具有计算的特征但与真正的计算（即数学计算）有区别。据资料，数学计算可以概括为两类。其中一类，可称为“实数计算”，其计算的对象和结果是数值；第二类，可称为“概率计算”（或称“机会的计算”），其计算的对象和结果是数值出现的机会①。这两类计算所通行的规则是思维逻辑，具有演算的特点。但是，定潜计算本质上是自然规律的再现（参见第六章），并不具有逻辑演算的特点。因此，不能认为三种计算（实数计算、概率计算和定潜计算）构成计算系统。但是，由上述讨论可以获得另一种认识，我们称之为“系统法假说”。

学界一般认为，科学理论的构造方法（也称“叙述方法”）是公理法。但是，可以证明，公理法作为数理科学（数学和逻辑学）理论的构造方法是充分的，但作为经验科学（例如，物理学）理论的构造方法则是不充分的。因为，经验科学不但要推理，而且要获取事实，然而，公理法只是推理的工

① 陈希孺．机会的数学［M］．北京：清华大学出版社，2000：1.

具，不能用于获取事实①。大家知道，测量操作是物理学获取事实的操作，且，我们证明测量操作具有计算的特征。因此，我们有

系统法 = 公理法 + 定潜计算

上式称为"系统法的表达式"。我们认为，系统法是经验科学理论构造的适当方法。这就是所谓的系统法假说。

第四节　测量操作的基础本质与导出操作假说

一、 测量操作的基础本质与导出操作假说的概念

大家知道，数学有自然数和其他数的划分，且，其他数由自然数逻辑生成，以至数学界流行这样的名言：上帝创造了自然数，所有其他数都是人为的②。由此，自然数可理解为基础数，自然数的运算可理解为基础操作，其他数可理解为导出数，其他数的运算则可理解为导出操作；且，导出数和导出操作由基础数和基础操作逻辑地生成。我们以为，物理学也应当如此。为此，提出如下假说：式（1.1）刻画的测量操作是物理学获取事实的基础操作，物理学其他获取事实的操作由基础操作导出。这一假说，我们称之为"测量操作的基础本质与导出操作假说"。

二、 由测量操作导出复杂测量操作的实例

为证实这一假说，下面给出两个方面的实例：其一，由测量操作导出复杂测量操作的实例；其二，由测量操作导出随机测量操作的实例。本小节仅讨论前者（后者在下一小节讨论）。

例7－5。回到第五章给出的例5－5。该例在物理学教材中，被称为"实验：用温度计测量温度"③。但是，第五章证实，该例的实际操作是对长度（水银因热胀冷缩而沿温度计管上升或下降的距离）的测量；所谓"实验：用

① 曾永寿．马克思经济学叙述方法和研究方法的现代解读［J］．经济与社会发展，2011（11）．

② 哈尔·赫尔曼．数学恩仇录：数学家的十大论战［M］．上海：复旦大学出版社，2009：142.

③ 中小学通用教材数学编写组．初中课本·物理（第一册）［M］．北京：人民教育出版社，1979：187.

温度计测量温度”，实际上是运用两次实际操作通过要素对易构造的理论操作。

分析。上述实际操作就是由式（1.1）刻画的测量操作。所谓“由实际操作通过要素对易构造的理论操作”表明：实际操作是基础操作，而理论操作则是由基础操作导出的导出操作。而且，相对由式（1.1）刻画的测量操作来说，用温度计测量温度是复杂操作（因为其中渗入诸多理论元素）。由此，应当认为，例7－5是由测量操作导出复杂测量操作的实例。

例7－6。库仑实验。一本《高中课本·物理（下册）》教材写道：“法国物理学家库仑（C. A. Goulomb，1736—1806），用实验研究了静止的点电荷间的相互作用力，于1785年发现了后来用他的名字命名的定律。……”

“库仑是用图7－2所示的扭称来做实验的。扭称的主要部分是在一根细金属丝下面悬挂一根玻璃棒，棒的左端有一个金属小球A，另一端有一个平衡小球B。在离A球某一距离的地方再放一个同样的金属小球C。如果A球和C球带同种电荷，它们间的斥力将使玻璃棒转过一个角度。向相反方向扭转旋钮M，玻璃棒可以回到原来的位置并保持静止，这时金属丝扭转弹力的力矩跟电荷间斥力的力矩平衡。因此，从旋钮M转过的角度可以计算出电荷间作用力的大小。”

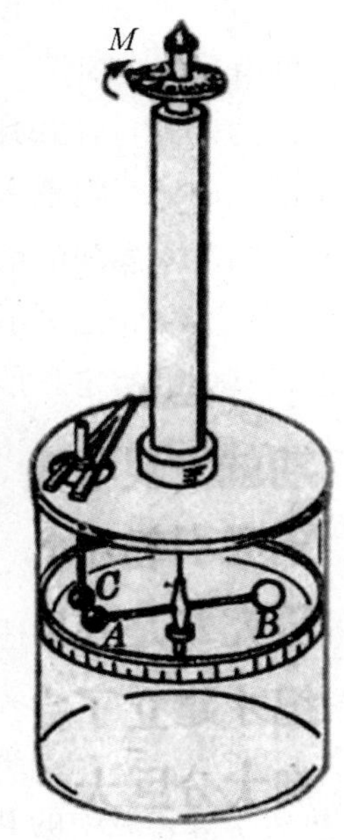

图7－2 库仑扭秤

“库仑的实验是要研究电荷间的相互作用力跟它们间的距离和电量的关系。”①

分析。引文描述了库仑实验，并且明确说这是对“静止的点电荷间的相互作用力”（电性质量）的研究实验。但是，仔细考察，我们看到，引文所描述的库仑实验，无非是一套仪器及其操作；仪器是一种被称为“旋钮M”的测量工具，操作是造成旋钮M的两个平衡状态并进行比较；这两种平衡状态，一是不放C球时旋钮M的平衡状态，二是放C球时旋钮M的平衡状态，比较

① 中小学通用教材物理编写组．高中课本·物理（下册）［M］．北京：人民教育出版社，1980：1－2.

的结果则表现为“旋钮 M 转过的角度”。由此可见，仅就操作本身来说，所谓库仑实验，只是对角度（即“旋钮 M 转过的角度”）的测量；这种测量也是对力（重量）的称量，因为旋钮 M 之所以转过一个角度，在于 A 球和 C 球之间有斥力。所谓“电荷”“电量”，则涉及一系列假定，是库仑在事前预先设定的；“电荷间的作用力的大小”也是“从旋钮 M 转过的角度”“计算”出来的，而计算则是库仑的心智活动，不是操作本身；至于“电荷间作用力跟它们间的距离和电量的关系”就更复杂，涉及前述“假定”与“计算”之间的逻辑关系，这更不是操作本身所呈现的。这就是说，仅就实际操作（剔除渗透其中的假定和推论）而言，库仑实验只是关于角度（可视为长度——弧长）和力（重量）的测量操作；所谓对“静止的点电荷间的相互作用力”（电性质量）的研究实验，则是由实际操作所构造的理论操作。因此，可以认为，例 7－6 与例 7－5 一样，也是由测量操作导出复杂测量操作的实例。

应当指出，上述两例具有普遍性。首先，物理学中的量可以划分为基础量和导出量。一本著作写道：“在国际单位制中共有 7 个基本量：长度、质量、时间、电流、热力学温度、物质的量和发光强度。在力学、电学、磁学、热力学等领域中的其他物理量，都可由这 7 个基本量通过乘、除、微分或积分等数学运算导出。”① 另一本著作写道：“一个物理量的定义必须提供出根据其他能够量度的量来计算它的一套规则。例如，当动量定义为‘质量’和‘速度’的乘积时，这定义中就包含动量的计算规则，这样，就只需量度质量和速度。速度的定义由长度和时间给出，但没有任何更简单或更基本的量可以表示时间和长度。所以长度与时间是力学中两个无法定义的量。已经知道只要用三个无法定义的量，就可以表示所有的力学量。按同样的道理，第三个无法定义的量可选用‘质量’或者‘力’。本书选取质量作为第三个无法定义的力学量。”② 显然，引文明确区分了基础量和导出量。因此，我们有理由给出如下推论：获取基础量的操作是基础操作，获取导出量的操作是（基础操作加思维操作导出的）导出操作。

其次，分析可知，因为人的感觉器官的局限，人们能够直接精确测量的只是长度、时间、重量，而这三种量以外的其他量，只能通过长度、时间、

① 杜荷聪．国际单位制的实际应用［M］．北京：计量出版社，1983：22.

② SEARS F W，等．大学物理学（第一册）［M］．北京：人民教育出版社，1979：1.

重量这三个量及其理论分析推论获得。诚然，为了弥补人的感官功能的局限，人类已经创造，并还将创造大量科学仪器。但是，例 7－5 和例 7－6 表明，即使在这种情况下，人们实际操作所测量的仍然只有长度、时间和重量，教材中所谓其他量（如温度、电量）的测量，无非是运用实际操作所构造的理论操作。这就是说，我们提出的假说，具有生理学和物理实验等双重实践基础。

说到这里，我们有必要回到第一章。第一章给出测量操作的形式刻画，其摹本是以长度、时间、重量为被测对象的测量操作；之所以如此，理由是以长度、时间、重量为被测对象的测量操作是其他复杂操作的基础操作。第一章说过，“这是一个有待证实的命题，后续章节将有讨论”。显然，本章上述讨论就是对“有待证实的命题”的证实。由此可见，第一章选择测量操作形式刻画的摹本是科学的、正确的。

三、 由测量操作导出随机测量操作的实例

本小节讨论另一个方面的实例，即由测量操作导出随机测量操作。大家知道，统计物理学有一个重要概念，即随机实验；在此说明，本章所称随机测量即随机实验。下面，我们将看到，统计物理学是从理论分析给出随机实验的概念，我们以为这不恰当。顾名思义，随机测量是一种（复杂）测量操作，因此，它可以也应当由作为基础操作的测量操作导出。下面分三个要点来讨论。

首先，证明实体分影操作是一种确定操作。

证：考察易知，式（1.1）中的作用量 ψ_{hu}（$u=1, 2, \cdots, q; q\to\infty$）和性质量 $a_{\blacksquare hu}$（$u=1, 2, \cdots, q; q\to\infty$），其取值是一一对应的（亦即确定的）；作用量 Ω_{hw}（$w=1, 2, \cdots, p; p\to\infty$）和性质量 $a_{\blacktriangle hw}$（$w=1, 2, \cdots, p; p\to\infty$），其取值也是一一对应的；读数 k_{huw}（$uw=11, 21, 12, \cdots, qp; q\to\infty, p\to\infty$）和式 $a_{\blacksquare hu} / a_{\blacktriangle hw}$（$u=1, 2, \cdots, q; q\to\infty; w=1, 2, \cdots, p; p\to\infty$），其取值还是一一对应的。因此，式（1.1）刻画的操作是确定操作。证毕。

其次，引述分析统计物理学关于随机实验的论述，并由此给出随机操作的特征。

一本《统计物理学》教材写道：“按照力学规律，只要把对系统的运动状态有影响的全部因素都确定下来（如作用在系统上的外力场、组成系统的粒

子之间的内力场、描述系统运动状态的广义坐标、广义动量的初值……），那么在某一时刻系统的运动状态必然被它的初值所唯一地确定。这在概率论中称为必然事件。如果对系统的运动状态有影响的全部因素中，只有一部分因素是完全确定的（如系统的总能量、总粒子数……），则这些完全确定的因素我们称之为系统所处的条件组 s；此外，还有许多因素是不确定的，可以进行变异，那些无法控制、无法判知的因素便是变异因素。处于条件组 s 下的系统，由于变异因素的影响出现何种运动状态，或者系统某一物理参量出现何种数值乃是一种随机现象。”①

分析。首先，教材从“力学规律”和“概率论”给出随机实验的概念，这不恰当。因为，随机实验是一种实验（不是理论），它不应当从理论引出；然而，很明显，“力学规律”和“概率论”是理论，因此，从“力学规律”和“概率论”给出随机实验的概念是不恰当的。其次，引文把“因素是不确定的，可以进行变异”“变异因素的影响”作为随机实验的本质特征，这也不妥。因为，从式（1.1）容易看出，式中的作用量 ψ_{hu} 和 Ω_{hw}、性质量 $a_{\blacksquare hu}$ 和 $a_{\blacktriangle hw}$，显然是操作中的“因素”；但是，它们都可以取多个值甚至无穷多个值。由此可见，“因素是不确定的，可以进行变异”也是确定操作的特征，因此，把“因素是不确定的，可以进行变异”“变异因素的影响”作为随机操作的本质特征，这不准确。我们注意到，引文还有“那些无法控制、无法判知的因素便是变异因素”的说明。如果说随机实验的特征是存在“无法控制、无法判知的因素”，这显然是正确的；但是，“无法控制、无法判知的因素”与“变异因素”并不等价，且“无法控制、无法判知”就足以说明随机实验的特征，没有必要再加上“变异因素”。

现在，我们再来说随机测量操作的特征。前面说过，本章所称随机测量就是教材所称随机实验，因此，上述随机实验的特征就是随机测量的特征。其特征是操作中存在“无法控制、无法判知的因素”。

最后，由式（1.1）导出随机测量操作的表达式。分析易知，在式（1.1）中，作用量 ψ_{hu}、Ω_{hw} 是因变量，因此，操作中所谓“无法控制”的因素，指的是作用在实体■、▲上的作用量 ψ_{hu}、Ω_{hw} 的取值无法控制（亦即其

① 马本方，高尚惠，孙煜．高等学校试用教材·热力学与统计物理学［M］．北京：高等教育出版社，1980：155.

取值是随机的）；所谓“无法判知”的因素，指的是操作者获取的性质量 $a_{■hu}$、$a_{▲hw}$ 的取值无法判知。由此，我们设上标符号^标识随机取值操作，于是，$\psi\hat{}$、$\Omega\hat{}$、$a_{■}\hat{}$、$a_{▲}\hat{}$、$k\hat{}$ 分别代表在变量 ψ_{hu}、Ω_{hw}、$a_{■hu}$、$a_{▲hw}$、k_{huw} 取值域中的随机取值。由此并式（1.1），我们有

$$\begin{cases} k\hat{} = a_{■}\hat{} / a_{▲}\hat{} & ① \\ a_{■}\hat{} = \psi\hat{}(■) & ② \\ a_{▲}\hat{} = \Omega\hat{}(▲) & ③ \end{cases} \qquad (7.3)$$

式中

$$\psi\hat{} \in \{\psi_{hu} \mid u=1, 2, \cdots, q; q\to\infty\}$$
$$\Omega\hat{} \in \{\Omega_{hw} \mid w=1, 2, \cdots, p; p\to\infty\}$$
$$a_{■}\hat{} \in \{a_{■hu} \mid u=1, 2, \cdots, q; q\to\infty\}$$
$$a_{▲}\hat{} \in \{a_{▲hw} \mid w=1, 2, \cdots, p; p\to\infty\}$$
$$k\hat{} \in \{k_{huw} \mid uw=11, 21, 12, \cdots, qp; q\to\infty, p\to\infty\}$$

式（7.3）称为“随机测量操作定义式”。式中，随机取值 $\psi\hat{}$、$\Omega\hat{}$、$a_{■}\hat{}$、$a_{▲}\hat{}$、$k\hat{}$ 是常量，各项附式表达着各项随机取值的论域。例如，附式 $\psi\hat{} \in \{\psi_{hu} \mid u=1, 2, \cdots, q; q\to\infty\}$ 表明，作用量常量 $\psi\hat{}$ 其随机取值的论域是作用量变量 ψ_{hu} 的取值集合；余此类推。

第五节 测量操作的先天性、可靠性和完备性考察

对测量操作整体，前面三节已从本质视角进行了考察，本节再从品质视角进行考察。

一、测量操作的先天性、可靠性和完备性的概念

首先说测量操作的先天性概念。第六章说过，所谓“先天”，意即先于经验现象。于是，测量操作的先天性，指的是测量操作先于经验现象。关于此，我们有两点说明。第一，我们之所以要考察测量操作的先天性，是因为前面已证测量操作是基础操作。这就提出一个问题：这种基础操作源于何方？我们的回答：测量操作具有先天性。因此，我们必须对测量操作的先天性进行考察。第二，本节所要讨论的先天性与第六章讨论的先天性是不同的，第六章讨论的先天性指的是生成操作（测量操作内含的一个子操作）的先天性；

本节所要讨论的先天性则是测量操作整体的先天性。

其次说测量操作的可靠性概念。大家知道，数理逻辑就有可靠性研究。《辞海》解释，数理逻辑的可靠性，指形式系统中的一切可证公式（即形式定理）都是有效（即在任何解释下都为真）的公式。仿照数理逻辑的可靠性概念，可以给出测量操作的可靠性概念，即测量操作的一切可导具体操作都是有效（确切无误）的操作。

最后说测量操作的完备性概念。大家知道，数理逻辑也有完备性研究。《哲学大辞典》解释，数理逻辑的完备性，指形式系统的每一个解释皆真的公式都是该系统的定理。应当指出，数理逻辑的对象仅是由形式语言构成的公式，因而其完备性仅指形式语言构成的公式本身；但是，本节讨论的对象不单纯是形式语言构成的公式，而是公式所刻画的测量操作。由此可知，所谓测量操作的完备性，应当具有两个方面的内涵。其一，测量操作的完备性，指测量操作表达式中每一个皆真的具体公式都是该系统中的定理。其二，测量操作的完备性，指测量操作（在逻辑可能性上）能够穷尽实体可能具有的性质量。

二、 测量操作的先天性考察

本小节考察测量操作的先天性。如前所述，所谓先天性即先于经验现象。显然，这里的“经验”指人的经验，且，动物是在人之前就存在，因此，如果证明动物就有式（1.1）刻画的操作，那么也就证明了测量操作先于经验现象。

证：动物走路，其中，路（总长度）可视为对象 $a_{■hu}$，动物每走一步的长度可视为尺度 $a_{▲hw}$，动物走过的步数可写为读数 k_{huw}，于是，动物走路的过程可写为

$$k_{huw} = a_{■hu} / a_{▲hw}$$

此外，动物走的路是地球的表面，而地球的表面状态显然与其环境相关；动物每走一步的长度，显然也与动物所在的环境相关。由此，我们又有

$$a_{■hu} = \psi_{hu}（■）$$

$$a_{▲hw} = \Omega_{hw}（▲）$$

于是，动物走路的完整过程，可写为

$$
\begin{cases}
k_{huw} = a_{\blacksquare hu} / a_{\blacktriangle hw} & ① \\
a_{\blacksquare hu} = \psi_{hu} \ (\blacksquare) & ② \\
a_{\blacktriangle hw} = \Omega_{hw} \ (\blacktriangle) & ③
\end{cases}
$$

式中

$$h = A, B, C, \cdots$$

$$u = 1, 2, \cdots, q; \ q \to \infty$$

$$w = 1, 2, \cdots, p; \ p \to \infty$$

$$uw = 11, 21, 12, \cdots, qp; \ q \to \infty, \ p \to \infty$$

就性质量而言，则有

$$h = \text{长度}$$

显然，上式是式（1.1）的特例。由此可见，动物就有式（1.1）刻画的操作，因此，有结论：（最原始的）测量操作先于经验现象。证毕。

三、 测量操作的可靠性考察

本小节考察测量操作的可靠性。显然，所谓测量操作的一切可导操作，就是遍取式（1.1）取值域所有取值所获得具体操作的集合；所谓有效的操作，指操作过程与操作结果之间的关系是确切无误的。下面给出证明。

证：式（1.1）有三个分式。首先，考察其中的②③两分式。第六章证实，这两个分式是自然规律函项，亦即对公式变量取定任一个具体值，该公式就转化为一条具体的自然规律。显然，自然规律是确切无误的。由此可见，这两个分式所有可导具体操作都是有效的操作。

其次，再考察①分式。第一章表明，符号/的意义是数学运算“除”。由此可知，①分式即式 $k_{uw} = a_{\blacksquare u}/a_{\blacktriangle w}$ 刻画的操作，可理解为 $k_{uw} = a_{\blacksquare u} \div a_{\blacktriangle w}$ 的数学计算，这是一种必然操作，其准确的概率等于100%。显然，这一结论适用于①分式一切可导操作。由此可见，①分式所有可导操作都是有效的操作。

综上所述，式（1.1）刻画的测量操作是可靠的。证毕。

四、 测量操作的完备性考察

本小节考察测量操作的完备性。如前所述，测量操作的完备性包括两个方面的内涵。在此说明，“其一”是显然的。因为，所谓测量操作表达式中每一个皆真的具体公式，也就是对式（1.1）各项进行对应取值所获得的具体公式，因此，测量操作表达式中每一个皆真的具体公式都是该系统中的定理，这一点是显然的，用不着证明。我们需要证明的是“其二”。下面给出“其二”的证明。

证：显然，式（1.1）的附式“$u=1, 2, \cdots, q$；$q\rightarrow\infty$”“$w=1, 2, \cdots, p$；$p\rightarrow\infty$”和“$uw=11, 21, 12, \cdots, qp$；$q\rightarrow\infty$，$p\rightarrow\infty$”表明，式（1.1）已经概括了实体可能具有的性质量。因此，在式（1.1）的论域内（性质量＝长度、时间，重量），测量操作（在逻辑可能性上）能够穷尽实体所有可能具有的性质量。证毕。

第八章　刻意测量操作特殊性考察：特殊操作

至此，我们对测量操作已进行了形式分析，按说接下来应当对刻意测量操作进行形式分析，但是，诚如第五章所述，测量操作分析的结论原则上可推及刻意测量操作，因此没有必要对刻意测量操作进行全面分析。当然，相对测量操作来说，刻意测量操作还有其特殊性，因此，我们需要对刻意测量操作进行特殊性考察。

在此说明，刻意测量操作的特殊性，包括特殊操作、特殊规律、特殊性质和特殊问题。本章考察特殊操作。

第一节　特殊操作的概念与本章的论题和思路

首先说特殊操作的概念。所谓特殊操作，是相对常规操作而言的。有如下定义：设一类操作存在两个子类，并且两个子类都可区分为两种组分。如果其两种组分隐含的操作规律一致，那么，这个子类称为“这类操作的常规操作”，简称“常规操作”；如果其两种组分隐含的操作规律不一致，那么，这个子类称为“这类操作的特殊操作”，简称“特殊操作”。

其次说本章的论题。我们的基本观点：刻意测量存在特殊操作，测量不存在特殊操作。这就是说，存在特殊操作是刻意测量操作的特殊性，因此，必须把特殊操作作为刻意测量操作特殊性考察的内容。由此，可推出本章需要讨论的两个具体论题：其一，证明刻意测量存在特殊操作；其二，证明测量不存在特殊操作。

最后说本章的思路。我们的思路：先由刻意测量操作表达式、测量操作分析表达式以及综合量与分析量的关系式联合导出几种具体操作；尔后，以此为基础，再讨论两个论题，即刻意测量存在特殊操作、测量不存在特殊操作。

第二节　导出几种具体操作

为此，需要引用刻意测量操作表达式、测量操作分析表达式以及综合量与分析量的关系式。第二章给出了刻意测量操作表达式（分为测准操作和非测准操作两个组分）。为了行文简便，下面引用其简化表达式，即式（2.2）和式（2.5）。

式（2.2）写为

$$\begin{cases} k_{\#\square}{}^{※} = a_{■\#}{}^{※} / a_{▲\square}{}^{※} & ① \\ a_{■\#}{}^{※} = \psi_{\#}{}^{※}\ (■) & ② \\ a_{▲\square}{}^{※} = \Omega_{\square}{}^{※}\ (▲) & ③ \end{cases}$$

式中

$$\# \in u$$

$$\square \in u$$

$$\#\square \in uw$$

如果性质量为长度或时间，则有

$$a_{■\#} > 0,\ a_{▲\square} > 0$$

式（2.2）是测准操作简化表达式。

式（2.5）写为

$$\begin{cases} k_{(uw-\#\square)}{}^{-※} = a_{■(u-\#)}{}^{-※} / a_{▲(w-\square)}{}^{-※} & ① \\ a_{■(u-\#)}{}^{-※} = \psi_{(u-\#)}{}^{-※}\ (■) & ② \\ a_{▲(w-\square)}{}^{-※} = \Omega_{(w-\square)}{}^{-※}\ (▲) & ③ \end{cases}$$

式中

$$u-\# = (1,\ 2,\ \cdots,\ q;\ q\to\infty)\ -\#$$

$$w-\square = (1,\ 2,\ \cdots,\ p;\ p\to\infty)\ -\square$$

$$uw-\#\square = (11,\ 21,\ 12,\ \cdots,\ qp;\ q\to\infty,\ p\to\infty)\ -\#\square$$

如果性质量为长度或时间，则

$$a_{■(u-\#)} > 0,\ a_{▲(w-\square)} > 0$$

式（2.5）是非测准操作简化表达式。

第三章给出了测量操作分析表达式即式（3.1）以及综合量与分析量的关系式即式（3.2）。

式（3.1）写为

$$\begin{cases} k_{z_u s_u z_w s_w} = (a_{\blacksquare z_u} + a_{\blacksquare s_u}) / (a_{\blacktriangle z_w} + a_{\blacktriangle s_w}) & ① \\ a_{\blacksquare z_u} + a_{\blacksquare s_u} = (\psi_{z_u} + \psi_{s_u})(\blacksquare) & ② \\ a_{\blacktriangle z_w} + a_{\blacktriangle s_w} = (\Omega_{z_w} + \Omega_{s_w})(\blacktriangle) & ③ \end{cases}$$

式中

$$z_u = z_1, z_2, \cdots, z_q;\ z_q \to \infty$$

$$s_u = s_1, s_2, \cdots, s_\gamma, \cdots, s_q;\ s_q \to \infty$$

$$z_w = z_1, z_2, \cdots, z_p;\ z_p \to \infty$$

$$s_w = s_1, s_2, \cdots, s_\mu, \cdots, s_p;\ s_p \to \infty$$

$z_u s_u z_w s_w = z_1 s_1 z_1 s_1, z_2 s_1 z_1 s_1, \cdots, z_q s_\gamma z_p s_\mu, \cdots, z_q s_q z_p s_p;\ z_q \to \infty,\ s_q \to \infty,\ z_p \to \infty,\ s_p \to \infty$

如果性质量为长度或时间，则

$$a_{\blacksquare z_u} > 0,\ a_{\blacktriangle z_w} > 0$$

$$a_{\blacksquare s_u} \geqslant 0,\ a_{\blacktriangle s_w} \geqslant 0$$

式（3.2）写为

$$\begin{cases} a_{\blacksquare u} = a_{\blacksquare z_u} + a_{\blacksquare s_u} & ① \\ \psi_u = \psi_{z_u} + \psi_{s_u} & ② \\ a_{\blacktriangle w} = a_{\blacktriangle z_w} + a_{\blacktriangle s_w} & ③ \\ \Omega_w = \Omega_{z_w} + \Omega_{s_w} & ④ \\ k_{uw} = k_{z_u s_u z_w s_w} & ⑤ \end{cases}$$

由上述表达式，可以导出三种具体操作。

一、 真性质量刻意测量操作

真性质量刻意测量操作分为真性质量刻意测量测准操作和真性质量刻意测量非测准操作两个组分。下面分别导出它们的形式表达。

首先说真性质量刻意测量测准操作的形式表达。设刻意指定的对象为真对象常量 $a_{\blacksquare z_\#}$，刻意指定的尺度为真尺度常量 $a_{\blacktriangle z_\square}$，那么，由式（2.2）、式（3.1）和式（3.2），我们有

$$\begin{cases} k_{z_\# s_Y z_\square s_\mu}{}^{※} = (a_{■z_\#}{}^{※} + a_{■s_Y}{}^{※}) / (a_{▲z_\square}{}^{※} + a_{▲s_\mu}{}^{※}) & ① \\ a_{■z_\#}{}^{※} + a_{■s_Y}{}^{※} = (\psi_{z_\#}{}^{※} + \psi_{s_Y}{}^{※})(■) & ② \\ a_{▲z_\square}{}^{※} + a_{▲s_\mu}{}^{※} = (\Omega_{z_\square}{}^{※} + \Omega_{s_\mu}{}^{※})(▲) & ③ \end{cases}$$

第三章已说明，视对象 $a_{■s_Y}=0$，视尺度 $a_{▲s_\mu}=0$。因此，上式可直接写为

$$\begin{cases} k_{z_\# s_Y z_\square s_\mu}{}^{※} = (a_{■z_\#}{}^{※} + 0^{※}) / (a_{▲z_\square}{}^{※} + 0^{※}) & ① \\ a_{■z_\#}{}^{※} + 0^{※} = (\psi_{z_\#}{}^{※} + \psi_{s_Y}{}^{※})(■) & ② \\ a_{▲z_\square}{}^{※} + 0^{※} = (\Omega_{z_\square}{}^{※} + \Omega_{s_\mu}{}^{※})(▲) & ③ \end{cases}$$

化简得

$$\begin{cases} k_{z_\# s_Y z_\square s_\mu}{}^{※} = a_{■z_\#}{}^{※} / a_{▲z_\square}{}^{※} & ① \\ a_{■z_\#}{}^{※} = (\psi_{z_\#}{}^{※} + \psi_{s_Y}{}^{※})(■) & ② \\ a_{▲z_\square}{}^{※} = (\Omega_{z_\square}{}^{※} + \Omega_{s_\mu}{}^{※})(▲) & ③ \end{cases} \qquad (8.1)$$

式中

$$z_\# \in z_u;\ s_Y \in s_u$$

$$z_\square \in z_w;\ s_\mu \in s_w$$

$$z_\# s_Y z_\square s_\mu \in z_u s_u z_w s_w = uw$$

如果性质量为长度或时间，则

$$a_{■z_\#} > 0,\ a_{▲z_\square} > 0$$

式（8.1）称为“真性质量刻意测量准测操作表达式”，简称“真性质量准测操作表达式”。式中，$a_{■z_\#}{}^{※}$代表真性质量测准操作实际测到的真对象真量，它与刻意指定的真对象常量 $a_{■z_\#}$准确相符；$a_{▲z_\square}{}^{※}$代表真性质量测准操作实际使用的真尺度真量，它与刻意指定的真尺度常量 $a_{▲z_\square}$准确相符；$\psi_{z_\#}{}^{※}$代表作用在■上的真作用量真量，$\psi_{s_Y}{}^{※}$代表作用在■上的特殊视作用量（由此操作者观测到视对象 $a_{■s_Y}{}^{※}=0$），$\psi_{z_\#}{}^{※}+\psi_{s_Y}{}^{※}$代表作用在■上的综合作用量真量，亦即操作者所实施的对准刻意指定对象 $a_{■z_\#}$的操作；$\Omega_{z_\square}{}^{※}$代表作用在▲上的真作用量真量，$\Omega_{s_\mu}{}^{※}$代表作用在▲上的特殊视作用量（由此操作者观测到视尺度 $a_{▲s_\mu}{}^{※}=0$），$\Omega_{z_\square}{}^{※}+\Omega_{s_\mu}{}^{※}$代表作用在▲上的综合作用量真量（亦即操作者所实施的用准刻意指定尺度 $a_{▲z_\square}$的操作）；$k_{z_\# s_Y z_\square s_\mu}{}^{※}$代表真性质量测准读数。上述各量（数）都是常量（常数）。附式 $z_\# \in z_u$表明，常量 $a_{■z_\#}$是变量

$a_{\blacksquare z_u}$取值域$z_u=z_1, z_2, \cdots, z_q; z_q\to\infty$中任一个取值，常量$\psi_{z_\#}$是变量$\psi_{z_u}$取值域$z_u=z_1, z_2, \cdots, z_q; z_q\to\infty$中任一个取值；附式$s_¥\in s_u$表明，常量$a_{\blacksquare s_¥}$是变量$a_{\blacksquare s_u}$取值域$s_u=s_1, s_2, \cdots, s_¥, \cdots, s_q; s_q\to\infty$中一个特殊取值，常量$\psi_{s_¥}$是变量$\psi_{s_u}$取值域$s_u=s_1, s_2, \cdots, s_¥, \cdots, s_q; s_q\to\infty$中一个特殊取值；附式$z_\square\in z_w$表明，常量$a_{\blacktriangle z_\square}$是变量$a_{\blacktriangle z_w}$取值域$z_w=z_1, z_2, \cdots, z_p; z_p\to\infty$中任一个取值，常量$\Omega_{z_\square}$是变量$\Omega_{z_w}$取值域$z_w=z_1, z_2, \cdots, z_p; z_p\to\infty$中任一个取值；附式$s_\mu\in s_w$表明，常量$a_{\blacktriangle s_\mu}$是变量$a_{\blacktriangle s_w}$取值域$s_w=s_1, s_2, \cdots, s_\mu, \cdots, s_p; s_p\to\infty$中一个特殊取值，常量$\Omega_{s_\mu}$是变量$\Omega_{s_w}$取值域$s_w=s_1, s_2, \cdots, s_\mu, \cdots, s_p; s_p\to\infty$中一个特殊取值；附式$z_\# s_¥ z_\square s_\mu\in z_u s_u z_w s_w=uw$表明，常数$k_{z_\# s_¥ z_\square s_\mu}$是变数$k_{z_u s_u z_w s_w}$亦即$k_{uw}$取值域$uw=z_u s_u z_w s_w=z_1 s_1 z_1 s_1, z_2 s_1 z_1 s_1, \cdots, z_q s_¥ z_p s_\mu, \cdots, z_q s_q z_p s_p; z_q\to\infty, s_q\to\infty, z_p\to\infty, s_p\to\infty$中一个取值。显然，此时操作所指向的对象$a_{\blacksquare z_\#}$是纯粹的真对象，所使用的尺度$a_{\blacktriangle z_\square}$是纯粹的真尺度，因此，我们说式（8.1）刻画的是真性质量测准操作。

其次说真性质量刻意测量非测准操作的形式表达。设刻意指定的对象为真对象常量$a_{\blacksquare z_\#}$，刻意指定的尺度为真尺度常量$a_{\blacktriangle z_\square}$，那么，由式（2.5）、式（3.1）和式（3.2），我们有

$$\begin{cases} k_{(uw-z_\# s_¥ z_\square s_\mu)}{}^{-※}=\left[a_{\blacksquare(z_u-z_\#)}{}^{-※}+a_{\blacksquare(s_u-s_¥)}{}^{-※}\right]/\left[a_{\blacktriangle(z_w-z_\square)}{}^{-※}+a_{\blacktriangle(s_w-s_\mu)}{}^{-※}\right] & ① \\ a_{\blacksquare(z_u-z_\#)}{}^{-※}+a_{\blacksquare(s_u-s_¥)}{}^{-※}=\left[\psi_{(z_u-z_\#)}{}^{-※}+\psi_{(s_u-s_¥)}{}^{-※}\right]\ (\blacksquare) & ② \\ a_{\blacktriangle(z_w-z_\square)}{}^{-※}+a_{\blacktriangle(s_w-s_\mu)}{}^{-※}=\left[\Omega_{(z_w-z_\square)}{}^{-※}+\Omega_{(s_w-s_\mu)}{}^{-※}\right]\ (\blacktriangle) & ③ \end{cases} \tag{8.2}$$

式中

$$z_u-z_\#=(z_1, z_2, \cdots, z_q; z_q\to\infty)-z_\#$$

$$s_{u-}s_¥=(s_1, s_2, \cdots, s_¥, \cdots, s_q; s_q\to\infty)-s_¥$$

$$z_{w-}z_\square=(z_1, z_2, \cdots, z_p; z_p\to\infty)-z_\square$$

$$s_{w-}s_\mu=(s_1, s_2, \cdots, s_\mu, \cdots, s_p; s_p\to\infty)-s_\mu$$

$uw-z_\# s_¥ z_\square s_\mu=z_u s_u z_w s_w-z_\# s_¥ z_\square s_\mu=(z_1 s_1 z_1 s_1, z_2 s_1 z_1 s_1, \cdots, z_q s_¥ z_p s_\mu, \cdots, z_q s_q z_p s_p; z_q\to\infty, s_q\to\infty, z_p\to\infty, s_p\to\infty)-z_\# s_¥ z_\square s_\mu$

如果性质量为长度或时间，则

$$a_{\blacksquare(z_u-z_\#)}>0,\ a_{(z_w-z_\square)}>0$$

$$s_u-s_{¥\blacksquare(z_u-z_\#)}>0,\ a_{\blacktriangle(s_w-s_\mu)}>0$$

式（8.2）称为“真性质量刻意测量非测准操作表达式”，简称“真性质量非测准操作表达式”。式中，$a_{\blacksquare(z_u-z_\#)}{}^{-\text{※}}+a_{\blacksquare(s_u-s_{¥})}{}^{-\text{※}}$代表真对象伪量，它们是真性质量非测准操作实际测到的对象；$\psi_{(z_u-z_\#)}{}^{-\text{※}}+\psi_{(s_u-s_{¥})}{}^{-\text{※}}$代表生成真对象伪量的作用量伪量，其实质是操作者想对准刻意指定的真对象常量$a_{\blacksquare z_\#}$却错误地对准了非刻意指定对象$a_{\blacksquare(z_u-z_\#)}+a_{\blacksquare(s_u-s_{¥})}$的操作；$a_{\blacktriangle(z_w-z_\square)}{}^{-\text{※}}+a_{\blacktriangle(s_w-s_\mu)}{}^{-\text{※}}$代表真尺度伪量，它们是真性质量非测准操作实际使用的尺度；$\Omega_{(z_w-z_\square)}{}^{-\text{※}}+\Omega_{(sw-s_\mu)}{}^{-\text{※}}$代表生成真尺度伪量的作用量伪量，其实质是操作者想用准刻意指定的真尺度常量$a_{\blacktriangle z_\square}$却错误地使用了非刻意指定尺度$a_{\blacktriangle(z_w-z_\square)}+a_{\blacktriangle s_w}$的操作；$k_{(uw-z_\# s_{¥} z_\square s_\mu)}{}^{-\text{※}}$代表真性质量非测准读数。上述各量（数）都是变量（变数）。附式$z_u-z_\#=(z_1, z_2, \cdots, z_q; z_q\to\infty)-z_\#$表明，$a_{\blacksquare(u-z_\#)}$的取值域是$a_{\blacksquare u}$的取值域不含取值$a_{\blacksquare z_\#}$的所有取值，$\psi_{(u-z_\#)}$的取值域是$\psi_u$的取值域不含取值$\psi_{z_\#}$的所有取值；附式$s_u-s_{¥}=(s_1, s_2, \cdots, s_{¥}, \cdots, s_q; s_q\to\infty)-s_{¥}$表明，$a_{\blacksquare(s_u-s_{¥})}$的取值域是$a_{\blacksquare s_u}$的取值域不含取值$a_{\blacksquare s_{¥}}$的所有取值，$\psi_{(s_u-s_{¥})}$的取值域是$\psi_{s_u}$的取值域不含取值$\psi_{s_{¥}}$的所有取值；附式$z_w-z_\square=(z_1, z_2, \cdots, z_\square, \cdots, z_p; z_p\to\infty)-z_\square$表明，$a_{\blacktriangle(z_w-z_\square)}$的取值域是$a_{\blacktriangle z_w}$的取值域不含取值$a_{\blacktriangle z_\square}$的所有取值，$\Omega_{(z_w-z_\square)}$的取值域是$\Omega_{z_w}$的取值域不含取值$\Omega_{z_\square}$的所有取值；附式$s_w-s_\mu=(s_1, s_2, \cdots, s_\mu, \cdots, s_p; s_p\to\infty)-s_\mu$表明，$a_{\blacktriangle(s_w-s_\mu)}$的取值域是$a_{\blacktriangle s_w}$的取值域不含取值$a_{\blacktriangle s_\mu}$的所有取值，$\Omega_{(s_w-s_\mu)}$的取值域是$\Omega_{s_w}$的取值域不含取值$\Omega_{s_\mu}$的所有取值；附式$uw-z_\# s_{¥} z_\square s_\mu=z_u s_u z_w s_w-z_\# s_{¥} z_\square s_\mu=(z_1 s_1 z_1 s_1, z_2 s_1 z_1 s_1, \cdots, z_q s_{¥} z_p s_\mu, \cdots, z_q s_q z_p s_p; z_q\to\infty, s_q\to\infty, z_p\to\infty, s_p\to\infty)-z_\# s_{¥} z_\square s_\mu$表明，$k_{(uw-z_\# s_{¥} z_\square s_\mu)}$的取值域是$k_{uw}$，亦即$k_{z_u s_u z_w s_w}$的取值域是不含取值$k_{z_\# s_{¥} z_\square s_\mu}$的所有取值。

二、 偏真对象刻意测量操作

偏真对象刻意测量操作，同样分为偏真对象刻意测量测准操作和偏真对象刻意测量非测准操作两个组分。下面分别导出它们的形式表达。

首先说偏真对象刻意测量测准操作的形式表达。设刻意指定的对象为真对象常量$a_{\blacksquare z_\#}$，刻意指定的尺度为尺度常量$a_{\blacktriangle\square}$，那么，由式（2.2）、式（3.1）和式（3.2）并参照式（8.1），我们有

$$\begin{cases} k_{z_\# s_Ұ \square}{}^{※} = a_{■z_\#}{}^{※} / a_{▲\square}{}^{※} & ① \\ a_{■z_\#}{}^{※} = (\psi_{z_\#}{}^{※} + \psi_{s_Ұ}{}^{※})\ (■) & ② \\ a_{▲\square} = \Omega_{\square}{}^{※}\ (▲) & ③ \end{cases} \quad (8.3)$$

式中

$$z_\# \in z_u,\ s_Ұ \in s_u$$

$$\square \in w$$

$$z_\# s_Ұ \square = z_\# s_Ұ z_\square s_\square \in z_u s_u z_w s_w = uw$$

如果性质量为长度或时间，则

$$a_{■z_\#} > 0,\ a_{▲\square} > 0$$

式（8.3）称为“偏真对象刻意测量测准操作表达式”，简称“偏真对象测准操作表达式”。式中，$a_{▲\square}{}^{※}$代表偏真对象测准操作实际使用的尺度真量，它与刻意指定的尺度常量$a_{▲\square}$准确重合；$\Omega_{\square}{}^{※}$代表作用在尺度实体▲上的作用量真量，亦即用准刻意指定尺度$a_{▲\square}$的操作；$k_{z_\# s_Ұ \square}{}^{※}$代表偏真对象测准读数。上述各量（数）都是常量（常数）。附式$\square \in w$表明，常量$a_{▲\square}$是变量$a_{▲w}$取值域$w = 1, 2, \cdots, p; p \to \infty$中任一个取值；常量$\Omega_{\square}$是变量$\Omega_w$取值域$w = 1, 2, \cdots, p; p \to \infty$中任一个取值；附式$z_\# s_Ұ \square = z_\# s_Ұ z_\square s_\square \in z_u s_u z_w s_w = uw$表明，常数$k_{z_\# s_Ұ \square}$亦即$k_{z_\# s_Ұ z_\square s_\square}$是变数$k_{z_u s_u z_w s_w}$亦即$k_{uw}$取值域$z_u s_u z_w s_w = z_1 s_1 z_1 s_1,\ z_2 s_1 z_1 s_1, \cdots, z_q s_Ұ z_p s_p, \cdots, z_q s_q z_p s_p$；$z_q \to \infty$，$s_q \to \infty$，$z_p \to \infty$，$s_p \to \infty$中一个取值。其他符号，讨论式（8.1）时已有说明，兹不赘述。显然，此时操作所指向的对象$a_{■z_\#}$是纯粹的真对象，但所使用的尺度$a_{▲\square}$却不是纯粹的真尺度，因此，我们说式（8.3）刻画的是**偏真对象**测准操作。

其次说偏真对象刻意测量非测准操作的形式表达。设刻意指定的对象为真对象常量$a_{■z_\#}$，刻意指定的尺度为尺度常量$a_{▲\square}$，那么，由式（2.5）、式（3.1）和式（3.2）并参照式（8.2），我们有

$$\begin{cases} k_{(uw - z_\# s_Ұ \square)}{}^{-※} = [a_{■(z_u - z_\#)}{}^{-※} + a_{■(s_u - s_Ұ)}{}^{-※}] / a_{▲(w-\square)}{}^{-※} & ① \\ a_{■(z_u - z_\#)}{}^{-※} + a_{■(s_u - s_Ұ)}{}^{-※} = [\psi_{(z_u - z_\#)}{}^{-※} + \psi_{(s_u - s_Ұ)}{}^{-※}]\ (■) & ② \\ a_{▲(w-\square)}{}^{-※} = \Omega_{(w-\square)}{}^{-※}\ (▲) & ③ \end{cases}$$

（8.4）

式中

$$z_u - z_\# = (z_1, z_2, \cdots, z_q;\ z_q \to \infty) - z_\#$$

$$s_{u}-s_{￥}=(s_1, s_2, \cdots, s_{￥}, \cdots, s_q; s_q\to\infty)-s_{￥}$$

$$w-\square=(1, 2, \cdots, p; p\to\infty)-\square$$

$$uw-z_{\#}s_{￥}\square=z_u s_u z_w s_w-z_{\#}s_{￥}z_{\square}s_{\square}=(z_1s_1z_1s_1, z_2s_1z_1s_1, \cdots, z_qs_{￥}z_ps_p, \cdots, z_qs_qz_ps_p; z_q\to\infty, s_q\to\infty, z_p\to\infty, s_p\to\infty)-z_{\#}s_{￥}z_{\square}s_{\square}$$

如果性质量为长度或时间，则

$$a_{\blacksquare(z_u-z_{\#})}>0, a_{\blacksquare(s_u-s_{￥})}>0, a_{\blacktriangle(w-\square)}>0$$

式（8.4）称为“偏真对象刻意测量非测准操作表达式”，简称“偏真对象非测准操作表达式”。式中，$a_{\blacktriangle(w-\square)}{}^{-※}$代表尺度伪量，它是偏真对象非测准操作实际使用的尺度；$\Omega_{(w-\square)}{}^{-※}$代表生成尺度伪量的作用量伪量，其实质是操作者想用准刻意指定的尺度$a_{\blacktriangle\square}$却错误地使用了非刻意指定尺度$\Omega_{(w-\square)}$的操作；$k_{(uw-z_{\#}s_{￥}\square)}{}^{-※}$代表偏真对象非测准读数。上述各量（数）都是变量（变数）。附式$w-\square=(1, 2, \cdots, p; p\to\infty)-\square$表明，$a_{\blacktriangle(w-\square)}$的取值域是$a_{\blacktriangle w}$的取值域不含取值$a_{\blacktriangle\square}$的所有取值，$\Omega_{(w-\square)}$的取值域是$\Omega_w$的取值域不含取值$\Omega_{\square}$的所有取值；附式$uw-z_{\#}s_{￥}\square=z_us_uz_ws_w-z_{\#}s_{￥}z_{\square}s_{\square}=(z_1s_1z_1s_1, z_2s_1z_1s_1, \cdots, z_qs_{￥}z_ps_p, \cdots, z_qs_qz_ps_p; z_q\to\infty, s_q\to\infty, z_p\to\infty, s_p\to\infty)-z_{\#}s_{￥}z_{\square}s_{\square}$表明，$k_{(uw-z_{\#}s_{￥}\square)}$的取值域是$k_{uw}$，亦即$k_{z_us_uz_ws_w}$的取值域不含取值$k_{z_{\#}s_{￥}\square}$的所有取值。其他附式，讨论式（8.2）时已有说明，兹不赘述。

三、 偏真尺度刻意测量操作

偏真尺度刻意测量操作，同样分为偏真尺度刻意测量测准操作和偏真尺度刻意测量非测准操作两个组分。下面分别导出它们的形式表达。

首先说偏真尺度刻意测量测准操作的形式表达。设刻意指定的对象为对象常量$a_{\blacksquare\#}$，刻意指定的尺度为真尺度常量$a_{\blacktriangle z_{\square}}$，那么，由式（2.2）、式（3.1）和式（3.2）并参照式（8.1），我们有

$$\begin{cases} k_{\#z_{\square}s_{\mu}}{}^{※}=a_{\blacksquare\#}{}^{※}/a_{\blacktriangle z_{\square}}{}^{※} & ① \\ a_{\blacksquare\#}{}^{※}=\psi_{\#}{}^{※}\ (\blacksquare) & ② \\ a_{\blacktriangle z_{\square}}{}^{※}=(\Omega_{z_{\square}}+\Omega_{s_{\mu}})^{※}\ (\blacktriangle) & ③ \end{cases} \tag{8.5}$$

式中

$$\#\in u$$

$$z_{\square}\in z_w;\ s_{\mu}\in s_w$$

$$\#z_{\square}s_{\mu} = z_{\#}s_{\#}z_{\square}s_{\mu} \in z_u s_u z_w s_w = uw$$

如果性质量为长度或时间，则

$$a_{\blacksquare\#} > 0,\ a_{\blacktriangle z_{\square}} > 0$$

式（8.5）称为“偏真尺度刻意测量测准操作表达式”，简称“偏真尺度测准操作表达式”。式中，$a_{\blacksquare\#}{}^{※}$代表偏真尺度测准操作实际测到的对象真量，它与刻意指定的对象常量$a_{\blacksquare\#}$准确重合；$\psi_{\#}{}^{※}$代表作用在对象实体■上的作用量真量，亦即用准刻意指定对象$a_{\blacksquare\#}$的操作；$k_{\#z_{\square}s_{\square}}$（亦即$k_{z_{\#}s_{\#}z_{\square}s_{\mu}}$）代表偏真尺度测准读数。上述各量（数）都是常量（常数）。附式$\# \in q$表明，常量$a_{\blacksquare\#}$是变量$a_{\blacksquare u}$取值域$u = 1, 2, \cdots, q;\ q \to \infty$中任一个取值；常量$\psi_{\#}$是变量$\psi_u$取值域$u = 1, 2, \cdots, q;\ q \to \infty$中任一个取值；附式$\#z_{\square}s_{\mu} = z_{\#}s_{\#}z_{\square}s_{\mu} \in z_u s_u z_w s_w = uw$表明，常数$k_{\#z_{\square}s_{\mu}}$亦即$k_{z_{\#}z_{\#}z_{\square}s_{\mu}}$是变数$k_{z_u s_u z_w s_w}$亦即$k_{uw}$取值域$z_u s_u z_w s_w = z_1 s_1 z_1 s_1,\ z_2 s_1 z_1 s_1,\ \cdots,\ z_q s_q z_p s_{\mu},\ \cdots,\ z_q s_q z_p s_p;\ z_q \to \infty,\ s_q \to \infty,\ z_p \to \infty,\ s_p \to \infty$中一个取值。其他符号，讨论式（8.1）时已有说明，兹不赘述。显然，此时操作所使用的尺度$a_{\blacktriangle z_{\square}}$是纯粹的真尺度，但所指向的对象$a_{\blacksquare\#}$却不是纯粹的真对象，因此，我们说式（8.5）刻画的是偏真尺度测准操作。

其次说偏真尺度刻意测量非测准操作的形式表达。设刻意指定的对象为对象常量$a_{\blacksquare\#}$，刻意指定的尺度为真尺度常量$a_{\blacktriangle z_{\square}}$，那么，由式（2.5）、式（3.1）和式（3.2）并参照式（8.2），我们有

$$\begin{cases} k_{(uw-\#z_{\square}s_{\mu})}{}^{-※} = a_{\blacksquare(u-\#)}{}^{-※} / \left[a_{\blacktriangle(z_w-z_{\square})}{}^{-※} + a_{\blacktriangle(s_w-s_{\mu})}{}^{-※}\right] & ① \\ a_{\blacksquare(u-\#)}{}^{-※} = \psi_{(u-\#)}{}^{-※}\ (\blacksquare) & ② \\ a_{\blacktriangle(z_w-z_{\square})}{}^{-※} + a_{\blacktriangle(s_w-s_{\mu})}{}^{-※} = \left[\Omega_{(z_w-z_{\square})}{}^{-※} + \Omega_{(s_w-s_{\mu})}{}^{-※}\right]\ (\blacktriangle) & ③ \end{cases} \tag{8.6}$$

式中

$$u - \# = (1, 2, \cdots, q;\ q \to \infty) - \#$$

$$z_w - z_{\square} = (z_1, z_2, \cdots, z_p;\ z_p \to \infty) - z_{\square}$$

$$s_w - s_{\mu} = (s_1, s_2, \cdots, s_{\mu}, \cdots, s_p;\ s_p \to \infty) - s_{\mu}$$

$$uw - \#z_{\square}s_{\mu} = z_u s_u z_w s_w - z_{\#}s_{\#}z_{\square}s_{\mu} = (z_1 s_1 z_1 s_1,\ z_2 s_1 z_1 s_1,\ \cdots,\ z_q s_q z_p s_{\mu},\ \cdots,\ z_q s_q z_p s_p;\ z_q \to \infty,\ s_q \to \infty,\ z_p \to \infty,\ s_p \to \infty) - z_{\#}s_{\#}z_{\square}s_{\mu}$$

如果性质量为长度或时间，则

$$a_{\blacksquare(u-\#)} > 0,\ a_{\blacktriangle(z_w-z_{\square})} > 0,\ a_{\blacktriangle(s_w-s_{\mu})} > 0$$

式（8.6）称为“偏真尺度刻意测量非测准操作表达式”，简称“偏真尺度非测准操作表达式”。式中，$a_{\blacksquare(u-\#)}{}^{-※}$代表对象伪量，它是偏真尺度非测准操作实际测到的对象；$\psi_{(u-\#)}{}^{-※}$代表生成对象伪量的作用量伪量，其实质是操作者想对准刻意指定的对象$a_{\blacksquare\#}$却错误地对准了非刻意指定对象$a_{\blacksquare(u-\#)}$的操作；$k_{(uw-\#z_{\square}s_{\mu})}{}^{-※}$代表偏真尺度非测准读数。上述各量（数）都是变量（变数）。附式$u-\#=(1, 2, \cdots, q; q\to\infty)-\#$表明，$a_{\blacksquare(u-\#)}$的取值域是$a_{\blacksquare u}$的取值域不含取值$a_{\blacksquare\#}$的所有取值，$\psi_{(u-\#)}$的取值域是$\psi_u$的取值域不含取值$\psi_\#$的所有取值；附式$uw-\#z_{\square}s_{\mu}=z_us_uz_ws_w-z_\#s_\#z_{\square}s_{\mu}=(z_1s_1z_1s_1, z_2s_1z_1s_1, \cdots, z_qs_qz_ps_{\mu}, \cdots, z_qs_qz_ps_p; z_q\to\infty, s_q\to\infty, z_p\to\infty, s_p\to\infty)-z_\#s_\#z_{\square}s_{\mu}$表明，$k_{(uw-\#z_{\square}s_{\mu})}$的取值域是$k_{uw}$亦即$k_{z_us_uz_ws_w}$的取值域不含取值$k_{\#z_{\square}s_{\mu}}$的所有取值。其他附式，讨论式（8.2）时已有说明，兹不赘述。

针对上述讨论，有如下三点说明。

第一，真性质量测准操作表达式不能写为（仅给出主式，附式从略）

$$\begin{cases} k_{z_\#z_{\square}}{}^{※}=a_{\blacksquare z_\#}{}^{※}/a_{\blacktriangle z_{\square}}{}^{※} \\ a_{\blacksquare z_\#}{}^{※}=\psi_{z_\#}{}^{※}\ (\blacksquare) \\ a_{\blacktriangle z_{\square}}{}^{※}=\Omega_{z_{\square}}{}^{※}\ (\blacktriangle) \end{cases} \tag{8.7}$$

式（8.7）称为“真性质量测准操作的错误表达式”。

分析。式$a_{\blacksquare z_\#}{}^{※}=\psi_{z_\#}{}^{※}$（■）表明，操作者观测到纯粹的真对象$a_{\blacksquare z_\#}$不需要任何视作用量；式$a_{\blacktriangle z_{\square}}{}^{※}=\Omega_{z_{\square}}{}^{※}$（▲）表明，操作者观测到纯粹的真尺度$a_{\blacktriangle z_{\square}}$不需要任何视作用量。然而，这是不可能的。因为，人观测实体总要有视作用量（一定视角），并不存在不需要任何视作用量（视角）这种情况——这是“观测”这种操作的逻辑。

为了更好地理解式（8.1）是正确表达式，式（8.7）是错误表达式，下面给出一个实例。

例8-1。初中物理课本给出的长方体长度测量，如下图[①]所示。由第三章知，就此例而言，所谓真性质量，指的是被测长方体平行线长度。显然，当操作者的刻度尺对准平行线长度时，操作所测到的被测长方体的长度是真性质量$a_{\blacksquare z_\#}$。由此可见，式（8.1）刻画的操作是逻辑可能的，因而是正确

① 中小学通用教材数学编写组．初中课本·物理（第一册）［M］．北京：人民教育出版社，1979：9-10.

的。但是，如果说操作者观测到纯粹的真对象 $a_{\blacksquare z_{\#}}$ 不需要任何视作用量，那么，这等于说，操作者测到平行线长度不需要进行刻度尺贴近长方体的任何操作。显然，这是不可能的。可见，式（8.7）刻画的操作是逻辑不可能的，因而是错误的。

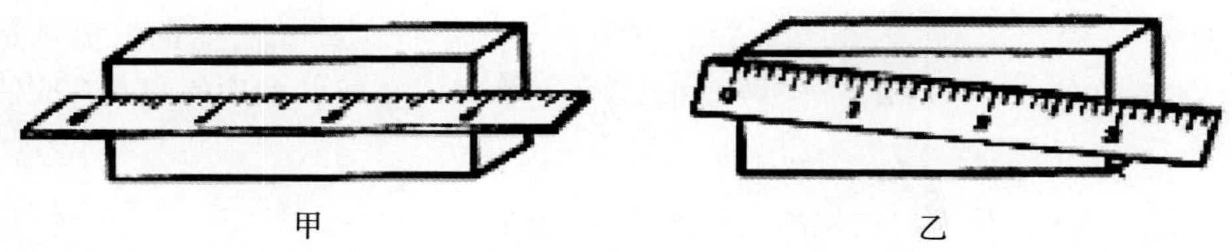

图 8-1

显然，上述结论可推及偏真对象测准操作表达式和偏真尺度测准操作表达式。

第二，真性质量非测准操作表达式不能写为（仅给出主式，附式从略）

$$\begin{cases} k_{(z_u z_w - z_{\#} z_{\square})}{}^{-\text{※}} = a_{\blacksquare (z_u - z_{\#})}{}^{-\text{※}} / a_{\blacktriangle (z_w - z_{\square})}{}^{-\text{※}} & ① \\ a_{\blacksquare (z_u - z_{\#})}{}^{-\text{※}} = [\psi_{(z_u - z_{\#})}{}^{-\text{※}} + \psi_{s_{¥}}{}^{-\text{※}}]\ (\blacksquare) & ② \\ a_{\blacktriangle (z_w - z_{\square})}{}^{-\text{※}} = [\Omega_{(z_w - z_{\square})}{}^{-\text{※}} + \Omega_{s_{\mu}}{}^{-\text{※}}]\ (\blacktriangle) & ③ \end{cases} \quad (8.8)$$

式（8.8）称为“真性质量非测准操作的错误表达式”。

分析。上式表明，真性质量非测准操作实际测到的是纯粹的真对象伪量（没有视对象伪量成分），实际使用的是纯粹的真尺度伪量（没有视尺度伪量成分）。然而，这是不可能的。因为，由第三章知，$a_{\blacksquare u} = a_{\blacksquare z_u} + a_{\blacksquare s_u}$ 是对象的常态，$a_{\blacktriangle w} = a_{\blacktriangle z_w} + a_{\blacktriangle s_w}$ 是尺度的常态，因此，如果想要操作所测到的对象 $a_{\blacksquare u} \equiv a_{\blacksquare (z_u - z_{\#})}$ 和所运用的尺度 $a_{\blacktriangle w} \equiv a_{\blacktriangle (z_w - z_{\square})}$，这等价于以对准刻意指定对象 $a_{\blacksquare (z_u - z_{\#})}$ 和用准刻意指定尺度 $a_{\blacktriangle (z_w - z_{\square})}$ 为特征的测准操作。可见，式（8.8）作为真性质量非测准操作的表达式是错误的。

显然，上述结论可推及偏真对象非测准操作表达式和偏真尺度非测准操作表达式。

第三，如果性质量为长度或时间，则不存在视性质量刻意测量操作，亦即不存在由下式刻画的刻意测量操作（仅给出测准操作主式，测准操作附式和非测准操作表达式从略）。

$$\begin{cases} k_{z_Y s_\# z_\mu s_\square}{}^{※} = (0 + a_{\blacksquare s_\#})^{※} / (0 + a_{\blacktriangle s_\square})^{※} & ① \\ (0 + a_{\blacksquare s_\#})^{※} = (\psi_{z_Y} + \psi_{s_\#})^{※} \ (\blacksquare) & ② \\ (0 + a_{\blacktriangle s_\square})^{※} = (\Omega_{z_\mu} + \Omega_{s_\square})^{※} \ (\blacktriangle) & ③ \end{cases}$$

上式化简得

$$\begin{cases} k_{z_Y s_\# z_\mu s_\square}{}^{※} = a_{\blacksquare s_\#}{}^{※} / a_{\blacktriangle s_\square}{}^{※} & ① \\ a_{\blacksquare s_\#}{}^{※} = (\psi_{z_Y} + \psi_{s_\#})^{※} \ (\blacksquare) & ② \\ a_{\blacktriangle s_\square}{}^{※} = (\Omega_{z_\mu} + \Omega_{s_\square})^{※} \ (\blacktriangle) & ③ \end{cases} \tag{8.9}$$

式（8.9）称为“错误的刻意测量测准操作表达式”。

分析。上式表明其真对象 $a_{\blacksquare z_\#}=0$、真尺度 $a_{\blacktriangle z_\square}=0$；然而，由式（3.1）知，如果性质量为长度或时间，则 $a_{\blacksquare z_u}>0$，$a_{\blacktriangle z_w}>0$——这就是说，对性质量为长度或时间的测量，真对象 $a_{\blacksquare z_\#}=0$、真尺度 $a_{\blacktriangle z_\square}=0$ 是不可能的。因此，有结论：如果性质量为长度或时间，则视性质量测准操作不具有逻辑可能性，因而是不存在的。当然，如果性质量不是长度或时间，则另当别论——关于此，我们将另文探讨。

显然，上述结论可推及偏视对象刻意测量操作和偏视尺度刻意测量操作。

第三节　刻意测量存在特殊操作

前面已导出几种具体操作，现在讨论本章的论题。本节仅讨论第一个论题，即刻意测量存在特殊操作。

我们的论据：式（2.2）和式（2.5）刻画的是刻意测量常规操作；式（8.1）和式（8.2）、式（8.3）和式（8.4）、式（8.5）和式（8.6）刻画的三种具体操作是刻意测量的特殊操作。

分析。容易看出，式（8.1）和式（8.2）、式（8.3）和式（8.4）、式（8.5）和式（8.6）所刻画的三种操作属于同一个子类；且，后两者无非是前者的特殊情况。因此（也为了简化），下面的讨论仅针对式（8.1）和式（8.2）即可——其结论可推及式（8.3）和式（8.4）、式（8.5）和式（8.6）。此外，为了简便，我们将式（2.2）和式（2.5）刻画的操作称为子类α；式（8.1）和式（8.2）刻画的操作称为子类β。由此，根据本章第一节给出的特殊操作的概念，证明第一个论题，必须分为如下要点：第一，证明

子类 α 与子类 β 同属于刻意测量操作；第二，证明子类 α 是常规操作；第三，证明子类 β 是特殊操作。下面分别讨论。

一、 证明子类α 与子类β 同属于刻意测量操作

第二章表明，式（2.2）和式（2.5）是刻意测量操作表达式，亦即子类 α 属于刻意测量操作。因此，这里只要证明子类 β 也属于刻意测量操作即可。下面给出证明。

证：首先，由本章第二节知，式（8.1）和式（8.2）由式（2.2）和式（2.5）导出；且，式（2.2）和式（2.5）是刻意测量操作表达式——这已经表明子类 β 属于刻意测量操作。其次，由第二章知，对刻意指定的性质量所进行的操作是刻意测量操作的特征；然而，对子类 β 考察易知，它们都是对刻意指定的性质量所进行的操作，这再一次表明子类 β 属于刻意测量操作。证毕。

二、 证明子类α 是常规操作

按照本章第一节给出的概念，所谓常规操作，当且仅当，两个组分（测准操作与非测准操作）隐含的操作规律一致。下面先给出一个引理，而后再给出证明。

引理1：取值域和论域的概念。第二章说过，论域≠取值域。取值域，指表达式各量的取值幅度；论域，指表达式所谈论操作的范围，亦即表达式各量的取值幅度所在的范围。

证：由式（2.2）知，子类 α 测准操作其对象的取值域是 $a_{\blacksquare\#}$（$\# \in u$），由此知，$a_{\blacksquare\#} \in a_{\blacksquare u}$（$u=1, 2, \cdots, q; q \to \infty$）——这表明子类 α 测准操作其对象的论域是 $a_{\blacksquare u}$（$u=1, 2, \cdots, q; q \to \infty$）；子类 α 测准操作其尺度的取值域是 $a_{\blacktriangle\square}$（$\square \in w$），由此知，$a_{\blacktriangle\square} \in a_{\blacktriangle w}$（$w=1, 2, \cdots, p; p \to \infty$）——这表明子类 α 测准操作其尺度的论域是 $a_{\blacktriangle w}$（$w=1, 2, \cdots, p; p \to \infty$）。由式（2.5）知，子类 α 非测准操作其对象的取值域是 $a_{\blacksquare(u-\#)}$ [$u-\#=(1, 2, \cdots, q; q \to \infty)-\#$]，由此知，$a_{\blacksquare(u-\#)} \in a_{\blacksquare u}$（$u=1, 2, \cdots, q; q \to \infty$）——这表明子类 α 非测准操作其对象的论域是 $a_{\blacksquare u}$（$u=1, 2, \cdots, q; q \to \infty$）；子类 α 非测准操作其尺度的取值域是 $a_{\blacktriangle(w-\square)}$ [$w-\square=(1, 2, \cdots, p; p \to \infty)-\square$]，由此知，$a_{\blacktriangle(w-\square)} \in a_{\blacktriangle w}$（$w=1, 2, \cdots, p; p \to \infty$）——

这表明子类α非测准操作其尺度的论域是$a_{▲w}$（$w=1$，2，…，p；$p\to\infty$）[①]。对比易知，子类α测准操作和非测准操作的论域一致：其对象的论域都是$a_{■u}$（$u=1$，2，…，q；$q\to\infty$），其尺度的论域都是$a_{▲w}$（$w=1$，2，…，p；$p\to\infty$）。显然，论域属于操作规律，因此，由常规操作的概念来判定，有结论：子类α是常规操作。证毕。

三、 证明子类β是特殊操作

按照本章第一节给出的概念，所谓特殊操作，当且仅当，两个组分（测准操作与非测准操作）隐含的操作规律不一致。下面由引理1并前面给出的式（3.2），给出本小节论题的证明。

证：由式（8.1）知，子类β测准操作其对象的取值域是$a_{■z_\#}$（$z_\#\in z_u$），由此知，$a_{■z_\#}\in a_{■z_u}$（$z_u=z_1$，z_2，…，z_q；$z_q\to\infty$）——这表明子类β测准操作其对象的论域是$a_{■z_u}$（$z_u=z_1$，z_2，…，z_q；$z_q\to\infty$）；子类β测准操作其尺度的取值域是$a_{▲z_□}$（$z_□\in z_w$），由此知，$a_{▲z_□}\in a_{▲z_w}$（$z_w=z_1$，z_2，…，z_p；$z_p\to\infty$）——这表明子类β测准操作其尺度的论域是$a_{▲z_w}$（$z_w=z_1$，z_2，…，z_p；$z_p\to\infty$）。由式（8.2）知，子类β非测准操作其对象是$a_{■(z_u-z_\#)}+a_{■(s_u-s_¥)}$，由式（8.2）的附式和式（3.2）知，$a_{■(z_u-z_\#)}+a_{■(s_u-s_¥)}=a_{■u}(u=1$，2，…，$q$；$q\to\infty$）$-a_{■z_\#}-a_{■s_¥}$，由此并引理1知，$a_{■(z_u-z_\#)}+a_{■(s_u-s_¥)}\in a_{■u}$（$u=1$，2，…，$q$；$q\to\infty$）——这表明子类β非测准操作其对象的论域是$a_{■u}$（$u=1$，2，…，$q$；$q\to\infty$）；子类β非测准操作其尺度是$a_{▲(z_w-z_□)}+a_{▲(s_w-s_\mu)}$，由式（8.2）的附式和式（3.2）知，$a_{▲(z_w-z_□)}+a_{▲(s_w-s_\mu)}=a_{▲w}$（$w=1$，2，…，$p$；$p\to\infty$）$-a_{▲z_□}-a_{▲s_\mu}$，由此并引理1知，$a_{▲(z_w-z_□)}+a_{▲(s_w-s_\mu)}\in a_{▲w}$（$w=1$，2，…，$p$；$p\to\infty$）——这表明子类β非测准操作其尺度的论域是$a_{▲w}$（$w=1$，2，…，$p$；$p\to\infty$）。对比易知，子类β测准操作和非测准操作的论域不一致：测准操作其对象的论域是$a_{■z_u}$（$z_u=z_1$，z_2，…，z_q；$z_q\to\infty$），而非测准操作其对象的论域是$a_{■u}$（$u=1$，2，…，q；$q\to\infty$）；测准操作其尺度的论域是$a_{▲z_w}$（$z_w=z_1$，z_2，…，z_p；$z_p\to\infty$），而非测准操作其尺度的论域是$a_{▲w}$（$w=1$，2，…，p；$p\to\infty$）。显然，论域属于操作规律；因此，由特殊操作的概念来判定，我们有结论：子类β是特殊操作。证毕。

---

① 详细讨论，参见第二章。

第四节　测量不存在特殊操作

现在讨论第二个论题，即测量不存在特殊操作。前面已证，本章第一节导出的几种具体操作属于刻意测量特殊操作；且，由测量操作分析表达式即式（3.1）可导出与刻意测量特殊操作的测准操作相类似的测量操作。有鉴于此，本节的讨论将分如下两个层次进行。

一、由式（3.1）导出与刻意测量特殊操作的测准操作相类似的测量操作，并证明它们不是测量操作的特殊操作

由式（3.1），我们有

$$\begin{cases} a_{\blacksquare z_u}/a_{\blacktriangle z_w}=k_{z_u z_w} & ① \\ a_{\blacksquare z_u}=(\psi_{z_u}+\psi_{s_{\yen}})\ (\blacksquare) & ② \\ a_{\blacktriangle z_w}=(\Omega_{z_w}+\Omega_{s_{\yen}})\ (\blacktriangle) & ③ \end{cases} \quad (8.10)$$

$$\begin{cases} a_{\blacksquare z_u}/a_{\blacktriangle w}=k_{z_u w} & ① \\ a_{\blacksquare z_u}=(\psi_{z_u}+\psi_{s_{\yen}})\ (\blacksquare) & ② \\ a_{\blacktriangle w}=\Omega_w\ (\blacktriangle) & ③ \end{cases} \quad (8.11)$$

$$\begin{cases} a_{\blacksquare u}/a_{\blacktriangle z_w}=k_{u z_w} & ① \\ a_{\blacksquare u}=\psi_u\ (\blacksquare) & ② \\ a_{\blacktriangle z_w}=(\Omega_{z_w}+\Omega_{s_{\yen}})\ (\blacktriangle) & ③ \end{cases} \quad (8.12)$$

对比易知，从形式上看，由式（3.1）导出的式（8.10）、式（8.11）和式（8.12）与式（8.1）、式（8.3）和式（8.5）类似；且，式（3.1）是测量操作的分析表达式。由此可见，式（8.10）、式（8.11）和式（8.12）的确是与刻意测量特殊操作的测准操作相类似的测量操作。但是，可以证明，式（8.10）、式（8.11）和式（8.12）所刻画的操作并非测量操作的特殊操作。因为，测量操作的特征是其对象和尺度的取值在其取值域中任选；式（8.10）、式（8.11）和式（8.12）只是这种任选所生成的特定结果，其中并不存在特殊规律，因而也就不是特殊操作。

二、 从根本上证明， 测量不存在特殊操作

证：由本章第一节给出的概念知，所谓特殊操作，其存在的条件是一类操作可区分为两种组分。然而，测量这类操作不能区分为两种组分。因此，从根本上说测量不存在特殊操作。证毕。

第九章　刻意测量操作特殊性考察：特殊规律和特殊性质

第八章说过，刻意测量操作的特殊性，包括特殊操作、特殊规律、特殊性质和特殊问题。本章考察特殊规律和特殊性质。

在讨论正题之前，先对有关问题作一个说明。第一，有关操作的名称问题。在第二章，我们将式（2.2）和式（2.5）刻画的操作称为“刻意测量操作”，但是，第八章证明，式（2.2）和式（2.5）刻画的操作是刻意测量常规操作，式（8.1）和式（8.2）、式（8.3）和式（8.4）、式（8.5）和式（8.6）刻画的是刻意测量特殊操作。为了区分，此后，我们将式（2.2）和式（2.5）刻画的操作改称为“刻意测量常规操作”，将刻意测量常规操作和刻意测量特殊操作统称为“刻意测量操作”。第二，有关量的名称问题。第四章由式（2.2）和式（2.5）导出了准量和误量；此外，由式（8.1）和式（8.2）、式（8.3）和式（8.4）、式（8.5）和式（8.6）也可分别导出三种特殊准量和特殊误量。在此说明，前面已将式（2.2）和式（2.5）刻画的操作改称刻意测量常规操作，因此，此前所称“准量”和“误量”，我们改称为“常规准量”和“常规误量”，而将常规准量和特殊准量统称为“准量”，将常规误量和特殊误量统称为“误量”。第三，有关内容的简化问题。前面说到，式（8.1）和式（8.2）、式（8.3）和式（8.4）、式（8.5）和式（8.6）刻画的是刻意测量特殊操作，并且由这些特殊操作可导出相应的特殊准量和特殊误量。但是，对这些表达式刻画的操作及其特殊准量和特殊误量都进行讨论将增加文章的篇幅。由第八章知，式（8.3）和式（8.4）、式（8.5）和式（8.6）实际上是式（8.1）和式（8.2）的特殊情况，因此（也为了简化），以后凡涉及刻意测量特殊操作以及特殊准量和特殊误量，将只针对式（8.1）和式（8.2）及其导出的表达式；当然，由此获得的结论可推及式（8.3）和式（8.4）、式（8.5）和式（8.6）及其导出的表达式。

现在再说正题。由第四章知，准量和误量是刻意测量操作的结果。这就是说，准量和误量隐含着刻意测量操作的全部信息，因此，所谓刻意测量操作的特殊规律，实际就是准量和误量的规律。本章的讨论表明，刻意测量操作的特殊规律亦即准量和误量的规律可概括为五个定理。在此说明，文中所称“特殊性质”中的“性质”，指认知学性质；更具体地说，指操作是否产生误差。本章将证明，刻意测量操作必然产生误差，且必然产生误差是刻意测量操作的特殊性质。由此，我们的思路：先进行预备研究，其目的是为证明定理准备引理；在此基础上，再给出和证明五个定理；最后，考察刻意测量操作的特殊性质。

第一节　预备研究

所谓预备研究，主要有两个方面的内容。下面分别讨论。

一、 引述若干表达式

本章需要引用已有表达式，它们是第三章给出的测量操作分析表达式即式（3.1）；第四章给出的测得量定义式即式（4.3）、常规准量定义式即式（4.8）和常规误量定义式即式（4.9）；第八章给出的真性质量测准操作表达式即式（8.1）和真性质量非测准操作表达式即式（8.2）。现引述如下。

式（3.1）写为

$$\begin{cases} k_{z_u s_u z_w s_w} = (a_{\blacksquare z_u} + a_{\blacksquare s_u}) / (a_{\blacktriangle z_w} + a_{\blacktriangle s_w}) & ① \\ a_{\blacksquare z_u} + a_{\blacksquare s_u} = (\psi_{z_u} + \psi_{s_u}) (\blacksquare) & ② \\ a_{\blacktriangle z_w} + a_{\blacktriangle s_w} = (\Omega_{z_w} + \Omega_{s_w}) (\blacktriangle) & ③ \end{cases}$$

式中

$$z_u = z_1,\ z_2,\ \cdots,\ z_q;\ z_q \to \infty$$

$$s_u = s_1,\ s_2,\ \cdots,\ s_\gamma,\ \cdots,\ s_q;\ s_q \to \infty$$

$$z_w = z_1,\ z_2,\ \cdots,\ z_p;\ z_p \to \infty$$

$$s_w = s_1,\ s_2,\ \cdots,\ s_\mu,\ \cdots,\ s_p;\ s_p \to \infty$$

$z_u s_u z_w s_w = z_1 s_1 z_1 s_1,\ z_2 s_1 z_1 s_1,\ \cdots,\ z_q s_\gamma z_p s_\mu,\ \cdots,\ z_q s_q z_p s_p;\ z_q \to \infty,\ s_q \to \infty,\ z_p \to \infty,\ s_p \to \infty$

如果性质量为长度或时间，则

$$a_{■z_u} > 0，\ a_{▲z_w} > 0$$

$$a_{■s_u} \geqslant 0，\ a_{▲s_w} \geqslant 0$$

式（4.3）写为

$$a_{■u/w} = k_{uw} \cdot a_{▲w}$$

式中

$$k_{uw} = a_{■u} / a_{▲w}$$

$$a_{■u} = \psi_u\ (■)$$

$$a_{▲w} = \Omega_w\ (▲)$$

$$u = 1，2，\cdots，q；\ q \to \infty$$

$$w = 1，2，\cdots，p；\ p \to \infty$$

$$uw = 11，21，12，\cdots，qp；\ q \to \infty，p \to \infty$$

$$u/w = 1/1，2/1，1/2，\cdots，q/p；\ q \to \infty，p \to \infty$$

如果性质量为长度或时间，则

$$a_{■u} > 0，\ a_{▲w} > 0$$

式（4.8）写为

$$a_{■\#/□}{}^{※} = k_{\#□}{}^{※} \cdot a_{▲□}{}^{※}$$

式中

$$k_{\#□}{}^{※} = a_{■\#}{}^{※} / a_{▲□}{}^{※}$$

$$a_{■\#}{}^{※} = \psi_{\#}{}^{※}\ (■)$$

$$a_{▲□}{}^{※} = \Omega_{□}{}^{※}\ (▲)$$

$$\# \in u$$

$$□ \in w$$

$$\#□ \in uw$$

$$\#/□ \in u/w$$

如果性质量为长度或时间，则有

$$a_{■\#} > 0，\ a_{▲□} > 0$$

式（4.9）写为

$$a_{■(u/w-\#/□)}{}^{-※} = k_{(uw-\#□)}{}^{-※} \cdot a_{▲(w-□)}{}^{-※}$$

式中

$$k_{(uw-\#□)}{}^{-※} = a_{■(u-\#)}{}^{-※} / a_{▲(w-□)}{}^{-※}$$

$$a_{■(u-\#)}{}^{-※} = \psi_{(u-\#)}{}^{-※}\ (■)$$

$$a_{\blacktriangle(w-\square)}{}^{-※} = \Omega_{(w-\square)}{}^{-※} \quad (\blacktriangle)$$
$$u - \# = (1, 2, \cdots, q; q \to \infty) - \#$$
$$w - \square = (1, 2, \cdots, p; p \to \infty) - \square$$
$$uw - \#\square = (11, 21, 12, \cdots, qp; q \to \infty, p \to \infty) - \#\square$$
$$u/w - \#/\square = (1/1, 2/1, 1/2, \cdots, q/p; q \to \infty, p \to \infty) - \#/\square$$

如果性质量为长度或时间，则

$$a_{\blacksquare(u-\#)} > 0, \ a_{\blacktriangle(w-\square)} > 0$$

式（8.1）写为

$$\begin{cases} k_{z_\# s_¥ z_\square s_\mu}{}^{※} = a_{\blacksquare z_\#}{}^{※} / a_{\blacktriangle z_\square}{}^{※} & ① \\ a_{\blacksquare z_\#}{}^{※} = (\psi_{z_\#}{}^{※} + \psi_{s_¥}{}^{※}) \ (\blacksquare) & ② \\ a_{\blacktriangle z_\square}{}^{※} = (\Omega_{z_\square}{}^{※} + \Omega_{s_\mu}{}^{※}) \ (\blacktriangle) & ③ \end{cases}$$

式中

$$z_\# \in z_u, \ s_¥ \in s_u$$
$$z_\square \in z_w, \ s_\mu \in s_w$$
$$z_\# s_¥ z_\square s_\mu \in z_u s_u z_w s_w = uw$$

如果性质量为长度或时间，则

$$a_{\blacksquare z_\#} > 0, \ a_{\blacktriangle z_\square} > 0$$

式（8.2）写为

$$\begin{cases} k_{(uw - z_\# s_¥ z_\square s_\mu)}{}^{-※} = [a_{\blacksquare(z_u - z_\#)}{}^{-※} + a_{\blacksquare(s_u - s_¥)}{}^{-※}] / [a_{\blacktriangle(z_w - z_\square)}{}^{-※} + a_{\blacktriangle(s_w - s_\mu)}{}^{-※}] & ① \\ a_{\blacksquare(z_u - z_\#)}{}^{-※} + a_{\blacksquare(s_u - s_¥)}{}^{-※} = [\psi_{(z_u - z_\#)}{}^{-※} + \psi_{(s_u - s_¥)}{}^{-※}] \ (\blacksquare) & ② \\ a_{\blacktriangle(z_w - z_\square)}{}^{-※} + a_{\blacktriangle(s_w - s_\mu)}{}^{-※} = [\Omega_{(z_w - z_\square)}{}^{-※} + \Omega_{(s_w - s_\mu)}{}^{-※}] \ (\blacktriangle) & ③ \end{cases}$$

式中

$$z_u - z_\# = (z_1, z_2, \cdots, z_q; z_q \to \infty) - z_\#$$
$$s_u - s_¥ = (s_1, s_2, \cdots, s_¥, \cdots, s_q; s_q \to \infty) - s_¥$$
$$z_w - z_\square = (z_1, z_2, \cdots, z_p; z_p \to \infty) - z_\square$$
$$s_w - s_\mu = (s_1, s_2, \cdots, s_\mu, \cdots, s_p; s_p \to \infty) - s_\mu$$

$uw - z_\# s_¥ z_\square s_\mu = z_u s_u z_w s_w - z_\# s_¥ z_\square s_\mu = (z_1 s_1 z_1 s_1, z_2 s_1 z_1 s_1, \cdots, z_q s_¥ z_p s_\mu, \cdots, z_q s_q z_p s_p; z_q \to \infty, s_q \to \infty, z_p \to \infty, s_p \to \infty) - z_\# s_¥ z_\square s_\mu$

如果性质量为长度或时间，则

$$a_{\blacksquare(z_u - z_\#)} > 0, \ a_{\blacktriangle(z_w - z_\square)} > 0$$

$$a_{■(s_u - s_{¥})} > 0，a_{▲(s_w - s_{\mu})} > 0$$

二、导出若干表达式

本章还需要运用另一些表达式，它们可由前面引述的表达式导出。

由式（3.1）的①分式，即

$$k_{z_u s_u z_w s_w} = (a_{■z_u} + a_{■s_u})/(a_{▲z_w} + a_{▲s_w})$$

变形得

$$a_{■(z_u+s_u)/(z_w+s_w)} = k_{z_u s_u z_w s_w} \cdot a_{▲(z_w+s_w)} \tag{9.1}$$

式中

$$k_{z_u s_u z_w s_w} = a_{■(z_u+s_u)}/a_{▲(z_w+s_w)}$$

$$a_{■(z_u+s_u)} = \psi_{(z_u+s_u)}\ (■)$$

$$a_{▲(z_w+s_w)} = \Omega_{(z_w+s_w)}\ (▲)$$

$$z_u = z_1，z_2，\cdots，z_q；z_q \to \infty$$

$$s_u = s_1，s_2，\cdots，s_{¥}，\cdots，s_q；s_q \to \infty$$

$$z_w = z_1，z_2，\cdots，z_p；z_p \to \infty$$

$$s_w = s_1，s_2，\cdots，s_{\mu}，\cdots，s_p；s_p \to \infty$$

$z_u s_u z_w s_w = z_1 s_1 z_1 s_1，z_2 s_1 z_1 s_1，\cdots，z_q s_{¥} z_p s_{\mu}，\cdots，z_q s_q z_p s_p；z_q \to \infty，s_q \to \infty，z_p \to \infty，s_p \to \infty$

$(z_u + s_u)/(z_w + s_w) = (z_1 + s_1)/(z_1 + s_1)，(z_2 + s_1)/(z_1 + s_1)，\cdots，(z_q + s_{¥})/(z_p + s_{\mu})，\cdots，(z_q + s_q)/(z_p + s_p)；z_q \to \infty，s_q \to \infty，z_p \to \infty，s_p \to \infty$

如果性质量为长度或时间，则

$$a_{■z_u} > 0，a_{▲z_w} > 0$$

$$a_{■s_u} \geqslant 0，a_{▲s_w} \geqslant 0$$

式（9.1）称为“测得量分析表达式”，它与式（4.3）等价。

由式（8.1）的①分式，即

$$k_{z_{\#} s_{¥} z_{\square} s_{\mu}}{}^{※} = a_{■z_{\#}}{}^{※}/a_{▲z_{\square}}{}^{※}$$

变形得

$$a_{■(z_{\#}+s_{¥})/(z_{\square}+s_{\mu})}{}^{※} = k_{z_{\#} s_{¥} z_{\square} s_{\mu}}{}^{※} \cdot a_{▲z_{\square}}{}^{※} \tag{9.2}$$

式中

$$k_{z_{\#} s_{¥} z_{\square} s_{\mu}}{}^{※} = a_{■z_{\#}}{}^{※}/a_{▲z_{\square}}{}^{※}$$

$$a_{\blacksquare z_{\#}}{}^{※} = (\psi_{z_{\#}} + \psi_{s_{¥}})^{※}\ (\blacksquare)$$

$$a_{\blacktriangle z_{\square}}{}^{※} = (\Omega_{z_{\square}} + \Omega_{s_{\mu}})^{※}\ (\blacktriangle)$$

$$z_{\#} \in z_u,\ s_{¥} \in s_u$$

$$z_{\square} \in z_w,\ s_{\mu} \in s_w$$

$$z_{\#}s_{¥}z_{\square}s_{\mu} \in z_u s_u z_w s_w = uw$$

$$(z_{\#} + s_{¥})/(z_{\square} + s_{\mu}) \in (z_u + s_u)/(z_w + s_w)$$

如果性质量为长度或时间，则

$$a_{\blacksquare z_{\#}} > 0,\ a_{\blacktriangle z_{\square}} > 0$$

式（9.2）称为“真准量表达式”。式中，$a_{\blacksquare(z_{\#}+s_{¥})/(z_{\square}+s_{\mu})}{}^{※}$代表真准量，由下标$(z_{\#}+s_{¥})/(z_{\square}+s_{\mu})$知，它是四元常量；$k_{z_{\#}s_{¥}z_{\square}s_{\mu}}{}^{※}\cdot a_{\blacktriangle z_{\square}}{}^{※}$表明，真尺度真量$a_{\blacktriangle z_{\square}}{}^{※}$是真准量$a_{\blacksquare(z_{\#}+s_{¥})/(z_{\square}+s_{\mu})}{}^{※}$的单位，读数$k_{z_{\#}s_{¥}z_{\square}s_{\mu}}{}^{※}$是真准量$a_{\blacksquare(z_{\#}+s_{¥})/(z_{\square}+s_{\mu})}{}^{※}$的系数。

由式（8.2）的①分式，即

$$k_{(uw - z_{\#}s_{¥}z_{\square}s_{\mu})}{}^{-※} = [a_{\blacksquare(z_u - z_{\#})}{}^{-※} + a_{\blacksquare(s_u - s_{¥})}{}^{-※}]/[a_{\blacktriangle(z_w - z_{\square})}{}^{-※} + a_{\blacktriangle(s_w - s_{\mu})}{}^{-※}]$$

变形得

$$a_{\blacksquare[(z_u+s_u)/(z_w+s_w)-(z_{\#}+s_{¥})/(z_{\square}+s_{\mu})]}{}^{-※} = k_{(uw - z_{\#}s_{¥}z_{\square}s_{\mu})}{}^{-※}\cdot[a_{\blacktriangle(z_w - z_{\square})}{}^{-※} + a_{\blacktriangle(s_w - s_{\mu})}{}^{-※}] \tag{9.3}$$

式中

$$k_{(uw - z_{\#}s_{¥}z_{\square}s_{\mu})}{}^{-※} = [a_{\blacksquare(z_u - z_{\#})}{}^{-※} + a_{\blacksquare(s_u - s_{¥})}{}^{-※}]/[a_{\blacktriangle(z_w - z_{\square})}{}^{-※} + a_{\blacktriangle(s_w - s_{\mu})}{}^{-※}]$$

$$a_{\blacksquare(z_u - z_{\#})}{}^{-※} + a_{\blacksquare(s_u - s_{¥})}{}^{-※} = [\psi_{(z_u - z_{\#})}{}^{-※} + \psi_{(s_u - s_{¥})}{}^{-※}]\ (\blacksquare)$$

$$a_{\blacktriangle(z_w - z_{\square})}{}^{-※} + a_{\blacktriangle(s_w - s_{\mu})}{}^{-※} = [\Omega_{(z_w - z_{\square})}{}^{-※} + \Omega_{(s_w - s_{\mu})}{}^{-※}]\ (\blacktriangle)$$

$$z_u - z_{\#} = (z_1,\ z_2,\ \cdots,\ z_q;\ z_q \to \infty) - z_{\#}$$

$$s_u - s_{¥} = (s_1,\ s_2,\ \cdots,\ s_{¥},\ \cdots,\ s_q;\ s_q \to \infty) - s_{¥}$$

$$z_w - z_{\square} = (z_1,\ z_2,\ \cdots,\ z_p;\ z_p \to \infty) - z_{\square}$$

$$s_w - s_{\mu} = (s_1,\ s_2,\ \cdots,\ s_{\mu},\ \cdots,\ s_p;\ s_p \to \infty) - s_{\mu}$$

$$uw - z_{\#}s_{¥}z_{\square}s_{\mu} = z_u s_u z_w s_w - z_{\#}s_{¥}z_{\square}s_{\mu} = (z_1s_1z_1s_1,\ z_2s_1z_1s_1,\ \cdots,\ z_qs_{¥}z_ps_{\mu},\ \cdots,\ z_qs_qz_ps_p;\ z_q \to \infty,\ s_q \to \infty,\ z_p \to \infty,\ s_p \to \infty) - z_{\#}s_{¥}z_{\square}s_{\mu}$$

$$(z_u + s_u)/(z_w + s_w) - (z_{\#} + s_{¥})/(z_{\square} + s_{\mu}) = [(z_1 + s_1)/(z_1 + s_1),\ (z_2 + s_1)/(z_1 + s_1),\ \cdots,\ (z_q + s_{¥})/(z_p + s_{\mu}),\ \cdots,\ (z_q + s_q)/(z_p + s_p);\ z_q \to \infty,\ s_q \to \infty,\ z_p \to \infty,\ s_p \to \infty] - (z_{\#} + s_{¥})/(z_{\square} + s_{\mu})$$

如果性质量为长度或时间，则

$$a_{\blacksquare(z_u-z_\#)}>0,\quad a_{\blacktriangle(z_w-z_\square)}>0$$

$$a_{\blacksquare(s_u-s_\yen)}>0,\quad a_{\blacktriangle(s_w-s_\mu)}>0$$

式（9.3）称为“真误量表达式”。式中，$a_{\blacksquare[(z_u+s_u)/(z_w+s_w)-(z_\#+s_\yen)/(z_\square+s_\mu)]}{}^{-\text{※}}$代表真误量，由附式 $(z_u+s_u)/(z_w+s_w)-(z_\#+s_\yen)/(z_\square+s_\mu)=[(z_1+s_1)/(z_1+s_1),(z_2+s_1)/(z_1+s_1),\cdots,(z_q+s_\yen)/(z_p+s_\mu),\cdots,(z_q+s_q)/(z_p+s_p);\ z_q\to\infty,\ s_q\to\infty,\ z_p\to\infty,\ s_p\to\infty]-(z_\#+s_\yen)/(z_\square+s_\mu)$ 知，它是四元变量；$k_{(uw-z_\# s_\yen z_\square s_\mu)}{}^{-\text{※}}\cdot[a_{\blacktriangle(z_w-z_\square)}{}^{-\text{※}}+a_{\blacktriangle(s_w-s_\mu)}]^{-\text{※}}$表明，真尺度伪量 $a_{\blacktriangle(z_w-z_\square)}{}^{-\text{※}}+a_{\blacktriangle(s_w-s_\mu)}{}^{-\text{※}}$是真误量$a_{\blacksquare[(z_u+s_u)/(z_w+s_w)-(z_\#+s_\yen)/(z_\square+s_\mu)]}{}^{-\text{※}}$的单位，读数 $k_{(uw-z_\# s_\yen z_\square s_\mu)}{}^{-\text{※}}$是真误量$a_{\blacksquare[(z_u+s_u)/(z_w+s_w)-(z_\#+s_\yen)/(z_\square+s_\mu)]}{}^{-\text{※}}$的系数。

第二节　准量存在性定理

如前所述，准量分为常规准量和真准量，因此，此定理可分为两个支定理。下面分别讨论。

一、 常规准量存在性支定理

证：常规准量写为 $a_{\blacksquare\#/\square}{}^{\text{※}}$，它由式（4.8）刻画的操作生成。可见，常规准量是存在的。证毕。

二、 真准量存在性支定理

证：真准量写为 $a_{\blacksquare(z_\#+s_\yen)/(z_\square+s_\mu)}{}^{\text{※}}$，它由式（9.2）刻画的操作生成。可见，真准量是存在的。证毕。

第三节　准量测不准定理

如前所述，准量分为常规准量和真准量；此外，还有一个获取常规准量与获取真准量的关系问题。因此，这一定理可区分为三个支定理。下面分别讨论。

一、 常规准量测不准支定理

我们有

$$P(a_{\blacksquare\#/\square}{}^{※}) = \lim_{\substack{q\to\infty \\ p\to\infty}} \frac{1}{q \times p} = 0 \tag{9.4}$$

式（9.4）称为“常规准量测不准支定理”。式中，$P(a_{\blacksquare\#/\square}{}^{※})$ 代表获取常规准量的概率，$\lim_{\substack{q\to\infty \\ p\to\infty}} \frac{1}{q \times p} = 0$ 是它的值。

证：由式（4.8）知，获取常规准量 $a_{\blacksquare\#/\square}{}^{※}$ 的要件是测量操作必须对准对象真量 $a_{\blacksquare\#}{}^{※}$ 并且用准尺度真量 $a_{\blacktriangle\square}{}^{※}$。

然而，由式（4.8）的附式$\# \in u$ 知，对象真量 $a_{\blacksquare\#}{}^{※}$ 是对象变量 $a_{\blacksquare u}$（$u = 1, 2, \cdots, q; q\to\infty$）取值域中一个取值，因此，所谓对准对象真量 $a_{\blacksquare\#}{}^{※}$，其实质是从对象变量 $a_{\blacksquare u}$（$u = 1, 2, \cdots, q; q\to\infty$）取值域确定一个取值。显然，其概率是$\frac{1}{q}$。

又，由式（4.8）的附式$\square \in w$ 知，尺度真量 $a_{\blacktriangle\square}{}^{※}$ 是尺度变量 $a_{\blacktriangle w}$（$w = 1, 2, \cdots, p; p\to\infty$）取值域中一个取值，因此，所谓用准尺度真量 $a_{\blacktriangle\square}{}^{※}$，其实质是从尺度变量 $a_{\blacktriangle w}$（$w = 1, 2, \cdots, p; p\to\infty$）取值域确定一个取值。显然，其概率是$\frac{1}{p}$。

再，如前所述，获取常规准量 $a_{\blacksquare\#/\square}{}^{※}$，对准对象真量 $a_{\blacksquare\#}{}^{※}$ 和用准尺度真量 $a_{\blacktriangle\square}{}^{※}$ 这两个条件必须同时满足。考察易知，对准对象真量 $a_{\blacksquare\#}{}^{※}$ 与用准尺度真量 $a_{\blacktriangle\square}{}^{※}$ 是两个无关（即相容）的独立事件，适用概率乘法定理；此外，因为变量 $a_{\blacksquare u}$ 取值附式有 $q\to\infty$，变量 $a_{\blacktriangle w}$ 取值附式有 $p\to\infty$；因此，有

$$P(a_{\blacksquare\#/\square}{}^{※}) = \lim_{\substack{q\to\infty \\ p\to\infty}} \frac{1}{q \times p} = 0$$

即式（9.4）。证毕。

二、 真准量测不准支定理

我们有

$$P[a_{\blacksquare(z_{\#}+s_{¥})/(z_{\square}+s_{\mu})}{}^{※}] = \lim_{\substack{Z_q\to\infty \\ S_q\to\infty \\ Z_p\to\infty \\ S_p\to\infty}} \frac{1}{z_q \times s_q \times z_p \times s_p} = 0 \tag{9.5}$$

式 (9.5) 称为“真准量测不准支定理表达式”。式中，$P\left[a_{\blacksquare(z_{\#}+s_{\yen})/(z_{\square}+s_{\mu})}{}^{※}\right]$ 代表获取真准量的概率，$\lim\limits_{\substack{Z_q\to\infty\\ S_q\to\infty\\ Z_p\to\infty\\ S_p\to\infty}}\frac{1}{z_q\times s_q\times z_p\times s_p}=0$ 是它的值。

证：由式（9.2）知，获取真准量 $a_{\blacksquare(z_{\#}+s_{\yen})/(z_{\square}+s_{\mu})}{}^{※}$ 的要件是测量操作必须对准的对象是真对象真量 $a_{\blacksquare z_{\#}}{}^{※}$ 并且用准真尺度真量 $a_{\blacktriangle z_{\square}}{}^{※}$。

然而，由式（9.2）的附式 $a_{\blacksquare z_{\#}}{}^{※}=(\psi_{z_{\#}}+\psi_{s_{\yen}})^{※}$（■）知，获取真对象真量 $a_{\blacksquare z_{\#}}{}^{※}$ 的要件是作用在对象实体■上的真作用量取值为 $\psi_{z_{\#}}$，作用在对象实体■上的视作用量取值为 $\psi_{s_{\yen}}$。由附式 $z_{\#}\in z_u$、$s_{\yen}\in s_u$ 知，$\psi_{z_{\#}}{}^{※}$ 是变量 ψ_{z_u}（$z_u=z_1$，z_2，…，z_q；$z_q\to\infty$）取值域中一个取值；$\psi_{s_{\yen}}$ 是变量 ψ_{s_u}（$s_u=s_1$，s_2，…，$s_{\yen}$，…，s_q；$s_q\to\infty$）取值域中一个取值。因此，所谓对准真对象真量 $a_{\blacksquare z_{\#}}{}^{※}$，其实质就是同时实施从变量 ψ_{z_u}（$z_u=z_1$，z_2，…，z_q；$z_q\to\infty$）取值域取定 $\psi_{z_{\#}}{}^{※}$ 和从变量 ψ_{s_u}（$s_u=s_1$，s_2，…，$s_{\yen}$，…，s_q；$s_q\to\infty$）取值域取定 $\psi_{s_{\yen}}$ 的操作；且，这两种操作是无关（即相容）的独立事件，适用概率乘法定理。因此，其概率是 $\frac{1}{Z_q\times S_q}$。

又，由式（9.2）的附式 $a_{\blacktriangle z_{\square}}{}^{※}=(\Omega_{z_{\square}}+\Omega_{s_{\mu}})^{※}$（▲）知，获取真尺度真量 $a_{\blacktriangle z_{\square}}{}^{※}$ 的要件是作用在尺度实体▲上的真作用量取为 $\Omega_{z_{\square}}$，作用在尺度实体▲上的视作用量取为 $\Omega_{s_{\mu}}$。由附式 $z_{\square}\in z_w$、$s_{\mu}\in s_w$ 知，$\Omega_{z_{\square}}$ 是变量 Ω_{z_w}（$z_w=z_1$，z_2，…，z_p；$z_p\to\infty$）取值域中一个取值；$\Omega_{s_{\mu}}$ 是变量 Ω_{s_w}（$s_w=s_1$，s_2，…，s_{μ}，…，s_p；$s_p\to\infty$）取值域中一个取值。因此，所谓用准真尺度真量 $a_{\blacktriangle z_{\square}}{}^{※}$，其实质是同时实施从变量 Ω_{z_w}（$z_w=z_1$，z_2，…，z_p；$z_p\to\infty$）取值域中取定 $\psi_{z_{\#}}{}^{※}$ 和从变量 Ω_{s_w}（$s_w=s_1$，s_2，…，s_{μ}，…，s_p；$s_p\to\infty$）取值域中取定 $\Omega_{s_{\mu}}$ 的操作；且，这两种操作是无关（即相容）的独立事件，适用概率乘法定理。因此，其概率是 $\frac{1}{Z_p\times S_p}$。

再，如前所述，获取真准量 $a_{\blacksquare z_{\#}/z_{\square}}{}^{※}$，对准真对象真量 $a_{\blacksquare z_{\#}}{}^{※}$ 和用准真尺度真量 $a_{\blacktriangle z_{\square}}{}^{※}$ 这两个条件必须同时满足。考察易知，对准真对象真量 $a_{\blacksquare z_{\#}}{}^{※}$ 与用准真尺度真量 $a_{\blacktriangle z_{\square}}{}^{※}$ 是两个无关（即相容）的独立事件，适用概率的乘法定理；此外，因为变量 ψ_{z_u} 取值附式有 $z_q\to\infty$，变量 ψ_{s_u} 取值附式有 $s_q\to\infty$，变量 Ω_{z_w} 取值附式有 $z_p\to\infty$，变量 Ω_{s_w} 取值附式有 $s_p\to\infty$；因此，有

$$P[a_{■(z_{\#}+s_{¥})/(z_{\square}+s_{\mu})}{}^{※}] = \lim_{\substack{Z_q\to\infty\\S_q\to\infty\\Z_p\to\infty\\S_p\to\infty}} \frac{1}{Z_q \times S_q \times Z_p \times S_p} = 0$$

即式（9.5）。证毕。

三、 获取常规准量与获取真准量的关系支定理

我们有

$$P(a_{■z_{\#}/z_{\square}}{}^{※}) / P(a_{■\#/\square}{}^{※}) = \lim_{\substack{Z_q\to\infty\\S_q\to\infty\\Z_p\to\infty\\S_p\to\infty\\q\to\infty\\p\to\infty}} \frac{\dfrac{1}{Z_q \times S_q \times Z_p \times S_p}}{\dfrac{1}{q \times p}} = 0 \qquad (9.6)$$

式（9.6）称为“获取常规准量概率与获取真准量概率的关系支定理”。该式的意义：获取真准量的概率相对获取常规准量的概率是一个高阶无穷小量。这表明获取真准量的难度大于获取常规准量的难度。

证：前面说到，获取常规准量 $a_{■\#/\square}{}^{※}$，对准对象真量 $a_{■\#}{}^{※}$和用准尺度真量 $a_{▲\square}{}^{※}$这两个条件必须同时满足；且对准对象真量 $a_{■\#}{}^{※}$与用准尺度真量 $a_{▲\square}{}^{※}$是两个无关（即相容）的独立事件，适用概率乘法定理。因此有

$$P(a_{■\#/\square}{}^{※}) = \lim_{\substack{q\to\infty\\p\to\infty}} \frac{1}{q \times p} = 0$$

即式（9.4）。

此外，前面说到，对准真对象真量 $a_{■z_{\#}}{}^{※}$，其实质是同时实施从变量 ψ_{z_u}（$z_u = z_1$，z_2，…，z_q；$z_q\to\infty$）取值域取定 $\psi_{z_{\#}}{}^{※}$和从变量 ψ_{s_u}（$s_u = s_1$，s_2，…，$s_{¥}$，…，s_q；$s_q\to\infty$）取值域取定 $\psi_{s_{¥}}$ 的操作；且，这两种操作是无关（即相容）的独立事件，适用概率乘法定理。因此有

$$P(\psi_{z_{\#}}{}^{※} + \psi_{s_{¥}}{}^{※}) = \lim_{\substack{Z_q\to\infty\\S_q\to\infty}} \frac{1}{Z_q \times S_q} = 0 \qquad (9.6①)$$

式（9.6①）称为“对准真对象真量 $a_{■z_{\#}}{}^{※}$的概率表达式”。

前面还说到，用准真尺度真量 $a_{▲z_{\square}}{}^{※}$，其实质是同时实施从变量 Ω_{z_w}（$z_w = z_1$，z_2，…，z_p；$z_p\to\infty$）取值域取定 $\psi_{z_{\#}}{}^{※}$和从变量 Ω_{s_w}（$s_w = s_1$，s_2，…，s_{μ}，…，s_p；$s_p\to\infty$）取值域取定 $\Omega_{s_{\mu}}$ 的操作；且，这两种操作是无关（即相

容）的独立事件，适用概率乘法定理。因此有

$$P(\Omega_{z_{\square}}{}^{\text{※}}+\Omega_{s_{\mu}}{}^{\text{※}})=\lim_{\substack{Z_q\to\infty\\ S_p\to\infty}}\frac{1}{Z_p\times S_p}=0 \qquad (9.6②)$$

式(9.6②)称为“用准真尺度真量 $a_{\blacktriangle z_{\square}}{}^{\text{※}}$ 的概率表达式”。

容易看出

$$P\left(a_{\blacksquare\#/\square}{}^{\text{※}}\right)=P\left(\psi_{z_{\#}}{}^{\text{※}}+\psi_{s_{\text{¥}}}{}^{\text{※}}\right)=P\left(\Omega_{z_{\square}}{}^{\text{※}}+\Omega_{s_{\mu}}{}^{\text{※}}\right) \qquad (9.6③)$$

式（9.6③）称为“获取常规准量的概率与对准真对象真量的概率或用准真尺度真量的概率的关系式”。该式表明，获取常规准量 $a_{\blacksquare\#/\square}{}^{\text{※}}$ 的概率与对准真对象真量 $a_{\blacksquare z_{\#}}{}^{\text{※}}$ 的概率或用准真尺度真量 $a_{\blacktriangle z_{\square}}{}^{\text{※}}$ 的概率是等阶的无穷小量。

于是，由式（9.6③），必有

$$P(a_{\blacksquare z_{\#}/z_{\square}}{}^{\text{※}})/P(a_{\blacksquare\#/\square}{}^{\text{※}})=\lim_{\substack{Z_q\to\infty\\ S_q\to\infty\\ Z_p\to\infty\\ S_p\to\infty\\ q\to\infty\\ p\to\infty}}\frac{\dfrac{1}{Z_q\times S_q\times Z_p\times S_p}}{\dfrac{1}{q\times p}}=0$$

即式（9.6）。证毕。

第四节　误量与准量取值关联性定理

如前所述，误量分为常规误量和真误量，准量分为常规准量和真准量，因此，这一定理可分为两个支定理。下面分别讨论。

一、 常规误量与常规准量取值关联性支定理

先给出这一支定理的表述。由式（4.3），测得量集合可写为 $\{a_{\blacksquare u/w}\mid a_{\blacksquare u/w}=a_{\blacksquare 1/1},a_{\blacksquare 1/2},a_{\blacksquare 2/2},\cdots,a_{\blacksquare q/p}\}$，简写为 $\{a_{\blacksquare u/w}\}$）；由式（4.8），常规准量集合可写为 $\{a_{\blacksquare\#/\square}{}^{\text{※}}\}$（单元素集合）；由式（4.9），常规误量集合可写为 $\{a_{\blacksquare(u/w-\#/\square)}{}^{-\text{※}}\mid a_{\blacksquare(u/w-\#/\square)}{}^{-\text{※}}=(a_{\blacksquare 1/1}{}^{-\text{※}},a_{\blacksquare 1/2}{}^{-\text{※}},a_{\blacksquare 2/2}{}^{-\text{※}},\cdots,a_{\blacksquare q/p}{}^{-\text{※}})-a_{\blacksquare\#/\square}{}^{\text{※}}\}$，简写为 $\{a_{\blacksquare(u/w-\#/\square)}{}^{-\text{※}}\}$。由此，我们有如下结论：常规误量 $a_{\blacksquare(u/w-\#/\square)}{}^{-\text{※}}$ 的取值，随常规准量 $a_{\blacksquare\#/\square}{}^{\text{※}}$ 取值的变化而变化；然而，无论怎样变化，有一点却是不变的，即常规准量集合 $\{a_{\blacksquare\#/\square}{}^{\text{※}}\}$ 与常规误量

集合 $\{a_{\blacksquare(u/w-\#/\square)}{}^{-\text{※}}\}$ 的并集恒等于测得量集合 $\{a_{\blacksquare u/w}\}$，亦即有

$$\{a_{\blacksquare u/w}\} \equiv \{a_{\blacksquare \#/\square}{}^{\text{※}}\} \cup \{a_{\blacksquare(u/w-\#/\square)}{}^{-\text{※}}\} \tag{9.7}$$

式（9.7）称为“常规误量与常规准量取值关联性支定理表达式”。

证：第二章表明，下标#、□、#□标识相应论域的任一个常量。于是，由式（4.8）的附式$\#/\square \in u/w$ 知，常规准量 $a_{\blacksquare \#/\square}{}^{\text{※}}$的取值是可变化的；由式（4.9）的附式 $u/w-\#/\square=(1/1,\ 1/2,\ \cdots,\ q/p;\ q\to\infty,\ p\to\infty)-\#/\square$ 知，常规误量 $a_{\blacksquare(u-\#)/(w-\square)}{}^{-\text{※}}$的取值随常规准量 $a_{\blacksquare \#/\square}{}^{\text{※}}$的取值的变化而变化。但是，由 $\#/\square \in u/w$ 和 $u/w-\#/\square$ 知，常规准量 $a_{\blacksquare \#/\square}{}^{\text{※}}$ 与常规误量 $a_{\blacksquare(u/w-\#/\square)}{}^{-\text{※}}$的取值无论怎样变化，有一点却是不变的，即常规准量集合 $\{a_{\blacksquare \#/\square}{}^{\text{※}}\}$ 与常规误量集合 $\{a_{\blacksquare(u/w-\#/\square)}{}^{-\text{※}}\}$ 的并集恒等于测得量集合 $\{a_{\blacksquare u/w}\}$，亦即有

$$\{a_{\blacksquare u/w}\} \equiv \{a_{\blacksquare \#/\square}{}^{\text{※}}\} \cup \{a_{\blacksquare(u/w-\#/\square)}{}^{-\text{※}}\}$$

即式（9.7）。证毕。

二、 真误量与真准量取值关联性支定理

给出这一支定理的表述。由式（9.1），测得量分析集合写为 $\{a_{\blacksquare(z_u+s_u)/(z_w+s_w)} \mid a_{\blacksquare(z_u+s_u)/(z_w+s_w)}=a_{\blacksquare(z_1+s_1)/(z_1+s_1)},\ a_{\blacksquare(z_2+s_1)/(z_1+s_1)},\ \cdots,\ a_{\blacksquare(z_q+s_{¥})/(z_p+s_\mu)},\ \cdots,\ a_{\blacksquare(z_q+s_q)/(z_p+s_p)}\}$，简写为 $\{a_{\blacksquare(z_u+s_u)/(z_w+s_w)}\}$，它与测得量集合 $\{a_{\blacksquare u/w}\}$ 等价；由式（9.2），真准量的集合可写为 $\{a_{\blacksquare(z_\#+s_{¥})/(z_\square+s_\mu)}{}^{\text{※}}\}$ （单元素集合）；由式（9.3），真误量的集合可写为 $\{a_{\blacksquare[(z_u+s_u)/(z_w+s_w)-(z_\#+s_{¥})/(z_\square+s_\mu)]}{}^{-\text{※}} \mid a_{\blacksquare[(z_u+s_u)/(z_w+s_w)-(z_\#+s_{¥})/(z_\square+s_\mu)]}{}^{-\text{※}}=[a_{\blacksquare(z_1+s_1)/(z_1+s_1)}{}^{-\text{※}},\ a_{\blacksquare(z_2+s_1)/(z_1+s_1)}{}^{-\text{※}},\ \cdots,\ a_{\blacksquare(z_q+s_{¥})/(z_p+s_\mu)}{}^{-\text{※}},\ \cdots,\ a_{\blacksquare(z_q+s_q)/(z_p+s_p)}{}^{-\text{※}}]-a_{\blacksquare(z_\#+s_{¥})/(z_\square+s_\mu)}{}^{-\text{※}}\}$，简写为 $\{a_{\blacksquare[(z_u+s_u)/(z_w+s_w)-(z_\#+s_{¥})/(z_\square+s_\mu)]}{}^{-\text{※}}\}$。由此，有真误量 $a_{\blacksquare[(z_u+s_u)/(z_w+s_w)-(z_\#+s_{¥})/(z_\square+s_\mu)]}{}^{-\text{※}}$的取值，随真准量 $a_{\blacksquare(z_\#+s_{¥})/(z_\square+s_\mu)}{}^{\text{※}}$取值变化；但无论怎样变化，有一点不变，即真准量集合 $\{a_{\blacksquare(z_\#+s_{¥})/(z_\square+s_\mu)}{}^{\text{※}}\}$ 与真误量集合 $\{a_{\blacksquare[(z_u+s_u)/(z_w+s_w)-(z_\#+s_{¥})/(z_\square+s_\mu)]}{}^{-\text{※}}\}$ 的并集恒等于测得量分析集合 $\{a_{\blacksquare(z_u+s_u)/(z_w+s_w)}\}$，亦即有

$$\{a_{\blacksquare(z_u+s_u)/(z_w+s_w)}\} \equiv \{a_{\blacksquare(z_\#+s_{¥})/(z_\square+s_\mu)}{}^{\text{※}}\} \cup \{a_{\blacksquare[(z_u+s_u)/(z_w+s_w)-(z_\#+s_{¥})/(z_\square+s_\mu)]}{}^{-\text{※}}\} \tag{9.8}$$

式（9.8）称为“真误量与真准量取值关联性支定理表达式”。

证：第八章表明，下标 $z_\#$、$s_\#$、$z_\square$、$s_\square$、$z_\#+s_\#$、$z_\square+s_\square$标识相应论域的

任一个常量。于是，由式（9.2）的附式 $(z_{\#}+s_{\yen})/(z_{\square}+s_{\mu}) \in (z_u+s_u)/(z_w+s_w)$ 知，真准量 $a_{\blacksquare(z_{\#}+s_{\yen})/(z_{\square}+s_{\mu})}^{\text{※}}$ 的取值是可变化的；式（9.3）的附式 $(z_u+s_u)/(z_w+s_w)-(z_{\#}+s_{\yen})/(z_{\square}+s_{\mu})=[(z_1+s_1)/(z_1+s_1),(z_2+s_1)/(z_1+s_1),\cdots,(z_q+s_{\yen})/(z_p+s_{\mu}),\cdots,(z_q+s_q)/(z_p+s_p);z_q\to\infty,s_q\to\infty,z_p\to\infty,s_p\to\infty]-(z_{\#}+s_{\yen})/(z_{\square}+s_{\mu})$ 表明，真误量 $a_{\blacksquare[(z_u+s_u)/(z_w+s_w)-(z_{\#}+s_{\yen})/(z_{\square}+s_{\mu})]}^{-\text{※}}$ 的取值随真准量 $a_{\blacksquare(z_{\#}+s_{\yen})/(z_{\square}+s_{\mu})}^{\text{※}}$ 取值的变化而变化。但是，由 $(z_{\#}+s_{\yen})/(z_{\square}+s_{\mu}) \in (z_u+s_u)/(z_w+s_w)$ 和 $(z_u+s_u)/(z_w+s_w)-(z_{\#}+s_{\yen})/(z_{\square}+s_{\mu})$ 知，真准量 $a_{\blacksquare(z_{\#}+s_{\yen})/(z_{\square}+s_{\mu})}^{\text{※}}$ 与真误量 $a_{\blacksquare[(z_u+s_u)/(z_w+s_w)-(z_{\#}+s_{\yen})/(z_{\square}+s_{\mu})]}^{-\text{※}}$ 的取值无论怎样变化，有一点不变，真准量集合 $\{a_{\blacksquare(z_{\#}+s_{\yen})/(z_{\square}+s_{\mu})}^{\text{※}}\}$ 与真误量集合 $\{a_{\blacksquare[(z_u+s_u)/(z_w+s_w)-(z_{\#}+s_{\yen})/(z_{\square}+s_{\mu})]}^{-\text{※}}\}$ 的并集恒等于测得量分析集合 $\{a_{\blacksquare(z_u+s_u)/(z_w+s_w)}\}$，亦即有

$$\{a_{\blacksquare(z_u+s_u)/(z_w+s_w)}\} \equiv \{a_{\blacksquare(z_{\#}+s_{\yen})/(z_{\square}+s_{\mu})}^{\text{※}}\} \cup \{a_{\blacksquare[(z_u+s_u)/(z_w+s_w)-(z_{\#}+s_{\yen})/(z_{\square}+s_{\mu})]}^{-\text{※}}\}$$

即式（9.8）。证毕。

第五节　准量与误量取值域非对称性定理

如前所述，准量分为常规准量和真准量，误量分为常规误量和真误量。因此，这一定理可分为两个支定理。下面分别讨论。

一、常规准量与常规误量取值域非对称性支定理

这一支定理表述为常规准量与常规误量的取值域具有非对称性。

证：式（4.8）表明，常规准量 $a_{\blacksquare\#/\square}^{\text{※}}$ 是常量，其取值域只有一个值。由式（4.9）的附式 $u/w-\#/\square=(1/1,1/2,\cdots,q/p;q\to\infty,p\to\infty)-\#/\square$ 知，常规误量 $a_{\blacksquare(u/w-\#/\square)}^{-\text{※}}$ 的取值域有无穷多个值。因此，有结论：常规准量与常规误量的取值域具有非对称性。证毕。

二、真准量与真误量取值域非对称性支定理

这一支定理可表述为真准量与真误量的取值域具有非对称性。

证：式（9.2）表明，真准量 $a_{\blacksquare(z_{\#}+s_{\yen})/(z_{\square}+s_{\mu})}^{\text{※}}$ 是常量，其取值域只有一个值。由式（9.3）的附式 $(z_u+s_u)/(z_w+s_w)-(z_{\#}+s_{\yen})/(z_{\square}+s_{\mu})=$

$[(z_1+s_1)/(z_1+s_1)$，$(z_2+s_1)/(z_1+s_1)$，…，$(z_q+s_{¥})/(z_p+s_\mu)$，…，$(z_q+s_q)/(z_p+s_p)$；$z_q\to\infty$，$s_q\to\infty$，$z_p\to\infty$，$s_p\to\infty] - (z_{\#}+s_{¥})/(z_\square+s_\mu)$ 知，真误量 $a_{\blacksquare[(z_u+s_u)/(z_w+s_w)-(z_{\#}+s_{¥})/(z_\square+s_\mu)]}^{-※}$ 的取值域有无穷多个值。因此，有结论：真准量与真误量的取值域具有非对称性。证毕。

第六节　准量和误量论域匹配非对称性定理

在此说明，第二章说过，论域≠取值域。取值域，指表达式各量的取值幅度；论域，指表达式所谈论操作的范围，亦即表达式各量的取值幅度所在的范围。

现在给出定理的表达。这一定理表述为两类准量和误量论域匹配具有非对称性。

证：第八章已证，常规操作的测准操作和非测准操作其论域一致，即其对象的论域都是 $a_{\blacksquare u}$（$u=1, 2, \cdots, q$；$q\to\infty$），其尺度的论域都是 $a_{\blacktriangle w}$（$w=1, 2, \cdots, p$；$p\to\infty$）。显然，这一结论可推及常规准量和常规误量的论域，即有常规准量和常规误量的论域一致。但是，真性质量刻意测量操作的测准操作和非测准操作其论域不一致，即测准操作其对象的论域是 $a_{\blacksquare z_u}$（$z_u=z_1, z_2, \cdots, z_q$；$z_q\to\infty$），而非测准操作其对象的论域是 $a_{\blacksquare u}$（$u=1, 2, \cdots, q$；$q\to\infty$）；测准操作其尺度的论域是 $a_{\blacktriangle z_w}$（$z_w=z_1, z_2, \cdots, z_p$；$z_p\to\infty$），而非测准操作其尺度的论域是 $a_{\blacktriangle w}$（$w=1, 2, \cdots, p$；$p\to\infty$）。显然，这一结论可推及真准量和真误量的论域，即有真准量和真误量的论域不一致。综上所述，有结论：常规准量和常规误量的论域一致，真准量和真误量的论域不一致，亦即两类准量和误量论域匹配具有非对称性。证毕。

第七节　刻意测量操作特殊性质

如前所述，所谓特殊性质，指认知学性质；更具体地说，指操作是否产生误差。因此，我们首先需要明确误差的概念。物理测量教材定义：误差=测得值-真值。“导论”论证过，教材中的“测得值”和“真值”这两个概念，要么不可区分，要么不可比较，因而教材给出的误差概念不可理喻。通过前面各章的讨论，我们区分了“测得量”与“准量”和“误量”，由此，

我们不难给出误差的概念。我们有

误差 = 误量 − 准量

现在讨论正题。我们的命题：测量操作不会产生误差，刻意测量操作必然产生误差，因此，必然产生误差的确是刻意测量操作的特殊性质。第五章已证测量不会产生误差；这里，只要证明刻意测量操作必然产生误差即可。

证：前面已证明“准量测不准定理”。由“误差 = 误量 − 准量”知，所谓准量测不准，亦即刻意测量操作必然产生误差。由此可见，必然产生误差的确是刻意测量操作的认知学性质。证毕。

说明。深入考察不难看出，刻意测量操作本质上是测量操作的应用。由此，可做如下分析：一方面，刻意测量操作所用的工具是测量操作（可表示为 $a_{\blacksquare h\#} = \psi_{h\#}$（■）、$a_{\blacktriangle h\square} = \Omega_{h\square}$（▲）、$k_{h\#\square} = a_{\blacksquare h\#}/a_{\blacktriangle h\square}$ 和 $k_{(uw-\#\square)}{}^{-※} = a_{\blacksquare(u-\#)}/a_{\blacktriangle(w-\square)}$、$a_{\blacksquare(u-\#)} = \psi_{(u-\#)}$（■）、$a_{\blacktriangle(w-\square)} = \Omega_{(w-\square)}$（▲））——第二章已说明，这些操作与操作结果之间的联系是必然的，因而不会产生误差；但是，另一方面，刻意测量操作的目的是要测准刻意指定的性质量（准量）——本章证明，其实现的概率等于零。由此可见，刻意测量操作产生误差的根源，不在工具环节，而在应用（目的）环节。由此，我们可以在更深的层次上理解“测量操作不会产生误差，刻意测量操作必然产生误差”的命题。

第十章　刻意测量操作特殊性考察：特殊问题

在第八章中说过，刻意测量操作的特殊性，包括特殊操作、特殊规律、特殊性质和特殊问题。本章讨论特殊问题。

第一节　引理——本章需要引用的表达式

本章需要引用若干表达式，它们是：第二章给出的非测准操作简化表达式即式（2.5）；第四章给出的对象定义式即式（4.1）和尺度定义式即式（4.2）、对象真量定义式即式（4.4）和尺度真量定义式即式（4.5）、对象伪量定义式即式（4.6）和尺度伪量定义式即式（4.7）、准量定义式即式（4.8）、误量定义式即式（4.9）。下面分别给出（为了简化，将忽略其中的特别约定式）。

式（2.5）写为

$$\begin{cases} k_{(uw-\#\square)}{}^{-※} = a_{\blacksquare(u-\#)}{}^{-※} / a_{\blacktriangle(w-\square)}{}^{-※} & ① \\ a_{\blacksquare(u-\#)}{}^{-※} = \psi_{(u-\#)}{}^{-※}\ (\blacksquare) & ② \\ a_{\blacktriangle(w-\square)}{}^{-※} = \Omega_{(w-\square)}{}^{-※}\ (\blacktriangle) & ③ \end{cases}$$

式中

$$u-\# = (1,\ 2,\ \cdots,\ q;\ q\to\infty)\ -\#$$

$$w-\square = (1,\ 2,\ \cdots,\ p;\ p\to\infty)\ -\square$$

$$uw-\#\square = (11,\ 21,\ 12,\ \cdots,\ qp;\ q\to\infty,\ p\to\infty)\ -\#\square$$

式（4.1）写为

$$a_{\blacksquare u} = \psi_u\ (\blacksquare)$$

式中

$$u = 1,\ 2,\ \cdots,\ q;\ q\to\infty$$

式（4.2）写为

$$a_{\blacktriangle w} = \Omega_w \ (\blacktriangle)$$

式中

$$w = 1, 2, \cdots, p; \ p \to \infty$$

式（4.4）写为

$$a_{\blacksquare \#}{}^{※} = \psi_{\#}{}^{※} \ (\blacksquare)$$

式中

$$\# \in u$$

式（4.5）写为

$$a_{\blacktriangle \square}{}^{※} = \Omega_{\square}{}^{※} \ (\blacktriangle)$$

式中

$$\square \in w$$

式（4.6）写为

$$a_{\blacksquare (u-\#)}{}^{-※} = \psi_{(u-\#)}{}^{-※} \ (\blacksquare)$$

式中

$$u - \# = (1, 2, \cdots, q; \ q \to \infty) - \#$$

式（4.7）写为

$$a_{\blacktriangle (w-\square)}{}^{-※} = \Omega_{(w-\square)}{}^{-※} \ (\blacktriangle)$$

式中

$$w - \square = (1, 2, \cdots, p; \ p \to \infty) - \square$$

式（4.8）写为

$$a_{\blacksquare \#/\square}{}^{※} = k_{\#\square}{}^{※} \cdot a_{\blacktriangle \square}{}^{※}$$

式中

$$k_{\#\square}{}^{※} = a_{\blacksquare \#}{}^{※} / a_{\blacktriangle \square}{}^{※}$$

$$a_{\blacksquare \#}{}^{※} = \psi_{\#}{}^{※} \ (\blacksquare)$$

$$a_{\blacktriangle \square}{}^{※} = \Omega_{\square}{}^{※} \ (\blacktriangle)$$

$$\# \in u$$

$$\square \in w$$

$$\#\square \in uw$$

$$\#/\square \in u/w$$

式（4.9）写为

$$a_{\blacksquare (u/w - \#/\square)}{}^{-※} = k_{(uw - \#\square)}{}^{-※} \cdot a_{\blacktriangle (w-\square)}{}^{-※}$$

式中

$k_{(uw-\#\square)}{}^{-※} = a_{\blacksquare(u-\#)}{}^{-※} / a_{\blacktriangle(w-\square)}{}^{-※}$

$a_{\blacksquare(u-\#)}{}^{-※} = \psi_{(u-\#)}{}^{-※}$ （■）

$a_{\blacktriangle(w-\square)}{}^{-※} = \Omega_{(w-\square)}{}^{-※}$ （▲）

$u-\# =$ （1，2，…，q；$q\to\infty$） $-\#$

$w-\square =$ （1，2，…，p；$p\to\infty$） $-\square$

$uw-\#\square =$ （11，21，12，…，qp；$q\to\infty$，$p\to\infty$） $-\#\square$

$u/w-\#/\square =$ （1/1，2/1，1/2，…，q/p；$q\to\infty$，$p\to\infty$） $-\#/\square$

第二节　文献梳理与本章的论题和思路

现在讨论正题。我们首先需要进行文献梳理，由此进一步明确本章的论题和思路。所谓文献，指被称之为“大学物理实验”或“普通物理实验”的物理测量教材。通过文献梳理，我们不但将知道本章论题的历史渊源，而且将澄清论题的内涵和引出破解论题的思路。应指出，诸多物理测量教材在这方面的论述大同小异，因此，我们的引述从中择一即可。一本教材写道：

“被测物理量在一定客观条件下的真实大小，称为该物理量的‘真值’。测量的目的是想知道真值。但是，……测量所得到的所有数据，毫无例外地都包含有一定的误差，因而实际上测量的目的不在于得到真值，而是设法得到最接近真值的测得值。”①

“在可能的情况下，物理实验总是采取等精度多次测量（即保持方法、环境、观测者同样的条件下，进行多次测量）。对同一物理量进行等精度测量得到的一组测量值称为测量列。……测量列的算术平均值$\bar{x}$就是在只存在偶然误差的情况下，被测量的近真值。”②

“设 n 次测量值为 x_1，x_2，…，x_n，被测量的真值为 a，测量值的算术平均值为

$$\bar{x} = \frac{1}{n}(x_1 + x_2 + \cdots + x_n) = \frac{1}{n}\sum_{i=1}^{n} x_i$$

① 黄志敬．普通物理实验［M］．西安：陕西师范大学出版社，第 11、13、14、18 页。

② 黄志敬．普通物理实验［M］．西安：陕西师范大学出版社，第 11、13、14、18 页。

“由于算术平均值的偶然误差随测量次数而减小，故在消除数据的系统误差之后，平均值$\bar{x}$将趋近于真值。因此可取算术平均值为直接测量的最佳值——近真值。”①

不难看出，上述引文有两个要点。首先，引文叙述了一个疑难。教材说，“测量的目的是想知道真值”，但是，因为各种客观原因，人们无法直接测得真值。显然，这是一个疑难。其次，引文给出了破解疑难的方法。这方法有三个要点：第一，给出一个解题方向——用求“近真值”替代求“真值”；第二，给出一种被称之为“等精度多次测量”的操作，以此作为求“近真值”所运用的操作；第三，给出一种被称之为“算术平均”的计算方法，以此作为计算“近真值”的计算工具。

那么，对引文的内容，我们如何评价？首先，引文所述的疑难，实际上就是本章所要讨论的刻意测量操作的特殊问题。只不过，教材没有给出测量操作的严格定义，因而其对问题的表述不严谨。准确地说，刻意测量操作的目的是获取准量；且，由第九章知，尽管我们已经刻画出准量的定义式，但由定义式定义的操作获取准量的概率等于零。由此可见，引文所述的疑难是真实存在的。其次，引文给出的破解疑难的方法，既有可取之处，也有不可取之处。其可取之处有三点。一是解题方向是可取的。显然，疑难的要害是人们无法直接测得真值，但可以“得到最接近真值的测得值”，即“近真值”。既然如此，那么，用求“近真值”替代求“真值”是一个可行方法。二是认为破解疑难必须采用求“近真值”的操作，这种认识也是可取的。因为疑难是（获取“真值”的）操作的疑难，因此，破解疑难的途径必须诉诸操作。三是给出一种被称之为“算术平均”的计算方法是可取的。其不可取之处是给出的“等精度多次测量”这种具体操作不可取。其不可取的理由有二：第一，如教材所述，“等精度多次测量”指“保持方法、环境、观测者同样的条件下，进行多次测量”，然而，“多次测量”其“方法、环境、观测者”不可能“同样”，这正是人们无法直接测得真值的根源，因此，实施“等精度多次测量”是不可能的。第二，更为重要的是，如教材所述，“等精度多次测量”的目的是获取“近真值”，但是，顾名思义，“等精度多次测量”的特征是“等精度”，并不是“近真”，因此，由“等精度多次测量”获

① 黄志敬．普通物理实验［M］．西安：陕西师范大学出版社，第11、13、14、18页。

取“近真值”不具有逻辑可能性。

现在，再说本章的论题和思路。先说论题。应指出，教材给出的“真值”从而“近真值”这些概念不准确。前面，为了方便对教材的论述进行评价，我们仍然沿用这些概念，但是，现在讨论本章的论题，必须运用准确的概念。如前所述，准确地说，刻意测量操作的目的是获取准量。由此，本章的论题即刻意测量操作的特殊问题，可以表述为这样一个矛盾：一方面，刻意测量操作的目的是获取准量；另一方面，由准量的定义式所定义的操作不可能获取准量。再说思路。我们的总体思路：用求近准误量替代求准量。其具体方法：第一步，刻画近准测量操作，并且由近准测量操作获得一组近准误量；第二步，采用教材给出的“算术平均”的计算方法对一组近准误量进行计算，从而求出平均近准误量，亦即获得准量的操作型定义。容易看出，我们的思路充分吸取了教材给出的破解疑难方法的可取之处，摒弃了其不可取之处。

在此说明，第八章证明，刻意测量操作包括刻意测量常规操作和刻意测量特殊操作，从而准量包括常规准量和特殊准量，误量包括常规误量和特殊误量。由此可知，刻意测量操作的特殊问题，也必须分为两个层次，其一是刻意测量常规操作的特殊问题和刻意测量特殊操作的特殊问题。显然，这两个层次的特殊问题的性质是相同的，其破解方法也是类似的。为了简化，本章仅讨论其中一个层次，我们选择刻意测量常规操作的特殊问题（当然，由此获得的结论可推及刻意测量特殊操作的特殊问题）；并且将刻意测量常规操作及其导出操作直呼为刻意测量操作及其导出操作，将常规准量和常规误量及其导出量直呼为准量和误量及其导出量。

第三节　近准测量操作和近准误量

一、近真对象伪量和近真尺度伪量

要刻画近准测量操作和近准误量，先要给出两个基础概念，即近真对象伪量和近真尺度伪量。

先说近真对象伪量。为此，先给出相关量的图像。由第二章知，性质量变量（包括对象变量和尺度变量）是连续量。由此并式（4.1）知，对象变量 $a_{\blacksquare u}$（$u=1，2，\cdots，q；q\to\infty$）所有取值，在数轴上按大小排列构成一条直线——我们称为“直线 q”。由式（4.4）知，对象真量 $a_{\blacksquare\#}{}^{※}$（$\#\in u$）是直线 q 上的一个点，我们设为点0；于是，由式（4.6）知，直线 q 上其他点都是对象伪量 $a_{\blacksquare(u-\#)}{}^{-※}$ ［$u-\#=$（1，2，…，q；$q\to\infty$）$-\#$］的取值点。

现在，给出近真对象伪量的图像。如图10－1所示，在紧挨点0（前面设定这是对象真量 $a_{\blacksquare\#}{}^{※}$ 所在点）的左边从点 $-\lambda$ 至点0（不含点0）是一微小线段，记为［$-\lambda$，0），称为“对象真量 $a_{\blacksquare\#}{}^{※}$ 左邻域”；在紧挨点0的右边从点0至点 $+\lambda$（不含点0）也是一微小线段，记为（0，$+\lambda$］，称为“对象真量 $a_{\blacksquare\#}{}^{※}$ 右邻域”。于是，［$-\lambda$，0）∪（0，$+\lambda$］称为“对象真量 $a_{\blacksquare\#}{}^{※}$ 邻域”。显然，对象真量 $a_{\blacksquare\#}{}^{※}$ 邻域是对象伪量 $a_{\blacksquare(u-\#)}{}^{-※}$ 的一个部分。因为，其与对象伪量 $a_{\blacksquare(u-\#)}{}^{-※}$ 其他部分相比，其特征是“近真”（紧挨点0），所以，我们称为“近真对象伪量”。

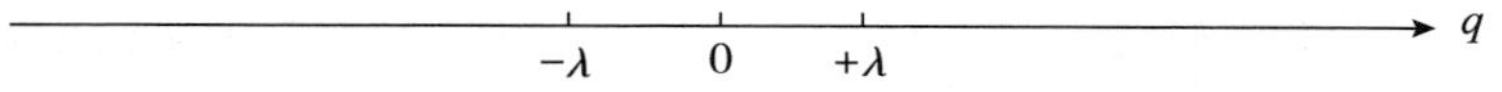

$-\lambda$　0　$+\lambda$　q

图10－1

现在，给出近真对象伪量的定义式。设 y_u（$y_u=y_1$，y_2，…，y_q；$y_q\to\infty$）为对象真量邻域［$-\lambda$，0）∪（0，$+\lambda$］的取值点系列，且，y_u（$y_u=y_1$，y_2，…，y_q；$y_q\to\infty$）取值集合为 $\{y_u \mid y_u=y_1, y_2, \cdots, y_q; y_q\to\infty\}$，简写为 $\{y_u\}$。设对象伪量 $a_{\blacksquare(u-\#)}{}^{-※}$ 取值域 $u-\#=$（1，2，…，q；$q\to\infty$）$-\#$的取值集合为 $\{u-\# \mid u-\#=(1, 2, \cdots, q; q\to\infty)-\#\}$，简写为 $\{u-\#\}$。由此并式（4.6），我们有

$$a_{\blacksquare y_u}{}^{-※}=\psi_{y_u}{}^{-※}(\blacksquare) \tag{10.1}$$

式中

$$y_u=y_1,\ y_2,\ \cdots,\ y_q;\ y_q\to\infty$$
$$\{y_u\}\subset\{u-\#\}$$

式（10.1）称为“近真对象伪量定义式”。式中，$a_{\blacksquare y_u}{}^{-※}$ 代表近真对象伪量；由附式 $y_u=y_1$，y_2，…，y_q；$y_q\to\infty$ 和 $\{y_u\}\subset\{u-\#\}$ 知，近真对象伪量 $a_{\blacksquare y_u}{}^{-※}$ 是变量，并且是对象伪量 $a_{\blacksquare(u-\#)}{}^{-※}$ 的一个真子类。

再说近真尺度伪量。为此，先给出相关量的图像。由第二章知，性质量变量（包括对象变量和尺度变量）是连续量。由此并式（4.2），将尺度 $a_{\blacktriangle w}$（$w=1$，2，…，p；$p\to\infty$）所有取值，在数轴上按大小排列构成一条直

线——我们称为“直线 p”。此外，由式（4.5）知，尺度真量 $a_{▲□}{}^{※}$（$□\in w$）是直线 p 上的一个点，我们设为点 0；于是，由式（4.7）知，直线 p 上其他点都是尺度伪量 $a_{▲(w-□)}{}^{-※}$［$w-□=(1, 2, \cdots, p; p\to\infty)-□$］的取值点。

现在，给出近真尺度伪量的图像。如图 10－2 所示，在紧挨点 0（前面设定这是尺度真量 $a_{▲□}{}^{※}$ 所在点）的左边从点 $-\varepsilon$ 至 0（不含点 0）是一微小线段，记为 $[-\varepsilon, 0)$，称为“尺度真量 $a_{▲□}{}^{※}$ 的左邻域”；在紧挨点 0 的右边从点 0 至点 $+\varepsilon$（不含点 0）是一微小线段，记为 $(0, +\varepsilon]$，称为“尺度真量 $a_{▲□}{}^{※}$ 的右邻域”。于是，$[-\varepsilon, 0)\cup(0, +\varepsilon]$ 称为“尺度真量 $a_{▲□}{}^{※}$ 邻域”。显然，尺度真量 $a_{▲□}{}^{※}$ 邻域是尺度伪量 $a_{▲(w-□)}{}^{-※}$ 的一个部分。因为，其与尺度伪量 $a_{▲(w-□)}{}^{-※}$ 其他部分相比，其特征是“近真”（紧挨点 0），所以，我们称为“近真尺度伪量”。

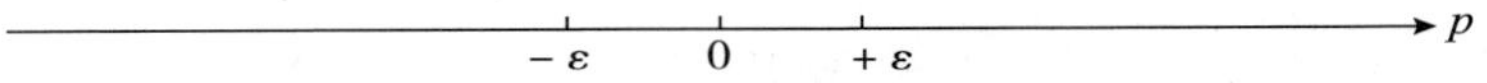

图 10－2

现在，给出近真尺度伪量的定义式。设 y_w（$y_w=y_1, y_2, \cdots, y_p; y_p\to\infty$）为尺度真量邻域 $[-\varepsilon, 0)\cup(0, +\varepsilon]$ 的取值点系列，且，y_w（$y_w=y_1, y_2, \cdots, y_p; y_p\to\infty$）取值集合为 $\{y_w \mid y_w=y_1, y_2, \cdots, y_p; y_p\to\infty\}$，简写为 $\{y_w\}$。设尺度伪量 $a_{▲(w-□)}{}^{-※}$ 取值域 $w-□=(1, 2, \cdots, p; p\to\infty)-□$ 的取值集合为 $\{w-□ \mid w-□=(1, 2, \cdots, p; p\to\infty)-□\}$，简写为 $\{w-□\}$。由此并式（4.7），我们有

$$a_{▲y_w}{}^{-※}=\Omega_{y_w}{}^{-※}\ (▲) \tag{10.2}$$

式中

$$y_w=y_1, y_2, \cdots, y_p; y_p\to\infty$$
$$\{y_w\}\subset\{w-□\}$$

式（10.2）称为“近真尺度伪量定义式”。式中，$a_{▲y_w}{}^{-※}$ 代表近真尺度伪量；由附式 $y_w=y_1, y_2, \cdots, y_p; y_p\to\infty$ 和 $\{y_w\}\subset\{w-□\}$ 知，近真尺度伪量 $a_{▲y_w}{}^{-※}$ 是变量，并且是尺度伪量 $a_{▲w}{}^{-※}$ 的一个真子类。

二、近准测量操作

现在，给出近准测量操作。由式（10.1）和式（10.2），并参照式

（2.5），我们有

$$\begin{cases} k_{y_u y_w}{}^{-※} = a_{■y_u}{}^{-※} / a_{▲y_w}{}^{-※} \\ a_{■y_u}{}^{-※} = \psi_{y_u}{}^{-※} \quad (■) \\ a_{▲y_w}{}^{-※} = \Omega_{y_w}{}^{-※} \quad (▲) \end{cases} \tag{10.3}$$

式中

$$y_u = y_1,\ y_2,\ \cdots,\ y_q;\ y_q \to \infty$$
$$y_w = y_1,\ y_2,\ \cdots,\ y_p;\ y_p \to \infty$$
$$y_u y_w = y_1 y_1,\ y_1 y_2,\ \cdots,\ y_q y_p;\ y_q \to \infty,\ y_p \to \infty$$
$$\{y_u\} \subset \{u-\#\},\ \{y_w\} \subset \{w-□\}$$

式（10.3）称为“近准测量操作表达式”。式中，$k_{y_u y_w}{}^{-※}$代表近准测量操作所获取的读数；由附式$y_u y_w = y_1 y_1,\ y_1 y_2,\ \cdots,\ y_q y_p;\ y_q \to \infty,\ y_p \to \infty$知，它是二元变数。

三、 近准误量和近准误量列

先说近准误量。参照式（4.9）的形式，由式（10.3）的主式，即

$$k_{y_u y_w}{}^{-※} = a_{■y_u}{}^{-※} / a_{▲y_w}{}^{-※}$$

变形得

$$a_{■y_u/y_w}{}^{-※} = k_{y_u y_w}{}^{-※} \cdot a_{▲y_w}{}^{-※} \tag{10.4}$$

式中

$$k_{y_u y_w}{}^{-※} = a_{■y_u}{}^{-※} / a_{▲y_w}{}^{-※}$$
$$a_{■y_u}{}^{-※} = \psi_{y_u}{}^{-※} \quad (■)$$
$$a_{▲y_w}{}^{-※} = \Omega_{y_w}{}^{-※} \quad (▲)$$
$$y_u = y_1,\ y_2,\ \cdots,\ y_q;\ y_q \to \infty$$
$$y_w = y_1,\ y_2,\ \cdots,\ y_p;\ y_p \to \infty$$
$$y_u y_w = y_1 y_1,\ y_1 y_2,\ \cdots,\ y_q y_p;\ y_q \to \infty,\ y_p \to \infty$$
$$y_u / y_w = y_1 / y_1,\ y_2 / y_1,\ \cdots,\ y_q / y_p;\ y_q \to \infty,\ y_p \to \infty$$
$$\{y_u\} \subset \{u-\#\},\ \{y_w\} \subset \{w-□\}$$

式（10.4）称为“近准误量定义式”。式中，$a_{■y_u/y_w}{}^{-※}$代表近准误量；由附式$y_u / y_w = y_1 / y_1,\ y_2 / y_1,\ \cdots,\ y_q / y_p;\ y_q \to \infty,\ y_p \to \infty$知，它是二元变量。

现在，有必要回到本章第二节。在那里，我们说过，教材给出的“等精度

多次测量”这种具体操作不可取。显然，我们这里刻画的“近准测量”与“等精度多次测量”是不同的。上面给出的式（10.3）的附式 $y_u=y_1, y_2, \cdots, y_q$；$y_q \to \infty$ 和 $y_w=y_1, y_2, \cdots, y_p$；$y_p \to \infty$ 表明，多次近准测量的作用量 $\psi_{y_u}{}^{-※}$ 和 $\Omega_{y_w}{}^{-※}$ 的取值是不同的，因此它们并不是“等精度”的。此外，更为重要的是，多次近准测量特征是“近准”，而不是“等精度”。实际上，只要给出近准测量操作，“等精度多次测量”这一概念就没有必要了，因为，我们需要的是获取近准误量，因此，多次测量只要是近准测量操作足矣，不需要那个不可能准确定义的“等精度多次测量”。

由式（10.4）知，近准误量 $a_{■y_u/y_w}{}^{-※}$ 其可能的取值有无穷多个。当然，进行无穷多次近准测量从而获取近准误量 $a_{■y_u/y_w}{}^{-※}$ 无穷多个取值，既不可能也无必要；在现实中，近准测量的具体次数从而获取近准误量 $a_{■y_u/y_w}{}^{-※}$ 的取值个数，可根据测量对象的具体情况确定。为此，我们设近准测量次数为 n，并且为了简化，设对象和尺度的取值序号一致，这样 $y_u y_w$ 可以归并为 Y，于是，通过 n 次近准测量所获取的近准误量可以写为

$$a_{■/Y}{}^{-※}=k_Y{}^{-※} \cdot a_{▲Y}{}^{-※} \qquad (10.5)$$

式中

$$k_Y{}^{-※}=a_{■Y}{}^{-※}/a_{▲Y}{}^{-※}$$
$$a_{■Y}{}^{-※}=\psi_Y{}^{-※} \quad (■)$$
$$a_{▲Y}{}^{-※}=\Omega_Y{}^{-※} \quad (▲)$$
$$Y=1, 2, \cdots, n; \ n \text{ 为有限值}$$

式（10.5）称为“近准误量的归纳表达式”。式中，$a_{■/Y}{}^{-※}$ 是近准误量 $a_{■y_u/y_w}{}^{-※}$ 的归纳表达。

现在，再说近准误量列。所谓近准误量列，指由归纳表达的近准误量 $a_{■/Y}{}^{-※}$（$Y=1, 2, \cdots, n$；n 为有限值）所有取值组成的数列，写为

$$a_{■1}{}^{-※}, a_{■2}{}^{-※}, \cdots, a_{■n}{}^{-※} \qquad (10.6)$$

式（10.6）称为“归纳表达的近准误量列表达式”，简称“近准误量列表达式”。

第四节 准量的操作型定义

本节讨论获取准量的现实途径。为此，首先给出一个引理。

引理：近准误量的误正与误负概率定律。现实的刻意测量操作表明，近准误量既可能误正，也可能误负；且，由概率理论知，误正与误负概率应当相等——我们称之为“近准误量的误正与误负概率定律”。设 $a_{\blacksquare Y}{}^{-\text{※}a}$ 代表误正近准误量，$a_{\blacksquare Y}{}^{-\text{※}b}$ 代表误负近准误量，我们有

$$a_{\blacksquare /Y}{}^{-\text{※}} = a_{\blacksquare Y}{}^{-\text{※}a} + a_{\blacksquare Y}{}^{-\text{※}b} = 0 \tag{10.7}$$

式（10.7）称为“近准误量的误正与误负概率定律表达式”。

其次，给出近准误量列算术平均值的计算表达。设 $\overline{a_{\blacksquare Y}{}^{-\text{※}}}$ 代表近准误量列算术平均值，于是，由教材给出“算术平均”的计算方法，对由式（10.6）表达的近准误量列进行计算，我们有

$$\begin{aligned}\overline{a_{\blacksquare Y}{}^{-\text{※}}} &= \frac{1}{n}(a_{\blacksquare 1}{}^{-\text{※}} + a_{\blacksquare 2}{}^{-\text{※}} + \cdots + a_{\blacksquare n}{}^{-\text{※}}) \\ &= \frac{1}{n}\sum_{Y=1}^{Y=n} a_{\blacksquare Y}{}^{-\text{※}}\end{aligned} \tag{10.8}$$

式（10.8）称为“近准误量算术平均值计算表达式”。式中，$\overline{a_{\blacksquare Y}{}^{-\text{※}}}$ 代表近准误量算术平均值，$\frac{1}{n}\sum_{Y=1}^{Y=n} a_{\blacksquare Y}{}^{-\text{※}}$ 是它的计算式。

再次，给出近准误量列的平均误差（下称“近准平均误差”）。为此，我们先给出近准误差的概念。设 $\Delta a_{\blacksquare Y}$ 代表近准误差，由此我们有

$$\Delta a_{\blacksquare Y} = a_{\blacksquare Y}{}^{-\text{※}} - \overline{a_{\blacksquare Y}{}^{-\text{※}}} \tag{10.9}$$

式中

$$Y = 1,\ 2,\ \cdots,\ n;\ n \text{ 为有限值}$$

式（10.9）称为“近准误差定义式”。

由式（10.9），我们有

$$\begin{cases}\Delta a_{\blacksquare 1} = a_{\blacksquare 1}{}^{-\text{※}} - \overline{a_{\blacksquare Y}{}^{-\text{※}}} \\ \Delta a_{\blacksquare /2} = a_{\blacksquare 2}{}^{-\text{※}} - \overline{a_{\blacksquare Y}{}^{-\text{※}}} \\ \qquad\cdots \\ \Delta a_{\blacksquare /n} = a_{\blacksquare n}{}^{-\text{※}} - \overline{a_{\blacksquare Y}{}^{-\text{※}}}\end{cases} \tag{10.10}$$

式（10.10）称为“近准误差列表达式”。

在此基础上，再对近准误差列进行算术平均计算，获取近准平均误差。我们有

$$\overline{\Delta a_{\blacksquare Y}} = \frac{1}{n}\sum_{Y=1}^{Y=n} |\Delta a_{\blacksquare Y}| = \frac{1}{n}\sum_{Y=1}^{Y=n} \left| a_{\blacksquare Y}{}^{-※} - \overline{a_{\blacksquare Y}{}^{-※}} \right| \tag{10.11}$$

式（10.11）称为“近准平均误差表达式”。式中，| |是取绝对值符号，$\overline{\Delta a_{\blacksquare Y}}$代表近准平均误差，$\frac{1}{n}\sum_{Y=1}^{Y=n} \left| a_{\blacksquare Y}{}^{-※} - \overline{a_{\blacksquare Y}{}^{-※}} \right|$是它的计算式。

最后，给出准量的操作型定义。由式（10.7）知，误正近准误量$a_{\blacksquare Y}{}^{-※a}$与误负近准误量$a_{\blacksquare Y}{}^{-※b}$约各占50%。因此，我们有

$$a_{\blacksquare \#/\square}{}^{※} \approx \overline{a_{\blacksquare Y}{}^{-※}} \pm \overline{\Delta a_{\blacksquare Y}} \tag{10.12}$$

式（10.12）称为“准量的操作型定义”。式中，$a_{\blacksquare \#/\square}{}^{※}$代表准量；$\overline{a_{\blacksquare Y}{}^{-※}}$代表近准误量算术平均值；$\overline{\Delta a_{\blacksquare Y}}$代表近准平均误差。

参考文献

［1］叶唐立．朝花夕拾·误差初阶［J］．上海：上海计量测试，2005（1）．

［2］黄建伟．普通物理实验［M］．哈尔滨：黑龙江教育出版社，2009.

［3］黄志敬．普通物理实验［M］．西安：陕西师范大学出版社，1991.

［4］张晓红．大学物理实验［M］．济南：山东科学技术出版社，2009.

［5］中小学通用教材数学编写组．初中课本·物理（第一册）［M］．北京：人民教育出版社，1979.

［6］肖明耀．实验误差估计与数据处理［M］．北京：科学出版社，1980.

［7］张清宇．逻辑哲学九章［M］．南京：江苏人民出版社，2004.

［8］王路．逻辑的观念［M］．北京：商务印书馆，2000.

［9］上海师范大学物理系．有趣的物理［M］．上海：少年儿童出版社，1980.

［10］SEARS F W，等．大学物理学（第一册）［M］．北京：人民教育出版社，1979.

［11］亚里士多德．形而上学［M］．北京：商务印书馆，1959.

［12］敦尼克，约夫楚克，凯德洛夫，等．哲学史·欧洲哲学史部分［M］．上海：生活·读书·新知三联书店，1972.

［13］E VEBROWSXI JR. 物理测量基础［M］．北京：高等教育出版社，1988.

［14］李伟昌．物理实验技术［M］．广州：华南理工大学出版社，1996.

［15］许国志，等．系统科学［M］．上海：上海科技教育出版社，2000.

［16］冯契．哲学大辞典［M］．上海：上海辞书出版社，1992.

［17］周贵莲．认识自然科学之谜的哲学家——康德认识论研究［M］．北京：中共中央党校出版社，1994.

［18］休谟．人性论［M］．北京：商务印书馆，1996.

[19] 王耀堃，朱水林．现代逻辑概论［M］．上海：上海社会科学院出版社，1992.

[20] 艾米里奥·塞格莱．物理名人和物理发现［M］．北京：知识出版社，1986.

[21] 马克思．资本论（第一卷）［M］．北京：人民出版社，1975.

[22] 丁尔陞．中学百科全书·数学卷［M］．北京：北京师范大学出版社，1994.

[23] 王雨田．现代逻辑科学导引（上册）［M］．北京：中国人民大学出版社，1987.

[24] 黄钟，陈广异，严文贤，等．力学万花筒［M］．北京：工人出版社，1988.

[25] 陈希孺．机会的数学［M］．北京：清华大学出版社，2000.

[26] 哈尔·赫尔曼．数学恩仇录：数学家的十大论战［M］．上海：复旦大学出版社，2009.

[27] 中小学通用教材物理编写组．高中课本·物理（下册）［M］．北京：人民教育出版社，1980.

[28] 杜荷聪．国际单位制的实际应用［M］．北京：计量出版社，1983.

[29] 马本方，高尚惠，孙煜．高等学校试用教材·热力学与统计物理学［M］．北京：高等教育出版社，1980.

[30] 恩格斯．自然辩证法［M］．北京：人民出版社，1971.

[31] 漆贯荣．时间——人类对它的认识与测量［M］．北京：科学出版社，1985.

[32] 程守洙，江之永．普通物理学（第1册）［M］．北京：高等教育出版社，1982.

[33] 康德．纯粹理性批判［M］．北京：商务印书馆，1960.

[34] 康德．任何一种能够作为科学出现的未来形而上学导论［M］．北京：商务印书馆，1982.

[35] 王雨田，等．现代逻辑科学导引（上册）、（下册）［M］．北京：中国人民大学出版社，1987.

[36] 王雨田，等．控制论信息论系统科学与哲学［M］．北京：中国人民大学出版社，1986.

［37］昂利·彭加勒．科学与假设［M］．北京：商务印书馆，1930.

［38］昂利·彭加勒．科学的价值［M］．北京：光明日报出版社，1988.

［39］昂利·彭加勒．科学与方法［M］．沈阳：辽宁教育出版社，2001.

［40］H. 赖欣巴哈．科学哲学的兴起［M］．北京：商务印书馆，1966.

［41］莫里茨·石里克．自然哲学［M］．北京：商务印书馆，1984.

［42］W. 海森伯．物理学和哲学——现代科学中的革命［M］．北京：商务印书馆，1981.

［43］王鸿钧．数学思想方法引论［M］．北京：人民教育出版社，1992.

［44］周林东．科学哲学［M］．上海：复旦大学出版社，2004.

［45］朱荣华．物理学基本概念的历史发展［M］．北京：冶金工业出版社，1987.

［46］桂起权．当代数学哲学与逻辑哲学入门［M］．上海：华东师范大学出版社，1991.

［47］桂起权．人与自然的对话——观察与实验［M］．南京：浙江科学技术出版社，1990.

［48］张志林．因果观念与休谟问题［M］．长沙：湖南教育出版社，1998.

［49］张鲁殷．大学物理实验［M］．济南：山东大学出版社，2010.

［50］吴桂玺．物理实验［M］．成都：电子科技大学出版社，2006.

［51］薄永红．物理实验教程［M］．南京：东南大学出版社，2006.

［52］陶洪．物理实验论［M］．南宁：广西教育出版社，1996.

［53］王云五．万有文库第二集七百种实验物理学小史（上、下册）［M］．北京：商务印书馆，1937.

［54］吴彤．“观察/实验负载理论”论题批判［J］．清华大学学报：哲学社会科学版，2006（1）.

［55］吴彤．走向实践优位的科学哲学——科学实践哲学发展述评［J］．哲学研究，2005（5）.

［56］郭贵春，殷杰．在“转向”中运动——20 世纪科学哲学的演变及其走向［J］．哲学动态，2000（8）.

［57］魏屹东．当代科学哲学的“认知转向”及其成因［J］．科学技术与辩证法，2005（4）.

[58] 郭剑波，刘 杰．全国“当代科学哲学发展趋势”研讨会纪要［J］．科学技术与辩证法，2005（12）．

[59] 江怡．当代西方科学哲学的走向分析［J］．自然辩证法研究，2005（7）．

[60] 刘晓力．认知科学研究纲领的困境与走向［J］．中国社会科学，2003（1）．

[61] 刘晓力．计算主义质疑［J］．哲学研究，2003（4）．

[62] 刘晓力．交互隐喻与涉身哲学——认知科学新进路的哲学基础［J］．哲学研究，2005（10）．

[63] 张明国，等．“科学技术哲学”学科发展的历史与展望［J］．北京化工大学学报：社会科学版，2004（2）．

[64] 龚艳．评新实验主义对“观察渗透理论”命题的驳难［J］．河南社会科学，2010（2）．

[65] B. A. 卡尔普宁，等．自然科学和技术科学的方法论基础［M］．石家庄：河北人民出版社，1982.

[66] 李振伦．元理论与元哲学［M］．石家庄：河北人民出版社，2001.

[67] 章士嵘．科学发现的逻辑［M］．北京：人民出版社，1986.

[68] 杨耀坤．科学发现论［M］．成都：四川科学技术出版社，1994.

[69] 郭宏彬．盲人摸象的启示——关于自然科学研究过程怎样建立正确结论的思考［J］．发明与创新，2004（8）．

[70] 夏铮．自然科学思维方法［M］．北京：科学技术文献出版社，1993.

[71] 刘华．自然科学概论［M］．北京：海洋出版社，2000.

[72] 远德玉．自然科学发展概述［M］．沈阳：辽宁人民出版社，1991.

[73] 鲍耀三．简明自然科学史［M］．郑州：河南大学出版社，1988.

[74] 陈昌曙．自然科学发展简史［M］．沈阳：辽宁科学技术出版社，1984.

[75] 让娜·帕朗－维亚尔．自然科学的哲学［M］．长沙：中南工业大学出版社，1987.

[76] 卡尔·G. 亨普耳．自然科学的哲学［M］．上海：生活·读书·新知三联书店，1987.

[77] E. 拉兹洛．用系统论的观点看世界——科学新发展的自然哲学[M]．北京：中国社会科学出版社，1985.

[78] 王增喜．辩证法与自然科学[M]．福州：福建教育出版社，1985.

[79] 罗伊·A. 盖朗特．自然科学趣谈（上册）[M]．北京：科学普及出版社，1982.

[80] 罗伊·A. 盖朗特．自然科学趣谈（下册）[M]．北京：科学普及出版社，1984.

[81] 伊萨克·牛顿．自然哲学之数学原理[M]．西安：陕西人民出版社，2001.

[82] 欧几里得．几何原本[M]．北京：人民日报出版社，2005.

[83] P. 切克兰德．系统论的思想与实践[M]．北京：华夏出版社，1990.

[84] 苗东升．复杂性研究的成就与困惑[J]．北京：系统科学学报，2009（1）.

[85] 苗东升．系统科学哲学论纲[J]．北京：哲学动态，1997（2）.

[86] 苗东升．系统科学精要[M]. 2 版．北京：中国人民大学出版社，2006.

[87] 张华夏．结构主义的科学理论观——兼评新经验主义[J]．哲学分析，2010（2）.

[88] 张华夏．科学合理性的面面观[J]．科学技术与辩证法，2009（1）.

[89] 张华夏．科学解释标准模型的建立、困难与出路[J]．科学技术哲学研究，2002（1）.

[90] 胡新和．“实在”概念辨析与关系实在论[J]．哲学研究，1995（8）.

[91] 胡新和．量子力学的启示[J]．自然辩证法通讯，1999（1）.

[92] 成素梅．论科学理论的形式、解释与说明[J]．洛阳师范学院学报，2004（4）.

[93] 成素梅．逻辑经验主义的科学理论观及其影响[J]．社会科学，2009（1）.

[94] 吴国林．波函数的现象学审视[J]．华南师范大学学报：社会科

学版，2013（2）.

［95］吴国林．波函数的实在性分析［J］．哲学研究，2012（7）.

［96］李醒民．科学事实和实验检验［J］．社会科学战线，2009（1）.

［97］李醒民．经验性：科学理论的根基［J］．河南社会科学，2009（3）.

［98］金吾伦．科学进步和“不可通约性”［J］．兵团教育学院学报，1994（4）.

［99］金吾伦．当代知识论题释［J］．杭州师范大学学报：社会科学版，2002（3）.

［100］范岱年．自然主义实在论：纲要和研究纲领［J］．自然辩证法通讯，1994（2）.

［101］贺天平．科学实验之光［M］．科学出版社，2009.

［102］沈健．论科学还原与科学革命共存的可能性［J］．长沙理工大学学报：社会科学版，2012（4）.

［103］沈健．论科学还原与科学革命的新关系模型［J］．自然辩证法研究，2013（1）.

［104］魏宏森．系统论的基本规律［J］．自然辩证法研究，1995（4）.

［105］朱志方．符号学的理论基础［J］．湖北大学学报：哲学社会科学版，1994（2）.

［106］马国柱．符号学及其发展［J］．辽宁大学学报：哲学社会科学版，1996（5）.

［107］杨耀坤．略论科学确立的结构［J］．湖北大学学报：哲学社会科学版，1996（4）.

［108］许国平．逻辑真理的相对必然性及其经验基础［J］．学术月刊，1996（1）.

［109］陈其荣．科学基础方法论：自然科学与人文社会科学方法论比较研究［M］．上海：复旦大学出版社，2004.

［110］吴国盛．科学的历程（上、下册）［M］．长沙：湖南科学技术出版社，1997.

［111］洪定国．物理学理论的结构与拓展［M］．北京：科学出版社，1988.

［112］张礼．近代物理学进展［M］.2 版．北京：清华大学出版社，2009.

［113］J. 梅拉，H. 雷琴堡．量子理论的历史发展（第一卷第一分册）［M］．中译本．北京：科学出版社，1990.

［114］卢卡西维茨．亚里士多德的三段论［M］．中译本．北京：商务印书馆，1995.

［115］曾永寿．也谈“社会科学非意识形态化”问题［A］．曾永寿．社会主义市场经济新议［C］．北京：中国商业出版社，1999.

［116］曾永寿．漫谈成本化解——回到马克思，发展马克思，探索马克思主义生物范式经济学［A］．曾永寿．迂回经济学探索［C］．北京：中国物资出版社，1999.

［117］曾永寿．马克思经济学叙述方法和研究方法的现代解读［J］．经济与社会发展，2011（11）.

［118］曾永寿．马克思经济学范式再探——兼论“范式危机”问题［J］.中共南京市委党校学刊，2012（1）.

［119］曾永寿．力学基础的系统研究［M］．香港：南方出版社，1999.

［120］曾永寿．系统之谜［M］．北京：中国商业出版社，2000.

［121］曾永寿．整体涌现探索——系统科学基础研究［M］．北京：中国物资出版社，2007.

［122］曾永寿．实体分影与事实逻辑初探——以初等物理学力学基本量为论域［M］．北京：中国财富出版社，2014.

附录 1　科学研究活动结构假说[①]

——《实体分影与事实逻辑初探》哲学基础简介

2014 年，拙著《实体分影与事实逻辑初探——以初等物理学力学基本量为论域》（以下简称“拙著”）已由中国财富出版社出版。感谢董谊思、桂起权和张志林三位老师的指导和帮助（他们为拙著写序）。在此说明，拙著的内容原则上可分为两个部分，其中第一部分（第一章），提出和论证科学研究活动结构假说——这是拙著的哲学基础；第二部分（其余各章），对物理实验进行形式刻画和形式分析——这是拙著的主题。下面，简要介绍第一部分，以向各位老师请教。

一、　科学研究活动的概念

我们有科学研究活动 = 科学工具，科学知识 = 科学理论。此外，对这两个概念的关系，我们有

科学研究活动（科学工具）⇔ 科学知识（科学理论）

因为箭头是双向的，因此，对上面内容有如下双重理解。第一，由正向（从左至右）看到：由科学研究活动（科学工具）生产出科学知识（科学理论）——这里表明两个概念的基本区分。第二，由反向（从右至左）看到：随着科学研究活动的发展，前人积累的科学知识（科学理论）有可能渗入科学研究活动（科学工具）——这里隐含科学研究活动从纯粹（不含知识）到复杂（内含知识）的演化思想。

二、　科学研究活动结构假说的提出

所谓科学研究活动结构假说，是说科学研究活动可分析为混合活动、分

① 该文是作者为参加一次科学哲学会议准备的发言稿。它能使读者理解本书的哲学基础，因而附录之。

子活动和原子活动。

上述假说的提出，源于借鉴自然科学关于“物”的研究从前科学达到科学的经验，以及由此将“物”与“科学研究活动”的类比。

稍作考察易知，自然科学经历了这样的过程：先研究笼统的物（混合物），因此，先哲们有所谓的“金、木、水、火、土五原素说”等含混的学说；后来通过物理、化学分析最终找到（从混合物中分离出）分子、原子（纯物），人们才真正获得关于纯物的科学知识，而后以这样的科学知识再来研究混合物，人们也才真正认识混合物。

诚然，科学研究活动不是物（而是人的活动），但却与物有相同的结构。考察可知，科学研究活动不但有思维而且有事实获取活动（就物理学而言就是实验——以下简称实验），这二者是完全不同的活动，但是，在现实的科学研究活动中，二者（并前人积累的相关知识）则是混合在一起的，就如混合物一样。借鉴自然科学的发展规律，对科学研究这种混合活动，也可（也要）进行与物理、化学分析相类似的分析，从中分离出分子活动、原子活动（纯操作活动），只有这样，才能真正获得科学研究活动的本质和规律。

三、原子活动、分子活动和混合活动的具体说明

（一）原子活动

原子活动有两种，它们是纯思维和纯实验。所谓“纯”，其含义有两个层面。第一，共有层面，指不含知识——即是说，对思维或实验而言，如果其中渗入知识，那么，它们就不是纯思维或纯实验。第二，个性层面，指二者不交叉——即是说，如果思维中含有实验活动的成分，那么，这种思维就不是纯思维；如果实验中含有思维活动成分，那么，这种实验就不是纯实验。

1. 纯思维（思维原子活动）

“所有 M 是 P，所有 S 是 M，所以所有 S 是 P”，这是数理逻辑所称的“形式推理”的一个例（参见王路：《逻辑的观念》，第 65 页）。分析可知，此例能断定真值——这表明它是完整的思维（堪称思维），亦即可以作为工具使用的思维；此外，很明显，它不含知识内容并且不含实验操作——这表明它是“纯”思维操作。综上所述，上例是纯思维。可以证明，数理逻辑的所有公理和定理，都是与上例一样的纯思维操作，可见，纯思维不是个别，而

是普遍存在。此外，深入分析，可有如下猜想：形如“所有 M 是 P，所有 S 是 M，所以所有 S 是 P”的形式推理，实际是人脑神经网络的逻辑结构，它与电脑最基本的软件即机器逻辑是类似的（电脑是人脑的仿造物）。

2. 纯实验（实验原子活动）

借鉴数理逻辑的形式刻画方法，对现实实验进行（与物理、化学分析相类似的）分析，拙著获得实验操作的形式表达，如下

$$\begin{cases} \odot_{\blacksquare ji} - \odot_{\blacktriangle ji} = \Delta\odot_{L} & ① \\ \odot_{\blacksquare ji} = g_{ji}\ (\blacksquare) & ② \\ \odot_{\blacktriangle ji} = f_{ji}\ (\blacktriangle) & ③ \end{cases} \qquad (1)$$

$$\begin{cases} a_{\blacksquare hu} / a_{\blacktriangle hw} = k_{huw} & ① \\ a_{\blacksquare hu} = \psi_{hu}\ (\blacksquare) & ② \\ a_{\blacktriangle hw} = \Omega_{hw}\ (\blacktriangle) & ③ \end{cases} \qquad (2)$$

这就是拙著封面的两个公式，称为实验操作的形式刻画。其中，（1）式刻画的是以感觉影像为基础的实验操作；（2）式刻画的是以知觉（性质量）为基础的实验操作。式中符号拙著中有解释，因时间有限，兹不细说。

下面仅以（1）式为例（因为它更为基础）进行简略说明。（1）式有①②③三个分式。其中，②③分式刻画的是影像生成操作，拙著证明，它实际上就是自然物的相互作用及其效应，与人（因而与知识）无关。①分式刻画的是影像比较操作，其中的影像可通过感觉获取，诚然这与主体（人）有关，但是，可以证明，动物也有感觉影像，并且能进行影像比较操作，而动物没有知识。此外，很明显，由（1）式刻画的实验，其中没有思维。综上所述，有结论：由（1）式刻画的实验是纯实验（实验原子活动）。

（二）分子活动

下面举两例以明之。

1. 实质判断是思维分子活动的例

要说明这一点，必须对判断形式和实质判断进行考察。

“所有 S 是 P”，这是一种判断形式。数理逻辑证明，它是命题函项，不能断定其真值（参见王耀堃，朱水林：《现代逻辑概论》，第44－45页）——此表明，它不是完整的思维，不能作为工具来使用（因为，不能断定真值＝

模棱两可；处于模棱两可状态的思维是不完整的，不能当作工具来使用）。

诚然，如果将式中的 S、P 换成实指，那么，判断形式就转化为实质判断。实质判断可以断定其真值，因而，它可以成为工具。但是，它不是纯思维。因为，S、P 换成实指 = 将不是知识的符号变成了知识；此外，分析易知，对知识（是否真）的断定，决不是仅仅运用思维这一个工具就可以胜任，而是需要综合运用思维与实验。于是，由前面的类比可知，它不是原子活动，而是由两种原子活动“化合”而生成的分子活动，因为其在整体上属于思维（或者说偏重于思维），因而称为思维分子活动。

2. 现实实验是实验分子活动

现实实验，指科学家实际所做的实验。显然，它既有由上述公式刻画的纯实验操作，同时还有科学家做实验时的有关思考（思维）。由前面的类比来判定，现实实验是由纯实验和纯思维“化合”而生成的分子活动，因为其在整体上属于实验（或者说偏重于实验），因而称为实验分子活动。

（三）混合活动

混合活动就是现实的科学（例如，物理学）研究活动。它是原子活动、分子活动与前人积累的相关知识的混合物。因之，由前面的类比来判定，它是混合活动。

应指出，原子活动、分子活动和混合活动的区分，不但是对现代科学研究活动的分析结论，而且隐含人类认知活动的演化过程。如前所述，纯思维实际是人脑神经网络的逻辑结构，此外，动物也可以有纯实验操作，因此，有如下推论：原始人就有（也只有）原子活动，知识则可能起源于两种原子活动的相互作用（配合运用），有了知识后，才有了混合活动。

四、 假说对科学哲学的意义

清华大学吴彤教授指出：“传统科学哲学的所有问题可能都因为它来自于一种理论优位的科学哲学观。”（吴彤，《“观察/实验负载理论”论题批判》，2006 年）。显然，如果我们的假说能够成立，特别是如果能证明纯思维和纯实验的存在性，那么，就可能扬弃“理论优位的科学哲学观”，建立“工具优位的科学哲学观”，从而为破解“传统科学哲学的所有问题”打下坚实的基础。

（一）理论优位的科学哲学观的危害

吴彤教授说：因为理论优位的科学哲学观，所以“关于科学理论的进步、比较、真理等问题都因为缺乏必要的合理的基础而成为令人困惑的问题”（同上）。其实，科学研究本来就是科学理论的生产过程——这已表明科学研究活动相对科学理论具有先在性。然而，“理论优位的科学哲学观”则认为理论的先在是科学研究活动的必要条件，显然，这是一种头足倒立的观念，因而必然“令人困惑”。

（二）原子活动研究不足，是理论优位科学哲学观的根源

1. 以往没有区分实验原子活动和实验分子活动——这是理论优位科学哲学观的根源之一

吴彤教授还指出：“理论优位的科学哲学观”根源于“观察/实验负载理论”的论题（同上）。这一判断是准确的。但是，导致“观察/实验负载理论”论题的根源又是什么？这很少有人深究。由上面的讨论，我们有结论：以往没有区分实验原子活动和实验分子活动，是导致“观察/实验负载理论”论题的根源。显然，“观察/实验负载理论”的论题，只是（也只能是）人们对现实实验即实验分子活动反思的结果；如果反思的对象是纯实验即实验原子活动，那么，“观察/实验负载理论”的论题就会被否定。

2. 学界关于原子活动的研究不全——这是理论优位科学哲学观的另一根源

众所周知，数理逻辑是对思维操作的形式刻画和形式分析。拙著的研究表明，它就是关于思维原子活动的研究成果——这表明学界早已有原子活动研究。据资料，20 世纪科学哲学的几次转型，都与数理逻辑有关（参见郭贵春、殷杰，《在“转向”中运动——20 世纪科学哲学的演变及其走向》），这表明原子活动研究对科学哲学的发展已产生重要影响。但是，至今没有发现有与数理逻辑相媲美的关于纯实验的研究成果（可以认为拙著是这种研究的尝试）。可见，学界关于原子活动的研究不全。大约正因为此，许多大科学家（例如，牛顿、爱因斯坦）都认为《几何原本》是科学典范，公理法是科学研究的基本工具（实验只是可有可无的辅助工具——例如，爱因斯坦认为，公理的提出依靠的是属于思维的直觉，实验的作用无非是为直觉获得的公理添加一个所谓的事实依据）。然而，公理法无非是整理知识的方法，其整理的

对象是知识，亦即知识的先在是这种方法的前提。这样，理论优位的科学哲学观就应运而生。试想，如果存在与数理逻辑相媲美的关于纯实验的研究成果，那么，人们关于科学研究基本工具的认识（从而关于科学基础的认识）就必然发生变化。由此可见，学界关于原子活动的研究不全，由此导致关于科学研究基本工具（从而关于科学基础）的偏见，是“理论优位的科学哲学观”的另一个根源。

（三）“工具优位的科学哲学观”与“实践优位的科学哲学观”的异同及由此看到的意义

笔者注意到，吴彤教授介绍了被称为“实践优位的科学哲学观”，即一种可能取代“理论优位的科学哲学观”的新哲学观（吴彤，《走向实践优位的科学哲学——科学实践哲学发展述评》，2005 年）。因此，有必要将“工具优位的科学哲学观”与其相比较，从而进一步说明我们的假说的意义。当然，这两种哲学观的基础是不同的（例如，“实践优位的科学哲学观”的基础之一是“新实验主义”，然而，“新实验主义”并没有区分实验原子活动和实验分子活动），不过，限于时间，这里不能详加讨论。下面仅就“工具优位”与“实践优位”在概念上的区别做简略的比较。

一般地，“实践”被解释为：主观见之于客观（理论联系实际）的活动。就此而言，理论原本就在实践中，而且其功能是指导（联系）实际——这已表明理论相对实际的先在性。就此而言，“实践优位的科学哲学观”不可能取代（至少不能彻底取代）“理论优位的科学哲学观”，因而也就不可能成为破解“传统科学哲学的所有问题”的基础。

不过，追根溯源，最初的人类是没有知识的，此时其实践就只是两种原始工具。就此而言，“工具优位的科学哲学观”与“实践优位的科学哲学观”又有相通的地方——前者内含后者的合理成分。

综上所述，“工具优位的科学哲学观”既内含“实践优位的科学哲学观”的合理成分，又摒弃其不合理的因素，因而更有理由成为科学哲学的合理基础。

附录2　符号表

说明：（1）给出的符号，仅限于物理测量操作的符号，不含一般数学、逻辑学符号（书中的数学、逻辑学符号，原则上按照数学、逻辑学规范理解）；（2）符号排列原则上以正文出现的先后为序。

一、 实质符号

1. ■、▲，代表实体。

2. ψ、Ω，代表生成性质量的作用量。

3. a，代表性质量。

4. k，代表读数。

5. Δa，代表性质量差量（实差和误差）。

二、 上下标符号

1. h，性质量种类下标。

2. u、w，性质量和作用量强度下标。

3. s，视性质量和视作用量下标。

4. z，真性质量和真作用量下标。

5. ￥、μ，取特殊值下标。

6. #、□，常量下标。

7. ※，性质量真量和作用量真量上标。

8. －※，性质量伪量和作用量伪量上标。

9. y，近真伪量下标。

10. ^，随机取值上标。